生态文明教育论丛

五育融合理念下生态科技教育的实践探索

蔡 文 著

苏州大学出版社

图书在版编目(CIP)数据

五育融合理念下生态科技教育的实践探索/蔡文著.
苏州：苏州大学出版社，2024.7. --（生态文明教育
论丛/蔡文主编）. -- ISBN 978-7-5672-4857-1

Ⅰ. G633.982

中国国家版本馆 CIP 数据核字第 2024G7A857 号

| 书　　名：五育融合理念下生态科技教育的实践探索 |
| 著　　者：蔡　文 |
| 责任编辑：汤定军 |
| 策划编辑：汤定军 |
| 装帧设计：吴　钰 |
| 出版发行：苏州大学出版社（Soochow University Press） |
| 社　　址：苏州市十梓街1号　邮编：215006 |
| 印　　装：广东虎彩云印刷有限公司 |
| 网　　址：www.sudapress.com |
| 邮　　箱：sdcbs@suda.edu.cn |
| 邮购热线：0512-67480030 |
| 销售热线：0512-67481020 |
| 开　　本：700 mm×1 000 mm　1/16　印张：15.75　字数：275 千 |
| 版　　次：2024 年 7 月第 1 版 |
| 印　　次：2024 年 7 月第 1 次印刷 |
| 书　　号：ISBN 978-7-5672-4857-1 |
| 定　　价：68.00 元 |

凡购本社图书发现印装错误，请与本社联系调换。服务热线:0512-67481020

"生态文明教育论丛"编委会

主　编：蔡　文
编　委：陈伟文　宋红霞　郭宏飞
　　　　马周静　许得声　任方方
　　　　吴晓燕　张锋伟　张婷媛
　　　　纪　政

目 录
Contents

■ **第一章 探本溯源：融合育人理念下生态科技教育的渊源与理论** / 1

第一节 融合生态科技教育的时代背景 / 2
 一、人类发展的共同愿景：人与自然和谐共处 / 2
 二、中国式现代化的本质要求：生态文明建设 / 3
 三、生态科技教育新内涵：五育融合 / 3

第二节 融合生态科技教育的历史沿革 / 4
 一、生态科技教育的萌芽 / 5
 二、生态科技教育的发展 / 8
 三、生态科技教育的融合 / 9

第三节 融合生态科技教育的理论基础 / 12
 一、马克思关于人的全面发展理论 / 12
 二、习近平生态文明思想 / 13
 三、大卫·奥尔的生态素养理论 / 14

第四节 融合生态科技教育的战略思考 / 15

■ **第二章 生态科技润德：探寻科技育人价值，践行尚美生态德育** / 17

第一节 融合生态科技在德育中的价值 / 18
 一、融合生态和谐理念，构建和谐互助人际关系 / 18
 二、加强环境保护意识，培育社会意识与责任感 / 20
 三、弘扬科学家精神，提供价值引领与榜样示范 / 21
 四、普及生态科技成就，铸育文化自信、民族自豪 / 23

第二节 生态科技润德的基本概况 / 24
 一、整体思路 / 24
 二、实施概况 / 26

第三节　生态科技润德的实践探索　/ 29
　　一、深化"生态班级"评比活动,创建"生态文明班级"　/ 29
　　二、推进"三走四节"实践活动,全面提升学生综合素质　/ 35
　　三、开展学生发展指导工作,完善融合育人培养体系　/ 45
　　四、开展"海韵之星"评选,培养五育融合优秀学子　/ 50
第四节　生态科技润德的实践成效　/ 54
　　一、生态科技助力学生进步　/ 55
　　二、生态科技引领学校示范辐射　/ 58

第三章　生态科技启智:构建特色课程体系,加强学科生态渗透　/ 60

第一节　生态科技在智育中的价值　/ 60
　　一、促进学科融合,横向贯通学科边界　/ 60
　　二、培养科学素养,提高综合学习能力　/ 63
　　三、鼓励多元思维,提高问题解决能力　/ 66
第二节　生态科技启智的基本概况　/ 69
　　一、生态科技启智的整体概况　/ 69
　　二、生态科技启智的课程类型　/ 73
第三节　生态科技启智的课程建设路径　/ 81
　　一、整合学校资源,建设生态科技实体宝库　/ 81
　　二、根植生态特色,建设校外生态研学基地　/ 82
　　三、邀请生态专家,厚植生态课程文化底蕴　/ 86
　　四、线上线下共建,搭建优质生态慕课资源　/ 87
　　五、多彩项目教学,纵深拓展生态科技知识　/ 88
　　六、校园特色节庆,扩展多层次生态科技圈　/ 92
　　七、多元评价方式,契合生态科技知情意行　/ 95
第四节　生态科技与国家课程的融合　/ 98
　　一、生态科技与英语学科的融合　/ 98
　　二、生态科技与地理学科的融合　/ 100
　　三、生态科技与化学学科的融合　/ 102
　　四、生态科技与物理学科的融合　/ 104
第五节　生态科技启智的实际成效　/ 106
　　一、教师成长足迹　/ 107
　　二、学生成长足迹　/ 108

目 录

■ **第四章 生态科技健体：挖掘生态健体活动，营造科学健体"绿洲"** / 111

 第一节 生态科技在体育中的价值 / 111
  一、生态科技促理念，倡导健康生活方式 / 111
  二、生态科技创环境，营造生态健体氛围 / 117
  三、生态科技探方法，揭示科学健体奥秘 / 120

 第二节 生态科技健体的基本概况 / 125
  一、整体思路和实施情况 / 125
  二、常规活动和特色活动 / 131

 第三节 生态科技健体的实践探索 / 133
  一、深度融合生态科技，打造健体特色课程 / 133
  二、体育课程渗透科学，利用科学指导体育 / 135
  三、搭建体育竞技平台，提高学生的参与度 / 136

 第四节 生态科技健体的实际成效 / 136
  一、学生对生态科技健体的反馈 / 137
  二、教师对生态科技健体的反馈 / 138
  三、学校学子取得的体育成绩 / 139

■ **第五章 生态科技蕴美：挖掘生态科技之美，让生命精彩绽放** / 141

 第一节 生态科技在美育中的价值 / 141
  一、认识生态科技之美，提高审美素养 / 142
  二、巧用科技手段，发现、宣传生态之美 / 144
  三、科技与艺术有机结合，创造多元美 / 145

 第二节 生态科技蕴美的基本概况 / 147
  一、整体思路和实施情况 / 147
  二、常规活动和特色活动 / 149

 第三节 生态科技蕴美的实践探索 / 150
  一、环境育人：构建自然校园环境 / 150
  二、场馆育人：搭建生态科技场馆 / 152
  三、课程育人：开展特色课程活动 / 156
  四、活动育人：搭建立体展示平台 / 167

 第四节 生态科技蕴美的实际成效 / 169

第六章 生态科技促劳：搭建特色劳动平台，探索劳创融合教育模式 / 176

第一节 生态科技在劳育中的价值 / 177
一、融合技术应用，树立劳动意识 / 177
二、创设自然情景，激发劳动兴趣 / 178
三、践行创意物化，提高劳动能力 / 179

第二节 生态科技促劳的基本概况 / 180
一、整体思路和实施情况 / 180
二、常规活动和特色活动 / 181

第三节 生态科技促劳的实践探索 / 182
一、绿色垃圾分类，倡导低碳生活 / 182
二、学科特色劳动，铸育科学观念 / 186
三、校外学农耕作，拓展实践活动 / 202
四、志愿服务活动，丰富劳动经验 / 205

第四节 生态科技促劳的实际成效 / 210

第七章 辐射影响：融合生态科技教育的辐射与展望 / 216

第一节 融合生态科技教育的辐射影响 / 216
一、多方聚力，创新生态育人模式 / 217
二、匠心耕耘，师生齐心屡创佳绩 / 219
三、品牌创建，促进校际文化传播 / 229

第二节 融合生态科技教育的未来展望 / 231
一、面临的时代机遇 / 231
二、面临的挑战和未来展望 / 234

参考文献 / 238

第一章　探本溯源：融合育人理念下生态科技教育的渊源与理论

上海师范大学第二附属中学(以下简称"上海师大二附中")是上海市特色普通高中。学校位于上海西南角,地处杭州湾畔,南临海滨,处于河流湖泊密布、自然生态类型多样、生物种群丰富的金山区,具有独特的生态环境和生态资源。自20世纪90年代以来,学校一直保持着"上海市花园单位"的称号,绿地覆盖率达到61.6%。学校拥有颇富特色的标本馆,陈列包括东北虎、大熊猫等各类动物标本1700余件。

基于此,上海师大二附中紧紧依托区域独特而多样的生态资源优势,以"融合生态科技教育"为特色,推动学校发展,2017年首次获得"国际生态学校"绿旗荣誉。2022年9月,学校有26个教学班,在校学生1051人;有专任教师112人,其中高级教师37人、区拔尖教师1人、区学科导师7人、区学科骨干教师18人、五育融合种子教师5人,形成了一支结构合理、素质精良的骨干教师发展梯队。

上海师大二附中始终恪守"务实、进取、坚韧、高洁"的学校精神,秉持着"一切以学生全面可持续发展为本"的办学理念,突出生态文明素养培育,让每一位学生都得到既全面又有个性的可持续发展,在融合生态科技教育中使每一位师生都有人生出彩的机会。[①] 学校先后获得"国际生态学校""联合国教科文组织中国可持续发展项目实验学校""中美千校携手项目校""美国科罗拉多州立大学优质生源基地""全国生态文明教育示范学校"等荣誉。[②] 在新的时代,学校正不断地焕发着新的生机。

[①] 徐星,薛婷彦.深耕37年的特色高中"生态科技教育"之路　上海师大二附中:点亮生态科技梦　让普通孩子变得不普通[J].上海教育,2022(33):36—38.
[②] 走生态科技特色路,育生态文明未来人:上海师范大学第二附属中学生态文明教育纪实[J].环境教育,2022(9):102.

第一节　融合生态科技教育的时代背景

一所学校的改革发展应与国家的整体规划同频共振,准确把握新时代发展的新特征、新要求,将学校事业发展深度融入新时代教育发展大局。立足新时代,回答培养什么人、怎样培养人、为谁培养人是一所学校的终极目标。上海师大二附中基于近40年的办学经验,在教育实践中剖析教育困境,拓宽自身的视野和格局,回应新时代的发展命题,基于人与自然和谐共处的基本理念和中国式现代化的生态文明建设以及五育融合等新时代背景,关注学生个性发展,着力培养新时代拔尖创新人才,走出了一条"生态科技教育"的特色之路。

一、人类发展的共同愿景:人与自然和谐共处

自然是生命之母,是人类赖以生存发展的基本条件。生态文明是人类遵循人、自然、社会和谐发展的客观规律而取得的物质与精神成果的总和,它是人类认识观念上的一次飞跃。[1] 纵观人类的发展史,总体而言人类经历了原始文明、农业文明、工业文明等阶段。工业文明发展至今,因其对生态平衡的破坏,所以现在发展陷入困境,而生态文明则在工业文明与科学技术的基础上将人类社会推向一个新的文明高度。

目前,全球面临的主要问题是资源短缺、环境污染、生态受损等,与此同时,随着人类生活水平和质量的提高,人类也经历了从"求温饱""求生存"到"盼环保""求生态"的重大转变。[2] 恩格斯曾深刻阐述了人类与自然界的相互依存关系,他说:"我们不要过分陶醉于我们人类对自然界的胜利。对于每一次这样的胜利,自然界都对我们进行报复。"人与自然命运相连、休戚与共,生态环境没有替代品,用之不觉,失之难存。[3] 由此可见,生态文明建设关乎人类的未来,尊重自然、顺应自然、保护自然是人类生存发展的共同责任,任何一个国家都无法置身事外、独善其身。

---

[1] 王丁,刘宁,陈向军,等.推动人与自然和谐共处和可持续发展:人与生物圈计划在中国[J].中国科学院院刊,2021(4):448-455.
[2] 钱景.人与自然和谐共处的可持续发展观[J].吉林省教育学院学报,2007(3):72-74.
[3] 董慧,汪筠茹.中国式现代化道路的生态意蕴及其经验启示[J].湖北大学学报(哲学社会科学版),2022(3):23-30+180.

因此,生态文明教育已经成为推动生态可持续发展和环境保护的重要组成部分,在学校中开展环境教育、培养青少年的环保意识和绿色观念已刻不容缓。

二、中国式现代化的本质要求:生态文明建设

中国古人说:"天地与我并生,万物与我为一。"(庄子《齐物论》),"天不言而四时行,地不语而百物生。"(李白《上安州裴长史书》),"万物各得其和以生,各得其养以成。"(荀子《天论》),"人法地,地法天,天法道,道法自然。"(老子《道德经》)中华民族向来尊重自然、热爱自然,很早就认识到敬畏和顺应自然对人类生存和发展的重要性。①

目前,我国已经将生态文明建设置于中国特色社会主义整体文明建设视域之中。党的十八大以来,以习近平同志为核心的党中央从中华民族永续发展的高度出发,深刻把握生态文明建设在习近平新时代中国特色社会主义事业中的重要地位和战略意义,并在一系列生动具体的实践中形成了独具创新性和前瞻性的生态文明思想。② 党的二十大报告提出中国式现代化是人与自然和谐共生的现代化,从理论和实践层面阐明了在满足人民日益增长的美好生活需要的同时需要建立优美的生态环境,这关系着民族未来的发展走向,关系着整个世界的前途命运。此外,生态现代化是我国2035年基本实现社会主义现代化的远景目标之一,是我国新式现代化的重要特征之一,也是当前发展中国式现代化的必经之路。③

由此可见,生态文明是人类与社会文明统一、与自然和谐共生之境。坚持人与自然和谐共生不仅是新时代坚持和发展中国特色社会主义的基本方略,也是处理好人类与自然关系的根本准则。生态文明建设是关系中华民族永续发展的根本大计。

三、生态科技教育新内涵:五育融合

2018年9月,习近平总书记在全国教育大会上旗帜鲜明地提出"努力构建德、智、体、美、劳全面培养的教育体系"。自此,"立德树人""五育并举"以及"培养德、智、体、美、劳全面发展的社会主义建设者和接班人的任务"成为新时

---

① 唐萍萍,任保平. 中国式生态现代化的理论逻辑、实践逻辑与政策逻辑[J]. 西北工业大学学报(社会科学版),2023(4):18-26.
② 李铁英,张豪永. 人与自然和谐共生:中国式现代化道路的生态意蕴研究[J]. 大连大学学报,2023(2):93-99.
③ 贾淑品. 科技创新赋能中国生态现代化的思考[J]. 广西社会科学,2022(6):41-47.

代全体教育工作者的共同目标和追求。2019年发布的《中国教育现代化2035》中则明确提出了"五育融合"的教育发展目标:"更加注重学生全面发展,大力发展素质教育,促进德育、智育、体育、美育和劳动教育的有机融合。"

与此同时,《上海教育现代化2035》强调打造"优质均衡、融合发展、富于创造"的高品质教育。《金山区面向2035教育现代化行动计划》对"融合育人"也提出了明确的要求。由此可见,在新时代背景下,通过融合的形式实现个体德、智、体、美、劳的全面发展的"五育融合"已经成为中国教育变革与发展的基本趋势,成为提升育人质量的重要路径。在"立德树人"和"五育融合"的时代背景下,当前我国学校教育追求的是包括生命发展的整全性、知识结构的完整性、教育过程的公正性在内的综合育人价值,是育人价值、教学价值、社会价值的融合。

综上所述,在新时代背景下,"五育融合"已经成为中国教育变革与发展的基本趋势,成为提升育人质量的重要路径。上海师大二附中的融合生态科技教育融合了学生层面的育人价值、学科层面的教学价值和社会层面的发展价值,形成了宏观的、显性的时代价值体系,对培养学生人与自然、人与生命、人与社会和谐发展的责任意识和担当精神,提升学生勇于实践的求实意向和创新能力具有重要的现实意义。在此背景下,践行"融合生态育人,适性多元发展"理念面临着重大的发展机遇。

第二节 融合生态科技教育的历史沿革

一所学校要获得持续的良性发展,不仅要坚持科学的办学理念,更要坚持走内涵发展之路,而对于学校内涵发展来说,必须要做到承前启后,不能脱离学校既往的成果,又要开拓创新的发展点,还要结合学校的特色,这样的发展才是对学校、师生最有益处的。[①] 否则,学校发展就是无源之水、无本之木。

在近40年的发展历程中,上海师大二附中得地域之利,花鸟鱼虫、水泽湖泊皆为"课堂",受文化之泽,谋发展之道,逐渐形成了自身的优势,致力于融合生态科技教育的探索与沉淀,注重学生高中学段的生态文明素养培育和面向未

---

① 上海市教育决策委员会秘书处、上海市教育科学研究院.2011年上海教育发展报告:迈向现代化的上海教育(摘要)[J].教育发展研究,2011(Z1):1-45.

来的全面发展,以生态科技为支点,助力学生的全面成长①,并为学校融合生态科技教育的可持续发展打下了坚实的基础。

一、生态科技教育的萌芽

上海师大二附中原来是隶属于上海石油化工总厂的石化第一中学,于1985年创建,由上海石油化工总厂、上海师范大学合作办学后开启初高中完全中学办学新征程。1990年,上海师大二附中迁址隆安路48号,坐落杭州湾畔,占地70亩,"战斗港"河横贯东西校区。1998年,上海市金山区人民政府、上海石化股份有限公司、上海师范大学联合开创"政府为主、三方共建"办学新模式,初中部被分离出去,开始高中独立办学。2009年,上海师大二附中成为金山区实验性、示范性高中。

图1-1　上海石油化工总厂第一中学1981年毕业合影

上海师大二附中位于上海市的西南角,地处河流湖泊密布、自然生态类型多样、生物种群丰富的金山区,具有独特的生态环境和生态资源。得天独厚的自然地理条件让上海师大二附中用关注生态环境的视角办学近40年,从一开始就与"生态"密不可分。学校集合区域生态、科技发展的资源优势,生态科技教育因此开始萌芽。

---

① 走生态科技特色路,育生态文明未来人:上海师范大学第二附属中学生态文明教育纪实[J].环境教育,2022(9):102.

图1-2 学校正门

校园是学生日常学习和生活的最重要的场所。创建健康和谐生态校园、传播生态知识和生态文化是学校建校以来矢志不渝的追求。自20世纪90年代以来,学校就一直保持着"上海市花园单位"的称号。物种丰富的生态网络、绿色校园建筑和园林式的校园风景宜人宜育、景至人心。除了天然生态之美,学校还用心营造绿色、协调、共生的校园立体学习环境,将"人与自然和谐共生"的美好理念融于日常教学的每个空间情景之中,为学生们打造具有生态野趣、物种多样、自然体验与教育相结合的趣味学习空间。

图1-3 校园环境

学校传承"品正才实、思锐志远"的校训,恪守"务实、进取、坚韧、高洁"的上海师大二附中精神,与时俱进、力行改革,实现从"百分百教育观""分层教育"办学思想到"适应教育""生态教育"办学理念的逐层跨越。

建校之初,学校在上海师范大学帮助下开始建设标本室,组建了"生命的起源""海洋滩涂甲壳类动物标本制作"等兴趣小组,组织学生开展自然徒步、参观工厂等环境考察活动,引导学生关注周边环境,培养环境保护意识,从此点亮了生态科技教育的星星之火。1987年以来,学校开始编写学科乡土教材。1993年,学校正式出版了地理、历史、生物、化学和环保五门学科乡土教材,这是学校进行融合生态科技教育的发端。

图1-4　学校生态科技研究院外观

自从1993年成为"上海市花园单位"之后,学校在"适应教育"和"和谐发展"的办学理念引领下,以标本室丰富的动物标本资源和校园内多样的植物生态资源为载体,继续拓展学习时空。学校借助学生兴趣小组,以"精彩我的课程"为主题的拓展课程和以"我的研究　我的风采"为主题的研究型课程,搭建以"水、土、气、生"为主题的融合生态科技教育课程模块。通过课题载体,实施"发现和提出问题、探究和解决问题"的课程学习,学校聚焦生态科技以解决生态问题的路径日渐清晰。

图1-5　学校为学生创建的标本馆

此外,学校还孵化了《石化地区鸟类调查》《环境与鸟类》纪录片的制作与播放、师生"保护小天鹅"等生态保护活动成果。在不断扩大学校融合生态科技教育的影响过程中,逐渐明确了学校"培育具有生态文明素养的高中生"的发展目标。

二、生态科技教育的发展

在特色建设的过程中,学校积极整合校内外资源,为学生提供沉浸式、浸润式的综合性体验学习与生态科技探究性学习。① 早在 2011 年,学校"生态学创新实验室"就被批准为上海市中小学创新实验室建设项目,与此同时,学校创建金山区生态学创新素养培育基地,面向全区招生。

图 1-6 学校标本展示馆一角

2013 年,学校建成拥有 1700 余件馆藏的标本楼,成为金山区科普教育基地,以学校标本楼为核心的"生态学创新实验室"被市教委批准为上海市中小学创新实验室建设项目,同时"数字标本馆"开始建设。学校标本楼不仅为实践教学提供直观教学工具和教学场地,还为生物系统进化、动物分类、动物地理分布等研究提供可靠信息与实物证据。② 2015 年,学校数字标本馆建成使用。此后,学校先后开发了"鸟类标本制作""植物标本采制""昆虫标本制作""水环境

---

① 李静.开展生态科技教育,助力绿色校园建设:上海师范大学第二附属中学资源节约型校园创纪实[J].环境教育,2021(11):102.

② 上海师范大学第二附属中学 开展生态科技教育 培育生态文明素养[J].上海教育科研,2020(1):98.

与健康""植物与环境""动物(鸟类)与环境"等系列校本讲义。意义更为深远的是,作为金山区科普教育基地,标本楼为市民提供了一个观赏与互动相结合的科普平台,将生态教育由学校延展至社会。

图 1-7 学校博物学习空间"海岛之特"功能区

与此同时,学校加入上海市首批特色普通高中建设项目组,生态校园环境建设、生态教育课程体系建设等一系列建设工作正在稳步推进。随后,学校逐渐成为上海中小学新科学、新技术创新课程平台试点学校,先后引入了"探秘益生菌""程序控制初探""简易空气净化器制作"等 6 门种子课程,生态科技课程体系逐步形成。一批特色教师在创新基地和"双新"平台建设中逐渐成长起来,学生研究课题在市区科创竞赛中崭露头角,融合生态科技教育辐射影响进一步扩大。

三、生态科技教育的融合

开创生态教育全新科学教育模式,建设适应学生发展的生态特色课程的上海师大二附中,不仅着力建设生态校园,还在学生灵魂深处"种花植木",引导学生在与环境互动、与同伴合作中树立科学的人生观和价值观,提高未来社会建设者的生态意识及探索创新解决环境问题的生态素养。[①] 学校认为,拔尖创新人才的培养是一项系统工程,需要各个教育阶段衔接贯通,需要科学素养、创新能力与人文素养的共同成长。

在新的时代和教育背景下,学校积极探索多样化、特色化发展道路,传承并

---

① 上海师范大学第二附属中学 开展生态科技教育 培育生态文明素养[J].上海教育科研,2020(1):98.

聚焦于学校"品正才实、思锐志远"的校训,在发展生态科技教育、充实与丰富生态科技内涵与意义的基础之上,逐渐明晰了学校融合生态科技教育的发展目标与特色定位,学校融合生态科技教育品牌特色日益凸显,辐射影响持续增强。

图1-8　蔡文校长就"融合生态科技教育"做区域经验分享

2015年,上海师大二附中成为上海市首批特色普通高中建设学校,学校生态校园环境建设、生态科技教育课程体系建设等一系列建设工作稳步推进。随后,学校持续性深入探索融合生态科技教育的实施路径,将融合生态科技教育与德育、教学、师资、环境、文化、管理等工作全面融合,统整课程体系,构建生态科技课程框架,丰富课程门类,先后开发了"金山的化工""海洋地理""城市荒野探秘"等校本拓展课程。学校还开发了足球社、羽毛球社、麦秆画社、摄影社、绿色小记者社、青春话剧社等33个社团。

图1-9　学校学生社团招募和展示

与此同时,学校一直致力于建设绿色、协调、共生的校园立体学习环境,创建开放、多样、包容的"生态空间"。① 经过多年的迭代更新,建校之初创设的标本室已经变成了更加数字化、多样化的"博物学习空间"。学校打造与自然多感官(视觉、听觉、味觉等)全息关联、回归自然的生态科技实践场,营造"人与自然和谐共生"的美好意境,使标本室成为生态文明知识学习和技能转化的重要空间及资源环境。同时,学习空间中有机融入"新能源可视化利用""环境要素数字化呈现""低碳节约体验式感知""前沿技术可触式互动"等元素,建设了光伏桥、餐厨垃圾资源化利用中心、校园数字气象站、公共安全预警平台,这些提升了学生浸润式学习体验的开放式校园生态场域,成为生态特色课程实施和生态科技探究的重要载体。

图1-10　学校博物学习空间

学校不断整合校内外特色教育资源,壮大特色教师团队,成立了生态科技研究院,拓展了金山区创新素养培育基地。2020年,学校与上海辰山植物园科研中心共建了"未来生态学家计划",3年来学生已经完成20余项课题,多位学生在科技竞赛中斩获最高奖项。2022年,学校被评为"上海市特色普通高中",生态科技教育成为学校助力创新人才培养的重要方式。在生态资源与教育成果的区域共享不断扩展中,特色学校建设进入了内涵发展阶段。

---

① 走生态科技特色路,育生态文明未来人:上海师范大学第二附属中学生态文明教育纪实[J].环境教育,2022(9):102.

图 1-11　学校生态科技教育实践周学生自制海报

近 10 年来,上海师大二附中学生广泛参加市级和国家级的各类科技竞赛,获得许多奖项。学生代表更以"少年科学家"的身份参加了第三届、第四届、第五届世界顶尖科学家论坛,与诺贝尔奖得主、院士零距离交流。

以"科技"促"生态",以"融合生态科技教育"来培育学生"生态文明素养",既是时代的责任担当、区域发展的现实需求,又是学校历史发展的必然和未来发展的指向。学校借力"以科技助推生态文明建设"的前瞻思路,依托建校以来的基础,借助区域丰富的探究资源,大力进行以"融合生态科技教育"作为特色创建主题项目的探索,培养具有生态文明素养的社会主义建设者和接班人,这既是历史赋予的重任,又是新时代的责任担当。

第三节　融合生态科技教育的理论基础

学校的融合生态科技教育紧紧围绕马克思关于人的全面发展理论、习近平生态文明思想和大卫·奥尔的生态素养理论,持续推进生态科技教育与德、智、体、美、劳的五育融合,进一步凸显融合生态科技教育的办学特色,全面提升学校的育人质量。

一、马克思关于人的全面发展理论

马克思的生态思想把人和自然环境协调发展作为价值目标。在他看来,人类只有通过人与自然的和解和协调才能实现自身的解放,从而真正走向自由全面发展。① 他的生态思想主要体现在人与自然的辩证统一关系方面,此关系是马克思主义生态思想的核心内容。

马克思指出,人和自然是相互关联的、相互依存的这一特点决定了人与自然之间存在着相互依存性和相互影响性。马克思在《1844 年经济学哲学手稿》中写道:"自然界,就它自身不是人的身体而言,是人的无机的身体,是人必须不断与自然界交互的身体。"在这个意义上,自然界就是人存在的物质基础。人类社会只有在同自然界和谐共存、不断改造自然界的基础上才能发展。按照马克思关于人的全面发展的观点,人类首先属于自然界,自然界的人类在其改造过程中要服从自然规律,必须尊重自然规律并与之和谐相处,否则不可避免地会面临自然的惩罚。

由此可见,大自然作为人类社会发展的先在制约因素,它本身的发展方向也和人类社会的走向相一致。马克思关于人的全面发展思想对于中学生生态文明素养的培育具有现实指导意义,是构建我国生态文明素养教育体系的理论基础。上海师大二附中的融合生态科技教育充分遵循了马克思关于人的全面发展理论,引导学生在开展实践活动时尊重自然,使两者和谐共生、辩证统一。因此,重视发掘马克思主义生态思想对学生生态文明素养教育具有现代化的启示性价值。

二、习近平生态文明思想

党的十八大以来,以习近平同志为核心的党中央从中华民族永续发展的高度出发,深刻把握生态文明建设在新时代中国特色社会主义事业中的重要地位和战略意义,大力推动生态文明理论创新、实践创新、制度创新,创造性提出一系列富有中国特色、体现时代精神、引领人类文明发展进步的新理念、新思想、新战略,形成了习近平生态文明思想。②

习近平生态文明思想以唯物史观为指导,深刻回答了为什么要建设生态文明、建设什么样的生态文明以及怎样建设生态文明等一系列重大理论和实践问题。习近平生态文明思想内涵丰富、博大精深,蕴含着丰富的马克思主义立场、观点和方法,包含着一系列具有原创性、时代性、指导性的重大思想观点,就其

---

① 孙元涛,陈港. 共同富裕时代教育价值的内敛与提升:马克思人的全面发展理论的时代性转化[J]. 教育研究,2023(12):67-75.

② 徐海红,岳乃松. 党的十八大以来中国生态文明制度建设研究现状与前景展望[J]. 鄱阳湖学刊,2023(1):107-116+127.

主要方面来讲,集中体现为"十个坚持"①,如:坚持党对生态文明建设的全面领导,这是我国生态文明建设的根本保证②;坚持生态兴则文明兴,这是我国生态文明建设的历史依据;坚持人与自然和谐共生,这是我国生态文明建设的基本原则;坚持绿水青山就是金山银山,这是我国生态文明建设的核心理念等。

由此可见,党和国家把生态文明建设放在至关重要的地位。生态文明教育在改变人们价值观念和行为方式层面具有至关重要的作用。因此,真正把生态文明建设工作做好,要有扎实的理论指导,要认真学习和领悟习近平生态文明思想并加大宣传力度,牢牢树立起学生参与生态文明建设的意识,把系统观念贯穿到生态保护和高质量发展全过程。

三、大卫·奥尔的生态素养理论

二战以后,西方资本主义国家遭遇了空前严重的生态危机。联合国在1992年召开的环境与发展大会上呼吁全球政府"面向可持续发展而重建教育"。但西方国家并没有承担起其应承担的责任,这引起了生态教育者对于工业化教育的深刻反思与批评。美国欧柏林学院环境研究教授大卫·奥尔认为,自由经济神话中的"资源无限""能源无限""成长无限"不可持续③,而这些迷思正是资本主义经济和政治危机产生的根本原因,因此他提出了生态素养理论。

大卫·奥尔的生态素养理论指出,生态环境知识和能力、综合思维能力以及内省观察能力都是至关重要的,这一理论突破了传统经济发展观念,强调了可持续发展的理念。④ 对于如何实践生态文明教育才能培育生态素养,奥尔强调了以下几点:第一,所有的教育都是环境教育;第二,不能通过单一学科解决复杂的环境问题;第三,教育的呈现方式与教育内容同样重要;第四,直接被感知的经验是理解环境的基础;第五,教育将会强化学习者顺应自然的能力。⑤

大卫·奥尔对生态素养理论的阐述是上海师大二附中融合生态科技教育的重要理论基础之一。大卫·奥尔指出生态科技教育具有教育跨学科性、内容

---

① 王太明,王丹.中国特色社会主义生态文明制度建设的理论逻辑[J].北京交通大学学报(社会科学版),2021(4):162-169.
② 李兴锋.推进生态文明建设法治化的制度进路[J].中南民族大学学报(人文社会科学版),2021(6):113-122.
③ 刘举,王治河.从批判到行动:大卫·W.奥尔建设性后现代生态思想探颐[J].国外社会科学,2022(2):142-151+199-200.
④ 钱旭莺,朱同.生态素养教育的地方本位转向[J].上海教育,2021(11):20-22.
⑤ 吴兴华.从生态知识的传授到生态思维的养成:论公民生态教育及其转向[J].决策与信息,2023(4):31-38.

与方法创新性及积极开展生态文明素养教育行动等应对策略。因此,生态科技教育的重心应当从生态知识的传播转向学生生态思维的培养,对跨学科知识和教学法进行整合,融合生态科学意识、生态道德意识以及生态审美意识等的教育。

融合生态科技教育是新时代教育发展的新使命,新时代为教育价值的选择建立了新的坐标。上海师大二附中也将以未来为指向,主动承担新时代教育发展的新使命,适时调整办学方向,更加深入地把握教育的本质和规律,更好地完成立德树人的根本任务,着力培育学生的必备品格和关键能力,培养担当民族复兴大任的时代新人。

第四节　融合生态科技教育的战略思考

生态科技教育是上海师大二附中办学的一大特色。它始于1985年,依托生态校园和标本馆为核心的创新实验室,开展丰富多彩的生态教学和实践活动。所谓生态科技教育,就是以人与自然和谐共生为出发点,以学校可持续的优质发展为指导,实施"科技"与"生态"融通开放的特色课程与教学,依托兼具"科技"与"生态"特色的资源载体与学习空间,以问题为引领开展合作、探究式创新学习,用"科技"手段解决"生态"问题,旨在培育学习者生态文明素养的一种综合育人实践。经过多年的发展,学校生态科技教育经历了萌芽、成长、深化、融合等发展阶段。

图1-12　学校生态科技教育的发展历程

近年来,学校进一步明确了生态科技教育发展特色项目,凭借标本馆的动物标本资源和校园内丰富的植物生态资源创立金山区生态学创新教育基地,开展生态教学和实践活动,并取得了较好的成效。学校将继续传承生态科技教育的文化基因,通过生态科技教育的实施来提升学生的生态文明素养。

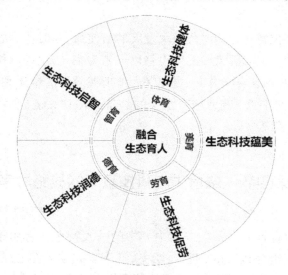

图1-13 融合生态科技教育战略

根据国家和上海市中长期教育改革和发展规划纲要的新要求,结合学校已形成的办学传统,学校确立了"融合生态育人,适性多元发展"的办学目标,将生态科技教育与五育进行有机融合,全面提升学校的育人质量。

"融合生态育人"是学校生态科技教育的品牌特色,它将德、智、体、美、劳与生态科技教育深度融合,这既是学校生态科技教育发展的必然阶段,也是新时代基础教育走向高质量发展的必由之路。

第二章 生态科技润德：
探寻科技育人价值，践行尚美生态德育

德育工作一直是我国教育工作中关键的一环,对于培养学生的道德素质、塑造健全的人格以及促进全面发展具有重要意义。2014年3月,教育部印发了《关于全面深化课程改革落实立德树人根本任务的意见》,将立德树人作为我国教育的根本任务,强调要在教育教学过程中推进德育、智育、体育、美育、劳育的全面发展,为我国社会主义建设培养合格的人才。党的十八大以来,习近平总书记多次强调,教育是国之大计,承担着立德树人的根本任务。作为学校教育发展的关键,德育工作是教育教学的重要组成部分。

在我国,德育工作不仅是一种教育手段,更是一种社会责任。为了更好地落实立德树人这一根本任务,我国教育部门出台了一系列政策和措施,旨在加强德育工作的针对性和实效性。例如,推动社会主义核心价值观融入教育教学全过程,加强德育课程体系建设,强化师资队伍建设,以及丰富校园文化建设等。此外,德育工作还需要家庭、社会和学校共同努力。家庭是孩子道德成长的摇篮,家长要注重培养孩子的道德品质,让他们在家庭生活中感受到道德的力量。社会要营造良好的道德环境,让人们在日常生活中践行社会主义核心价值观。学校要深入开展德育工作,将德育贯穿于教育教学全过程,培养德、智、体、美、劳全面发展的人才。

自1985年建校以来,上海师大二附中始终坚持以立德树人为根本任务,秉承"一切以学生的全面可持续发展为本"的办学思想,严格落实德育课程要求,不断推进学校课程融合。学校将德育内容细化到各学科课程的教学目标中,渗透到教育教学的全过程,为学生的全面发展提供了坚实的保障。同时,学校注重生态科技教育与德育工作的有机融合,积极开展"三走四节"等具有特色的实践活动体系,让学生在实践中体验、感悟、成长,这进一步丰富了学校的德育建设内涵。通过这些努力,学校在德育建设方面呈现出别样精彩,为培养德、智、体、美、劳全面发展的优秀人才奠定了坚实基础。

第一节　融合生态科技在德育中的价值

将生态科技教育融入德育工作中,不仅有利于全面落实立德树人的根本任务,培育担当民族复兴大任的时代新人,同时也为生态科技教育的创新发展开辟了新的道路。传统德育关注社会中人与人的关系,主要通过对青少年的思想品德教育而致力于建构健康的社会秩序。党的十八大以来,以习近平同志为核心的党中央大力推进生态文明理论创新、实践创新、制度创新,提出一系列新理念、新思想、新战略,形成了习近平生态文明思想。习近平生态文明思想重点关注人与自然的关系,注意到人类社会的自然环境维度的可持续性。在发展视野上,这是从人类社会对自身的关注走向关注人类社会与自然环境的关系,在德育领域有效扩展了德育的基本内容。①

在回应时代需求与呼唤的过程中,生态科技教育在德育内容、德育方法等方面都表现出其独特的重要价值与意义,为我们提供了一个全新的视角和思考维度。在德育内容方面,生态科技教育强调对生态环境的保护和可持续发展,这与社会主义核心价值观相契合。通过生态科技教育,我们能够引导学生树立正确的生态观念,培养他们的环保意识和社会责任感,从而在德育过程中加强对时代需求的回应。在德育方法方面,生态科技教育注重实践与体验,提倡在亲身体验中感受生态的美好与价值。这种教育方法能够增强学生的参与感和体验感,使他们在实践中培养良好的行为习惯和道德品质。同时,生态科技教育也为我们提供了一种创新的教育方式,为德育工作注入新的活力。

一、融合生态和谐理念,构建和谐互助人际关系

19世纪中叶以来,我们对于生态系统的研究已经积累了丰富的经验。德国生物学家海克尔在1869年首次提出"生态学"这一概念,为该领域的研究奠定了基础。随着时间的推移,生态学逐渐超越了自然科学的范畴,与人文科学产生了紧密的联系。1976年,美国哥伦比亚大学师范学院院长劳伦斯·A.克雷明在《公共教育》一书中对"教育生态学"进行系统阐述,为生态学在教育领域的应用奠定了基础。

---

① 冉亚辉,包翠秋.习近平生态文明思想对德育的重要启示论析[J].中小学德育,2023(7):33－36.

在全球范围内,可持续发展已成为共同追求的目标,"生态"理念在实现这一目标的过程中发挥着至关重要的作用。教育作为培养新时代的公民、传播生态文明价值观的重要手段,与生态道德的结合催生了生态德育这一全新的德育理念。不同于以往德育只关注人本身,生态德育站在一个更为高远和广阔的视角去审视人际关系,教育者"从人与自然相互依存、和睦相处和互惠共生的生态观出发,启发、引导受教育者为了人类的长远利益和更好地享用自然、享受生活,自觉养成关心爱护自然环境和生态系统的生态保护意识、思想觉悟和相应的道德文明习惯。它要在受教育者思想上树立一种崭新的人生观、自然观,合理调节人与自然的关系,有意识地调控人对自然的盲目行为。"[①]

习近平生态文明思想更是扩展了我们的核心价值观体系,使其更加贴近现实、更加全面。在传统的社会价值观基础上,习近平生态文明思想为我们描绘了一幅更加丰富的人与自然和谐共生的画面。这不仅是一种观念上的转变,更是一种实践上的转变。随着这种价值观的变革,我们的德育体系也在不断调整与完善。生态科技与德育的融合是对传统教育范式的一种突破和创新,旨在以生态德育为基础,引导学生树立"和谐共生"和"平等互惠"的核心价值观念,从而构建更加和谐互助的人际关系。这种融合的核心理念在于强调生态科技在促进人与自然之间和谐共生中的重要作用,并强调了德育在培养学生尊重、保护自然环境以及与他人和谐相处方面的重要性。

因此,将生态科技教育融合于德育,能够更好地传播生态和谐理念,并帮助学生构建和谐互助的人际关系。在学校德育中,人与自然的和谐已成为一项重要的新价值观。注重生态科技教育的融合,可以更好地传承和弘扬这一理念。同时,这种教育模式也有助于学生深入了解生态系统的运作和生物多样性,从而加深对生态和谐理念的认识和理解。生态科技教育不仅是传授科学知识和技能,更重要的是培养学生对环境问题的认识和解决问题的能力。通过生态科技教育,学生可以深入了解科技创新对于解决环境挑战的关键性作用,学会运用科技手段保护和改善生态环境。同时,德育则引导学生以更具责任感和关爱之心的态度去面对自然,将尊重、保护环境的意识内化为行为习惯和道德观念。这种融合让学生不仅具备了科技应用的能力,更具备了以环境友好的方式行事的道德素养。除了培养环保意识和科技能力之外,生态科技与德育的融合还注重培养学生的社会责任感和团队合作精神。通过德育的引导,学生将学会如何

---

① 刘惊铎.生态德育是一种新德育观[J].新华文摘,1999(1):200.

与他人建立更加和谐、平等的关系,学会倾听他人的意见、尊重他人的想法,从而构建更加和谐互助的人际关系。和谐互助的人际关系不仅有利于个体的成长和发展,也是构建和谐社会的重要基石。

二、加强环境保护意识,培育社会意识与责任感

在经济社会发展取得巨大进步的同时,生态环境的破坏也会愈加严重,如果要保持经济社会持续稳定的长期发展,做好生态环境的保护及修复工作必不可少。党的十八大以来,生态文明建设被放在更加突出的地位,逐步确立了尊重自然、保护自然、顺应自然的生态文明理念。习近平生态文明思想更是扩展了价值观体系,在传统的社会价值观体系的基础上,有效增加了人与自然的价值观体系,这是价值观维度的重要变革。基于价值观的变革,德育的内容体系和基本理念都随之而变化。[①] 将生态科技与德育相融合有利于促进人与自然的和谐相处,保护生态环境,保护人与其他生命体的长久发展,进而促进中学生社会意识与责任感的培育,是响应国家政策、推进生态文明、建设美丽中国的必由之路。

将生态科技融入德育,对于引导学生关注环境问题、培养其社会责任感和环保意识具有积极意义。首先,加强对生态科技知识的学习和理解,有助于激发学生对环保问题的关注和兴趣,培养其环保意识和环境责任感。生态科技在环境保护领域具有举足轻重的地位,尤其在新技术的推动下,如清洁能源、循环利用技术、环境监测等,其在环保领域的应用日益广泛。通过学习生态科技的原理及其应用,学生能够更深入地认识到科技创新对于环境保护的重要性。他们可以了解到,科技创新不仅可以推动经济发展,还可以促进环境保护和可持续发展。此外,学生还将更加深入地认识到人与自然的关系,从而更加珍惜和保护自然资源,为建设美丽家园贡献力量。

培养学生的社会意识和责任感也是德育的重要目标之一。在当今社会,个体行为不仅影响自身,还与整个社会和环境息息相关。因此,让学生认识到自身行为对社会和环境的影响,培养其社会责任感,是德育的重要任务之一。通过将生态科技融入德育,学生可以更好地理解科技、社会和环境之间的关系。生态科技的应用不仅能够解决环境问题,还能促进社会发展和改善人民生活。例如,清洁能源技术的推广不仅有助于减少环境污染,还能够创造就业机

---

① 冉亚辉,包翠秋.习近平生态文明思想对德育的重要启示论析[J].中小学德育,2023(7):33 – 36.

会、促进经济增长。循环利用技术的应用不仅可以减少资源消耗，还可以解决废弃物处理的问题，改善城市环境。因此，学生可以通过学习生态科技的知识，认识到科技的发展对社会和环境的积极影响，从而更加珍惜和保护环境资源。

同时，通过生态科技的学习，学生也能够认识到作为社会成员应承担的责任。他们可以了解到自己的行为对社会和环境的影响，并意识到自己有责任为社会和环境作出贡献。例如，学生可以通过参与环保活动，积极推动环保理念的传播和实践，为提高环境质量和保护生态环境贡献自己的力量。通过这样的实践，学生可以逐渐培养起自己的社会责任感和责任意识，成为社会发展的积极参与者和推动者。

在实践中，实现生态科技与德育的融合可通过多种途径。一是开设相关课程或组织相关活动，系统地向学生介绍生态科技知识和应用，让他们全面了解科技与环境之间的关系。二是组织学生参与环保实践活动，让他们亲身体验环保工作的重要性和意义。三是通过案例分析、讨论等方式，引导学生深入思考环保问题，提出解决方案，培养他们的创新意识和解决问题的能力。

三、弘扬科学家精神，提供价值引领与榜样示范

将生态科技融入德育的重要价值在于弘扬科学家精神，从而为学生提供价值引领与榜样示范。将生态科技融入德育，在传授技术知识的同时，通过科学家的榜样作用，激发学生的学习兴趣和责任感，引导他们树立正确的人生观和价值观。深入挖掘科学家精神丰富内涵和其中蕴含的红色基因，将科学家精神融入中学阶段的德育过程中，用科学家的成长历程、感人事迹、崇高品质和价值追求引领中学生的成长方向，实现弘扬科学家精神与践行立德树人根本任务相互支撑、深度交融，可以为基础教育践行时代使命注入强大精神动能和宝贵核心价值。[①]

"科学家精神"是一个广为人知的概念，但在国家层面首次以文件形式提出是在2019年的《关于进一步弘扬科学家精神加强作风和学风建设的意见》中。该文件对科学精神的内涵、价值以及新时代弘扬科学家精神的路径和要求进行了制度性界定和规范化阐述。在2021年的中央人才工作会议上，习近平总书

---

① 汪长明.科学家精神融入大学生思想政治教育：价值、资源及践履[J].重庆理工大学学报(社会科学),2023(9):13—23.

记强调了要"坚持人才引领发展的战略地位"和"坚持弘扬科学家精神"。① 科学家精神在历史发展中逐渐形成,并深度融入党的百年奋斗历程中。它是民族精神和时代精神在科学家身上的群体结晶,是中国当代史上的宝贵精神资源,经历了历史和时代、理论和实践的多维度综合检验。

古往今来,崇高的精神往往规划着人生的奋斗目标,指引着人生前进的方向,使人产生无穷的奋进动力。科学家精神是一种积极向上、求真务实的价值观念和行为准则,是科学家在长期科研实践中形成的优良品质和工作态度的综合体现,其终极归宿和最高价值在于:微观层面,"双轮驱动",将科技报国"内化于心,外化于行",为高水平科技自立自强和国家科技事业发展提供精神和智力"双支撑";中观层面,众志成城,以高水平科技自立自强的科学自信支撑世界科技强国建设;宏观层面,登高望远,以建设世界科技强国的科学自信和宏伟愿景,助力中华民族伟大复兴。② 弘扬科学家精神不仅是为了表彰科学家的杰出贡献,更是为了引领广大青少年学子树立正确的学习态度和人生追求。在教育实践中,通过生态科技的案例教学,向学生展示科学家们在生态环境保护、资源利用等方面的杰出成就和崇高品质,激发学生对科学事业的向往和热爱,引导他们在实践中积极探索、勇于创新,从而在德育过程中实现价值引领和榜样示范的目标。

在生态科技与德育融合的教育实践中,学生不仅在课堂上学习科学知识和技能,更关键的是,他们通过这一过程塑造了探索精神、创新意识以及责任感。生态科技的融入为学生提供了深入了解科学家生活和工作经历的机会,使他们认识到科学家在攻克科技难题、解决现实问题过程中所展现出的坚忍不屈和无私奉献的精神。这样的学习体验让学生不仅获取了科学知识,更树立了正确的人生观和价值观。

此外,学生还能够深刻领悟到只有持续学习与实践,才能不断提升自我,为社会、人类进步贡献更多力量。这种认知不仅局限于知识层面,更是对情感和价值观念的塑造。在接触生态科技的过程中,学生感受到科学家对科学事业的热爱与奉献,这将激发他们对科学事业的向往和热爱,使他们在未来的学习和工作中积极进取、勇于创新。

---

① 新华社.习近平出席中央人才工作会议并发表重要讲话[EB/OL].(2021-09-28)[2023-08-20]. https://www.Gov.cn/xinwen/2021-09/28/content_5639868.html.platform.win.
② 汪长明.科学家精神融入大学生思想政治教育:价值、资源及践履[J].重庆理工大学学报(社会科学),2023,37(9):13-23.

四、普及生态科技成就,铸育文化自信、民族自豪

普及生态科技的成就是将生态科技融入德育的实践途径之一,以期培养学生对生态科技的文化自信和民族自豪。生态科技不仅代表着技术的进步,更是文化的象征,承载着人类对自然的认知和对未来的期望。将生态科技融入德育,使学生能够了解科技的最新发展,感受到生态科技所赋予的文化自信和民族自豪,这是对德育的重要补充。

在我国,生态科技已经成为国家战略发展的核心领域。推动生态科技的发展,不仅有助于解决生态环境问题、提高资源利用效率,还能促进产业结构优化升级、推动经济发展方式转变。将生态科技融入德育,有助于培养具有文化自信和民族自豪的青年一代,他们是国家未来的希望,也是生态文明建设的主力军。在生态科技融入德育的过程中,学生能感受到中华民族在生态文明建设中的独特贡献与领先地位,从而进一步增强文化自信与民族自豪。他们将意识到,作为中华民族的一分子,他们肩负着改善生态环境与传承文明的责任与义务。而这种文化自信与民族自豪将激发学生更为努力地学习与实践,为实现中华民族伟大复兴的中国梦贡献力量。

将生态科技融入德育,可以通过生动的案例和故事,向学生展示生态科技在环保、资源利用等方面取得的重大成就。学生将在案例与故事中了解到生态科技如何提高环境质量、保护生物多样性、提高资源利用效率等,进而增强对生态科技的认同与自豪感。此外,案例和故事的展示能让学生直观地感受到生态科技在实际应用中的巨大价值和意义。他们可以看到生态科技如何通过技术创新和科学方法,有效地解决环境污染、资源匮乏等问题,为人类的生存与发展作出重要贡献。这些生动的案例和故事将激发学生对生态科技的浓厚兴趣,引发他们对科技创新的探索欲望,从而促进他们对生态科技的认同与自豪情感的培养。

总之,生态科技融入德育教育,既是对科技发展的积极响应,也是对文化自信和民族自豪的传承。通过这一实践路径,我们可以培养出一批批具有生态科技素养和责任感的青年,为实现绿色发展、可持续发展目标与推动我国科技进步和生态文明建设贡献力量。生态科技融入德育,既体现了我国科技发展的成就,也展示了中华民族在生态文明建设中的智慧和担当。在新时代背景下,我们要不断完善生态科技融入德育的实践路径,为培养具有文化自信和民族自豪的新一代贡献力量。

第二节　生态科技润德的基本概况

在近40年的发展历程中,上海师大二附中凭借着地理优势和深厚的文化底蕴,不断探索发展路径,逐步确立了自身的核心竞争力,为学校的可持续发展以及"十四五"期间的融合教育奠定了坚实基础。学校秉持"以学生全面可持续发展为本"的办学理念,在"融合生态育人,适性多元发展"的思想指导下,将德、智、体、美、劳五育与学校的特色品牌生态科技教育有机融合。这不仅是学校生态科技教育发展的必经阶段,也是新时代基础教育迈向高质量发展的必然途径。"融合生态育人"已成为学校教育的主导战略和实施路径,而"适性多元发展"则是其自然演进的结果与终极目标。在新时代教育背景下,学校积极探索特色化发展之路,传承生态科技教育的文化底蕴,并将之与德育工作相结合,以实现立德树人的根本任务。

一、整体思路

生态科技教育是以人与自然和谐共生为出发点,以学校可持续的优质发展为指导,实施"科技"与"生态"融通开放的特色课程与教学,依托兼具"科技"与"生态"特色的资源载体与学习空间,以问题为引领开展合作、探究式创新学习,用"科技"手段解决"生态"问题,旨在培育学习者生态文明素养的一种综合育人实践。生态科技教育的最终目的在于让学生习得生态文明知识,获得生态文明智能,形成生态文明态度情感价值观,培养生态文明行为习惯。为了有效开展面向中学生的融合生态科技德育工作,必须与时俱进,积极进行实践探索。具体而言,包括以下三个维度。

一是课程育人,在学科教学中融入生态文明行为教育。学校积极践行融合育人理念,使课程、课堂成为行规教育的主阵地。围绕行规教育要求,深化主题化、系列化的晨会、班会课专题教育。学生发展指导中心每周提前确定晨会、班会课专题教育主题,由学生主导落实。学校德育课程以高中学生综合素质评价为统领,包含军训与国防教育、安全知识教育、公民基本道德纲要、党章学习小组、升旗仪式教育及国旗下的讲话、成人仪式教育、高中生心理健康教育、学生成长规划、运动与健康、综合实践课、班团会教育等。目前已经基本做到了德育课程化、系列化、主题化,并在逐渐丰富和完善中。

在聚焦融合育人理念、深化学科行规教育方面,上海师大二附中以融合育人为引领,在思想政治课之外的心理、语文、数学、英语等各学科课堂教学中落实育人责任:第一,在每门学科的教学设计中,挖掘学科中行规教育素材,结合学科特点,落实融合育人;第二,关注学生课堂学习规范,开展相关的学习方式和教学方式改革,努力探索学科融合育人的有效性,使课堂教学真正成为培养德、智、体、美、劳全面和谐发展人才的主阵地,把行规教育贯穿教育教学全过程。

二是活动育人,组织学生参加"三走四节"系列特色活动。学校以"三走四节"为核心,通过丰富多彩的实践活动,将生态科技与德育有机融合,引导学生走出校园,拓宽他们的视野,培养他们的社会责任感和环保意识。其中,"三走"活动涵盖了走进社区、走向大山、走出国门三个方面。在社区活动中,学生将亲身参与社区环保工作,了解当地生态环境问题,并积极寻求解决方案。在走向大山活动中,学生将深入贫困地区或生态脆弱地区,开展生态保护和扶贫帮困工作,体验生活的不易,增强他们的社会责任感。而走出国门的活动则为学生提供了国际交流的机会,培养他们的全球意识。

"四节"活动包括朗诵节、科技节、体育节和艺术节。通过这些丰富多彩的文体活动,学校引导学生全面发展,提升他们的审美情趣和综合素质。在这些活动中,生态科技元素将被巧妙地融入。在科技节,学校可以组织生态科技展示与竞赛;在体育节,学校可以开展生态环保主题运动项目;在艺术节,学校可以举办生态主题的文艺表演等,从而激发学生对生态科技的兴趣和热情。通过"三走四节"系列活动,学校既实现了生态科技与德育的融合,又为学生提供了丰富多彩的成长体验和学习机会,全面提升了他们的综合素质和社会责任感,为塑造学生健康成长的生态环境和德育氛围提供了有力保障。

三是协同育人,通过开展学生发展指导工作,将德育和生涯规划教育融合推进,实现生态科技与德育的有机结合。学校通过开展学生发展指导工作,以课题为抓手,以校本教材为突破点,以生涯规划为重点,全面激发学生的发展潜能。在这一过程中,学校将生态科技元素巧妙融入指导内容中,引导学生关注生态环境问题,激发他们对生态科技的兴趣和热情。例如,在生涯规划中,学校将介绍生态科技领域的发展前景和就业机会,帮助学生更好地了解相关行业,制订个人生涯规划。为了确保学生发展指导工作的顺利推进,学校成立了"学生发展指导工作委员会",由校长担任主任,担负着学校学生发展指导工作的总指挥职责。委员会将制订具体的指导方针和计划,统筹协调各项工作,确保生态科技与德育融合的目标得以有效实现。通过协同育人,学校将为学生提供更加完善的成长环境和个人发展支持,助力他们成为全面发展、有社会责任感的新时代青年。

二、实施概况

学校围绕生态科技教育,积极挖掘德育资源,努力打造德育全覆盖、育人全方位的工作格局。在当前社会发展的大背景下,生态科技的重要性日益凸显,而德育作为学校教育的重要组成部分,也应当与时俱进,与科技发展相结合。因此,学校以融合生态科技与德育为核心理念,积极探索实施相关工作,旨在培养全面发展、有社会责任感的优秀人才。

(一)落实融合育人理念,使课堂教学成为德育的主阵地

为了更有效地落实融合育人理念,使课堂教学成为德育的主阵地,学校采取了一系列创新举措。首先,学校深化了主题化、系列化的晨会、班会课专题教育。每周学生发展指导中心提前确定晨会、班会课专题教育主题,由学生主导落实,形成年级优秀案例集,完善系列化的年度专题教育。这种方式不仅让学生在晨会、班会课上接受德育引导,增强道德修养,还能够让其树立正确的人生观和价值观。其次,学校积极探索课程德育即思想政治课的实效性。通过改革学习方式、教学方式、评价方式等,力求达到"树理想信念,育公民品德"的育人目标。在思政课上,学生不仅学习党的理论知识,更重要的是通过案例分析、角色扮演等方式,培养正确的社会主义核心价值观和公民道德观。最后,学校聚焦融合育人理念,深化了学科德育。以融合育人为引领,在语文、数学、英语等学科课堂教学中贯彻育人理念。在每门学科的教学设计中,教师精心挖掘学科中其他"四育"的素材,结合学科特点,落实融合育人。同时,开展相关的学习方式和教学方式改革,努力探索学科融合育人的有效性。通过这些创新举措,学校将德育工作融入教育教学全过程中,使课堂教学成为培养德、智、体、美、劳全面和谐发展人才的主阵地,形成全员育人、全程育人、全方位育人的新格局。

(二)推进"三走四节"等实践活动,丰富学生多彩课外活动

学校通过近7年的实践,成功推进了"三走四节""生态科技教育实践周"等特色实践活动,为学生提供了丰富多彩的课外活动体验。其中,"三走"活动旨在让学生通过亲身体验,了解社会、感受大自然、开阔视野。特别是"走向大山"活动,学校与贵州凯里八中建立了为期15年的结对互助关系,通过实地考察、资助贫困学生等方式,促进了两校之间的深度交流与合作,共募集助学款30余万元,资助50余名凯里的少数民族困难学生完成了高中学业。目前,每年有20位学生和5位老师参与活动,不仅为凯里的少数民族困难学生提供了资助(学生爱心捐款15000元/年左右),还带回了大山精神,促进了学生思想和行为规范的提升。此外,学校还定期组织师生代表进行专题汇报,增加活动的辐射面,提升了活动的影响力和可持续性。

"四节"活动是学校德育工作的重要组成部分,它们在培养学生的品格、个性和综合素质方面发挥着不可替代的作用。朗诵节为学生提供了展示表达能力的舞台。通过朗诵比赛和表演,学生不仅可以提升自己的语言表达能力,还可以培养自信心和沟通能力,促进情感表达和情绪管理。科技节是激发学生科学兴趣、培养科学精神的重要机会。学生可以通过科技展示、实验比赛等活动,展示他们的创新能力和科技成果,激发对科学探索的热情,培养解决问题的能力和团队合作精神。体育节是锻炼学生身体素质、培养团队协作意识的重要途径。学生通过参与各类体育比赛和运动项目,不仅可以提高身体素质和运动技能,还能增强团队合作意识、竞争意识和自律能力,培养健康的生活方式和积极向上的心态。艺术节为学生展示自己的艺术才华、审美情趣提供了舞台。通过音乐、舞蹈、绘画等形式的表演和展示,学生可以表达自己的情感和展现自己的创造力,丰富校园文化生活,培养审美情趣和艺术修养,促进心灵的成长和文化素养的提升。总之,"四节"活动不仅丰富了学生的课余生活,还在德育中起到了重要的作用,促进了学生全面发展和个性成长,培养了他们的综合素质和团队精神,为学生的健康成长和未来的发展打下了坚实的基础。

(三)以德育工作坊为载体,班主任定期交流融合育人案例

立德树人是学校教育的根本任务,而案例呈现与深度研讨则是教师之间交流德育经验、提升整体师资队伍素养的关键途径。学校的德育工作坊活动,作为推进综合素质教育理念的重要策略,旨在汇聚集体智慧、促进团队合作,进而提高班主任在德育领域的专业素养。在融合育人的教育理念指引下,学校把德育工作坊视为提升教师融合育人技能的核心培训平台,以期更好地促进学生全面而均衡的发展。

为了实现这一目标,学校对每月的班主任培训主题进行了精心的规划和设计,构建了一套系统化、专业化的培训体系,确保培训活动能够深入且有序地进行。德育工作坊以学校真实发生的案例为基础,主要包括"案例呈现""案例讨论""案例总结"三大环节,通过案例的分享与探讨,深化教师对德育工作的

认识。

例如,在2022学年的学校德育案例评比活动中,荣获一等奖的许礼华老师以一个具体事件为切入点,撰写了《做好学生心理健康的守护人——记一次心理危机的干预》的教育案例。他从案例概述、心得处理和技巧撰写三个方面进行了详尽介绍,深入剖析了从问题发现到解决再到同一类问题解决的思考过程。同时,许礼华老师在德育案例撰写方面也提出了针对不同模块的独到见解。

陆元丰老师则从一次主题班会课"让劳动从游戏走向现实"获得灵感,创作了德育案例。他创造性地将劳动教育与学生对电子游戏的兴趣相结合,引导学生从游戏世界联系到校园生活,再由校园生活扩展到社会生活,运用马克思主义理论,既激发了学生的学习兴趣,又实现了劳动教育的目标。陆元丰老师特别强调,在实施过程中,不应简单地将游戏中的劳动等同于现实生活中的劳动,而应从学生的兴趣出发,洞察事物的本质,以达到德育的目的。

此外,学校还邀请了德育领域的知名专家,为班主任提供专业的培训指导。2023年,学校荣幸地邀请到高瑛老师,她以"做一个平凡而不平庸的老师:具有科研能力的研究型教师"为愿景,为学校带来了一场关于案例撰写的专题讲座。高瑛老师从案例研究的兴起与缘由、案例与其他文体的比较、案例的撰写与修改等方面进行了深入讲解,解答了关于案例文体撰写特点、选题切入点、撰写结构以及优秀案例特征等方面的诸多疑问,为教师们提供了宝贵的指导和启示。

德育工作坊的开展让教师们掌握了众多实用的教育策略,为未来的工作部署提供了清晰的指引,同时也推动了学校在德育领域融合生态科技的深入实践与持续进步。德育工作坊超越了传统的教育培训模式,成为班主任育德能力的综合提升和思想交流的平台。在这个互动平台上,班主任们不仅是学习者,更是积极的实践者和贡献者。他们巧妙地将理论知识与实际经验相结合,通过撰写德育案例,加深了对德育工作深层次的理解与思考。在相互的交流与互动中,班主任们互相激发灵感,共同探讨并解决了日常教育教学中遇到的种种挑战,凝聚成了一支强大的德育工作团队,丰富了学校德育工作的内涵,提升了德育工作的实效性。同时,在专家学者的精准点评与指导下,班主任们对自己的工作进行了深刻的反思,德育工作的质量由此不断攀升,为学生的健康成长奠定了更为坚实的基础。

德育工作坊的推进为学校德育工作注入了新鲜活力与强大动力,展现了集体智慧与协作精神。这一过程深化了德育工作的理论与实践,为学生们的健康成长和全面发展提供了坚实的支撑。在学校教师的集体努力下,学校的德育工作定将迈向更加辉煌的未来,为培养一代又一代的优秀学子提供坚实的保障。

第三节 生态科技润德的实践探索

随着社会的不断发展和科技的进步,人们对生态环境和文明素养的关注日益增强。在这个时代背景下,德育作为塑造学生品格、培养社会责任感的重要途径,也需要与时俱进,与科技融合,以适应时代发展的需要。上海师大二附中秉持德育为本的宗旨,期望通过教育引导学生树立正确的理想信念,为全面发展奠定坚实基础。学校以实现立德树人为核心任务,着重提升学生综合素养及未来把握能力,更加关注个体身心健康与全面发展。为实现此目标,学校着力推进学生管理制度、评价制度、培养制度等方面的改革,以引导学生培育和践行社会主义核心价值观。

本节主要介绍上海师大二附中在融合生态科技与德育方面的实践经验和探索成果,探讨其在培养学生综合素质、推动生态文明建设等方面的作用和价值,以期为教育改革和发展提供借鉴和启示。

一、深化"生态班级"评比活动,创建"生态文明班级"

学校坚持融合生态育人,围绕立德树人的根本任务,助力生态科技教育特色学校创建,促进学生适性多元发展,在班级建设方面加大工作举措,并评选出"优秀生态班级",旨在发挥榜样引领作用,通过正向激励,带动班风学风建设;同时积累优秀成果,形成有效的班级管理经验,促进班主任队伍建设,推动学生全面发展。学校学生发展指导中心每月开展"推进'礼绿洁'争创'生态班级'"主题活动,对全校各个班级每月进行"生态班级"评比活动,推进美丽校园建设,同时提升全校师生的生态文明理念。

图 2-1 "优秀生态班级"活动剪影

（一）完善"生态班级"评比要求

在过去的日常管理中，学校侧重劳动卫生方面的检查，虽然确保了校园环境的整洁与卫生，但对学生全面发展和班级整体建设的关注相对单一。劳动卫生固然重要，但学生的精神风貌、班级文化建设、活动参与度以及五育融合亦不可忽视。为促进学生综合素质提升和班级和谐发展，学校决定对"生态班级"的考核指标进行全面升级和扩充。新增考核指标不仅关注班容班貌，还着重考核主题班会的组织与实施、班级特色的创建与展示，以及学生在各项活动和竞赛中的表现，旨在全面反映班级班风学风建设成果。

为确保考核公正客观，学校采用定性考核与量化考核相结合的综合性评估方法。定性考核侧重对学生和班级在精神风貌、组织能力、创新精神等方面的表现进行描述和评价；量化考核则通过具体数据和指标，如活动参与度、获奖数量等，来客观反映学生和班级的实际表现。综合性的评估方法既全面评价班级和学生表现，又为学生提供具体明确的改进方向。此改革举措的实施既引导班级管理注重五育融合，又激励各班级以补齐短板为重点，努力促进五育融合发展。

2022 年，学校进一步完善"生态班级"评比。经过深入研究和实践，学校成功推出了一套定性考核与量化考核相结合的全面评估方式，以期更加全面、客观地评价各个班级在生态建设方面的表现，进一步推动全校师生共同关注和参与生态环境保护。"生态班级"评比涉及多个部门，包括学生发展指导中心、教导处、总务处等,共同开展评估工作。各部门各司其职,确保评比活动的公平、公正、公开。评比内容丰富多样,涵盖了主题教育实施、黑板报、两操、食堂用餐、仪容仪表、教室两关、教室环境、包干区卫生、生态实践区养护、学生违纪情况,以及班风学风建设、班级特色活动等方面(表2-1)。这些评比项目既关注到了班级的日常管理,也注重了班级的特色发展,力求全面评价各班的表现。

表2-1 学校"生态班级"常规考核评比内容

评比项目	评比频率	评比时间	评比内容	评比人员
晨读情况	每天	早晨	无抄袭作业、吃东西、喧哗吵闹	学生发展指导中心
物品使用	每天	早晨	绿台布置美观,卫生用品摆放合理,桌椅整齐	学生督导员
	每天	随机	人走门关灯灭	学生发展指导中心
地面卫生	每天	早晨	地面清洁,垃圾及时清理	学生督导员
卫生包干	每周	周五	大小包干情况参照卫生室和团委的检查	卫生室
课间活动	每周	固定	室内操、眼操、广播操、大课间等	值周学生
电脑使用	每周	中午	电脑设备处于正常状态	信息中心
仪容仪表	阶段	随机	头发、首饰、校服	年级组
讲台卫生	每天	早晨	黑板干净,台面整洁,粉笔槽无积灰	学生督导员
住宿管理	每天	早晚	无迟到早退、住宿违规,寝室卫生干净整洁	宿管组
组织纪律	每周	随机	校班会、集体活动、午睡	团委
		随机	无迟到早退、受到学校批评	学生发展指导中心
手机使用	每天	随机	校内未发现学生私自使用手机	学生发展指导中心

学校还注重挖掘学生和教师在相关活动中所获得的荣誉等特色项目,以此更大限度地调动师生在生态环境保护方面的积极性。此外,学校着重强调班主任的角色和责任,对班主任的工作方法和工作状况进行全面评估,以期推动学校班主任德育工作的持续发展,提高班主任在"生态班级"建设中的积极作用。为了确保评比活动的公正性和透明度,学校公开评选过程和结果,接受全校师生的监督。以下是具体评比方案。

上海师范大学第二附属中学"生态班级"评比方案

一、指导思想

围绕"立德树人",助力生态教育特色学校创建,本学期起对全校各个班级每月进行"生态班级"评比活动,旨在比学赶帮,促进全校班级建设优质快速发展,从而推进学生综合素养全面提升。

二、活动主题

推进"礼绿洁",争创"生态班"。

三、活动对象

全校各班级。

四、组织机构

领导小组组长:学校德育分管领导。

组员:学生发展指导中心正(副)主任、团委书记、年级组长。

工作小组组长:学生发展指导中心主任。

组员:学生发展指导中心老师、年级组长、信息技术中心负责人、卫生室老师、宿管员、班风督导员、值周班学生。

五、活动内容

围绕每月的一日常规和特色活动,以年级为评比单位评选出不超过40%的优胜班级作为当月的"生态班级",并颁发锦旗,每月流动。

六、评比方法

(一)评比时间

学期内每月一次。

(二)评比内容

(1)当月每周的一日常规,包括教室卫生、物品管理、做操质量等。

(2)当月学校的特色活动,如黑板报、绿台美观、特色主题教育等。

(3)在社会上产生重大影响的典型事例。

(三)具体标准

1. 一日常规方面(55分:每次评比每项优秀得1分)

(1)走廊窗台、教室地面干净,垃圾及时清理。

(2)课桌椅排放整齐,卫生用具摆放整齐合理,绿台无杂物。

(3)讲台上物品放置整齐,黑板经常清洁,粉笔槽无积灰。

(4)安全使用教室公共设备,做到人走门关灯熄,多媒体处于待机或关闭状态。

(5)卫生大扫除及时到位,保持教室内外清洁。

（6）经常关心住宿生，引导他们每天打扫卫生，文明住宿，不违纪，注重建设生态寝室文化。

（7）晨班会课主题明确，备课充分，以学生为主体，有记录，有总结。每月至少开展一次主题班会。

（8）课间活动指导到位，整队做到快、静、齐，口号响亮，动作规范。

2. 生态教室布置(25 分)

（1）班级绿台。人人参与养绿护绿，保持生机盎然，整体摆放合理、美观，有新意。

（2）黑板报。设计美观，主题明确，格式规范。

（3）班务栏。各种表格按一定顺序张贴，整洁完好。

（4）班级铭牌。设计新颖有创意，及时更新。

（5）特色角。可以是学生心愿墙和特长荣誉展示，设计新颖、美观，使人人都有展示机会。

3. 师生精神状态(20 分)

（1）班主任积极带领班上学生主动参与学校各项活动，重教育，有反馈。

（2）学生服装整洁，团员佩戴团徽，学生仪容仪表符合《学生须知》。

（3）学生礼貌待人，言行举止文明，主动与师长打招呼。

（4）班级班风学风正，无违规使用手机等行为，综合素养强。

（5）班主任认真按时完成计划和总结，及时做好家访工作，善于反思提升。

（三）奖项设置

"生态班级"：高一、高二、高三年级各 2—4 个班级。

注：

（1）当月每周的一日常规考核累计评分计入总分。

（2）当月学校的特色活动和典型事例由"生态班级"评比领导小组认定并予以赋分。

（3）班级若有重大违纪，当月一票否决。

（二）加大"优秀生态班级"宣传力度

在每月举行的"生态班级"评选活动中，学校高度重视每个环节。从审视评估班级的整体表现，到挖掘各班在德、智、体、美、劳等方面的亮点，全方位认真对待。我们深知，优秀的班级管理是一种能力，更是一种责任。因此，在评选过程中，我们着重关注具有显著管理特色的班级，以期在全校范围内树立典型，发挥示范引领作用。

评选结束后,我们将对获奖班级的管理经验进行整理和提炼,使其更具普适性和借鉴意义。在升旗仪式上,校领导亲自为优秀班级颁发荣誉证书,并邀请他们分享管理心得,让广大师生了解、学习和借鉴先进的管理理念,从而激发更多班级互相学习、互相促进,共同提高教育质量。此外,学校还充分利用学校微信公众号平台,对优秀班级的管理案例进行宣传推送。通过线上渠道,更多人可以了解并借鉴这些成功经验,以在更大范围内提升教育教学质量。

开展这类活动,不仅丰富了校园文化生活,也为教育教学提供了有益的借鉴与启示。更重要的是,它有助于提高学校整体教育水平,推动教育教学质量的持续提升。"生态班级"评选活动是学校为进一步提升教育教学质量而采取的有力举措。我们将继续坚持德、智、体、美、劳全面发展,积极推广优秀班级的管理经验,希望在全校范围内形成"你追我赶、共同进步"的良好氛围。以下是学校高一(4)班"优秀生态班级"管理经验在学校微信公众号上的部分推广内容。

图 2-2 "优秀生态班级"宣传

二、推进"三走四节"实践活动,全面提升学生综合素质

育人的根本在于立德,将理想信念教育、社会责任教育、品德修养教育、综合素养提升教育融入各项活动之中已成为学校的基本理念。多年来,学校的学生活动以"三走四节"综合社会实践活动为核心,充分利用升旗仪式、重大节庆日和寒暑假。在活动主题设计方面,更加注重用党的思想铸魂育人,厚植家国情怀。同时,还开展了军训、学农、国防教育、心理活动月以及学生的日常行为规范教育等活动。

"三走四节"架构起了具有学校特色的促进学生发展的活动体系。学校积极引导学生深入实践、体验生活,通过亲身经历,增强对社会主义事业的信念,坚定对马克思主义的信仰。其中,在走出国门的过程中,学生们了解了世界各国的历史文化,拓宽了视野,更加明确了为国家发展贡献力量的决心;走向大山,让学生们感受到祖国大好河山的壮美,深化了他们对祖国的热爱之情,明白了作为一名中国人的责任和担当;走进社区,让学生真正体会到人民群众的生活,培养了他们的社会责任感和服务人民的意识。在"四节"活动中,学校通过举办丰富多彩的活动,促进学生全面发展。艺术节展示了学生们独特的艺术才华,激发了他们的创新精神;朗诵节弘扬了中华优秀传统文化,增强了学生们对民族文化的自信;体育节锻炼了学生的身体素质,培养了他们团结协作的精神;科技节激发了学生们对科学的热爱,培养了他们的创新精神和实践能力。

(一)走向大山

自 2005 年起,上海师大二附中与贵州凯里八中建立了合作关系,成功举办了十余届两地师生交流活动。每年有 20 位学生和 5 位敬业教师组成的爱心团队跨越地理界限,传递学校的关怀与支持。截至 2021 年,学校共筹集了超过 30 万元的助学金,助力 50 余名凯里地区的少数民族困难学子顺利完成高中学业。

除了捐赠助学金外,走向大山的爱心之旅还包括多种活动内容。参与活动的师生们全面了解了八中的校园环境,体验了 10 人间的学生宿舍。他们还参观了凯里八中的校史馆,感受了这所学校的历史积淀,并进行两校间的深度交流。学校教师分享最新的教育理念,学生代表则进行发言交流。此外,学校学生还跟随当地学生入住家庭,深度体验当地生活,直观感受凯里的民俗风情。跟着结对的小伙伴回家,经历漫长遥远的路程、崎岖蜿蜒的山路,同学们深深体会到了凯里八中学子求学路的艰难。在八中教师的引领下,学生们参观了民俗风情园、苗侗文化博物馆和体育馆,深刻体会了凯里人民对保护民族文化的决心。

图 2-3 "走向大山"社会实践活动剪影

社会实践活动结束后,学校师生满载而归,带着大山精神回家,并将这种精神融入他们的思想和行为规范中。开学后,师生代表举行专题汇报,分享他们的体验和收获,进一步扩大活动的影响力和辐射面,让更多人了解大山、关爱大山,共同助力贫困地区的教育事业。活动中,学生收获良多,他们分享了自己的感悟:

人生就是在不断地学习、不断地实践、不断地感悟。在山区,人们无法让自己的孩子就近读书,而只能让他们翻越几百米的高山,蹚过无数条小河。在往后的日子里,我会铭记这些天的生活,将吃苦勤奋的品质融入学习中,让学习更上一层楼。

——高二(8)班 杨新园

山里的生活于我而言,一切都是新奇的。我与同伴去山里摘了蔬菜,回来一起准备晚饭,饭菜很丰盛,虽然有点辣、有点酸,但是是我喜欢的口味。在传统的苗寨屋舍中,我感觉到心里有一股暖流在缓缓流淌,与袅袅的炊烟一起,奏响了一曲无声的歌,这歌声将永远回荡在我记忆的天空。

——高一(5)班 陈羽茜

伴着夏日的阳光,我们去了贵州结伴同学的家中体验大山里的生活,这真的让我受到了很大的触动。他们的生活与我们的生活截然不同。这次实践活动对于我来说是一笔宝贵的财富。

——高一(8)班 王奕舟

生活的艰苦也许会给他们带来很大的压力,但每当我抬起头看到他们洋溢在脸上的笑容时,我感受到的是他们对未来生活的信心、向往和期待。在这些同学的身上,我看到了热情好客、永不服输的精神。我踏上这片土地只有三天,但我想说声"谢谢",这片土地上的人和物给了我很多精神上的滋养。

——高一(8)班　唐曾伟

图 2-4　"走向大山"社会实践活动剪影

"走向大山"的爱心之旅不只是一次社会实践,它更是一次心灵的洗礼和成长的机会。通过与凯里八中师生的交流,上海师大二附中学生们深刻感受到了教育的重要性和自己肩负的责任。他们了解到,即使是在条件艰苦的山区,依然有一群坚持梦想、勤奋努力的孩子们,这些孩子正在用自己的实际行动诠释着什么是真正的坚韧和拼搏。同时,这次活动也让我们的师生更加珍惜现有的生活和学习环境,他们意识到自己拥有的资源和机会是多么的宝贵,而这些正是他们成长和进步的重要支撑。因此,他们更加珍惜在校的每一天,努力学习,积极参与各种活动,不断提升自己的综合素质。

"走向大山"的爱心之旅还促进了不同民族之间的交流与融合。在活动期间,上海师大二附中师生们与凯里八中的师生们一起生活、学习、交流,共同感受不同民族的文化和风情。这种跨文化的交流不仅增进了彼此之间的了解和友谊,也促进了民族团结和社会和谐。

"走向大山"的爱心之旅也激发了更多人关注和参与公益事业的热情。通过学校的努力和宣传,越来越多的人开始关注贫困地区的教育问题,并积极参与各种公益活动。这种爱心的传递和汇聚将为社会的进步和发展注入更多的正能量和动力。

(二)海韵朗诵节

学校每年3月举办海韵朗诵节,旨在营造积极向上、高雅的校园文化氛围,为学子提供展示精神风貌的舞台,培育同学们健康的审美情趣和良好的艺术修养。海韵朗诵节涵盖了多个丰富多彩的活动环节,包括诗歌创作大赛、专题讲座、班级黑板报评比、朗诵比赛等。这些活动不仅激发了全校学生的参与热情,也极大地提高了他们的人文素养和艺术修养。

在诗歌创作大赛中,同学们可以用自己的文字描绘出心中的美好世界,展现出他们的文学才华和精神风貌。专题讲座则邀请了各界专家学者,为同学们解读诗歌、分享创作心得,让他们在欣赏诗歌的同时,也能深入了解诗歌背后的文化内涵。班级黑板报评比是一场展示班级风貌和创意的比赛,同学们通过精心设计的黑板报,展现出他们的团队精神和创新能力。朗诵比赛则是整个朗诵节的高潮环节,同学们通过朗诵诗歌,表现出他们的激情和活力,让观众感受到青春的力量。海韵朗诵节不仅是一场文化的盛宴,更是同学们展示自我、锻炼能力的平台。通过参与这些活动,同学们不仅在文学、艺术等方面得到了提升,也在团队合作、沟通协调等方面展现出了自己的才华。

海韵朗诵节期间最引人注目的当属集体朗诵比赛。高一、高二共16个班级参加主题朗诵比赛。舞台上,同学们以朗诵为载体,诠释他们对青春的独到理解,展现出昂扬向上的精神风貌和各具特色的班级风采。同时,各班还邀请班主任和导师共同参与,导师们的悉心指导和班主任的全力支持使得同学们在比赛中更加自信。比赛过程中,同学们身着统一的服装,有序配合,彰显了朗诵艺术的魅力,饱满的情感和个性化的表达使比赛更具观赏性和感染力。集体朗诵比赛不仅是一次比赛,更是一次同学们展示自我、提升自我的机会。他们在比赛中成长,也在比赛中学习到了团结协作、积极进取的精神。

图 2-5 集体朗诵比赛剪影

此外,为了激发同学们在文学创作方面的热情,让同学们时刻保持对生活的敏锐感知,发掘生活中那些常被忽视的"普通美",学校在朗诵节期间举办别具特色的"最美诗歌创作"大赛,让同学们从平凡的生活瞬间发现闪耀的感动与温暖,用诗歌的形式谱写他们心中的最美篇章。他们的作品揭示了平凡生活中的美好,展现了生活中无处不在的温情。为了保证比赛的公平性和专业性,学校邀请语文组的老师对参赛作品进行初步评审。这些老师在文学领域有着丰富的经验和独到的见解,他们从专业的角度对每一篇作品进行了细致的评审。经过初步评审,选出若干篇具有代表性的作品进入决赛。决赛的评审由上海师范大学中文系副主任刘畅老师担任。刘畅老师在文学理论方面有着深厚的造诣,还具有丰富的实践经验。他对决赛作品进行了严谨、公正的评审,最终选出获奖作品。"最美诗歌创作"大赛激发了同学们对文学创作的热爱,也让更多人看到了他们眼中平凡生活的美丽。希望同学们能够更加关注生活中的点滴,用诗歌的形式传递感动和温暖,让美好在字里行间流淌。同时,也期待未来能有更多同学在文学创作方面崭露头角,为我们的校园文化增添光彩。下面选录了两首优秀诗歌作品,让我们共同品读,感受同学们所展现的青春热情和时代朝气。

一起向未来

高一(3)班　高欣雨

我歌颂故乡,
故乡有一条蜿蜒的小溪,
缓缓流淌,
那是他们魂牵梦萦之地,
可又有谁后悔离去?

我歌颂童年,
童年有一架洁白的纸飞机,
带着少年们的希望与憧憬,
飞向远方,
那是少年珍藏心底的时光,
可又有谁想永远停留?

我歌颂爱情,
爱情如同含苞待放的玫瑰,
无声盛开,又默默凋零,
那是迷路旅人的心灵归宿,
可它又怎能禁锢怒放的心灵?

我歌颂时光,
时光如一阵温柔的夏日晚风,
带走了故乡、故人、故事,
它推动我们前行,
将我们引向光明大道。

见过繁花盛开,
也见过万物凋零;
见过人声鼎沸,
也见过渺无人烟。
一路行来,
多少悲欢离合,
我们期盼过、奋斗过,
有些身影停留在昨天,
而我们将带着一路芳香,
奔向更遥远的未来。

秋雨、冬雪和到来的春

高三(3)班　何　浩

没了光是暗的街道
小屋墙上时钟过了一秒一秒……
迟来的秋雨冲刷小巷
枯叶重重落地
去不到想去的远方

晚秋的雨夜总是那么难熬
路上没有行人只有雨的喧嚣
油灯的火苗轻轻摇晃
是黑暗中仅存的光芒
人们走到一起因为凛冬将至
为了未来他们收起浑身的刺

都会好的吧　太阳会照常升起
天空的光华　乌云也终会散去
花儿会绽放　度过了短暂的冬
街道重回晴朗　在万千世界之中

三月的大地草长莺飞
萧索的秋雨一去不回
熬过孤独和寒冷的风
扫去阴霾是朗朗晴空
老树的枝头　泛起了嫩芽
枯叶又生长　在未来的盛夏
风筝取代乌云翱翔在天际
绿叶取代积雪在枝头屹立

万物欣欣向荣　柳絮随风飞起
与那冬季不同　全都充满生机
阳光穿过云层　洒向地面
人们呐　走向远方
在日暮之前

图2-6　"最美诗歌创作"大赛颁奖现场

朗诵节期间,学校特别邀请相关领域的专家学者举办专题讲座,对学生进行专业指导。2022年,上海师范大学中文系副主任刘畅教授应邀发表主题为

"抒情的节制"的讲座。刘畅教授以闻一多的《忘掉她》、胡适的《人力车夫》、郭沫若的《天狗》等诗歌为例,为学生阐述了节制抒情的内涵。通过此次讲座,同学们认识到,节制情感是现代诗歌的创作趋势,真实与巧妙均为诗歌创作的基本原则。2023 年,学校邀请上海师范大学影视传媒学院播音主持专业的姜杉副教授,为学生主讲"朗诵中的语言表达与表现"。姜杉副教授以《谁是最可爱的人》一文中的片段为切入点,生动形象地展示了文字与语言结合所散发出的独特魅力。此外,她还从"朗诵中的重音与停连""朗诵中的语气与节奏""朗诵中的情景再现""朗诵中的对象感"四个方面进行了深入讲解。姜杉副教授引导学生从熟悉的标点符号出发,思考其停连的应用,同时引导他们在朗诵过程中体验语言的节奏与情感。许多同学积极参与并尝试,用抑扬顿挫的朗诵和充满情感的展示,充分表达了他们的收获与感悟。在良师的引领下,同学们逐渐领悟到朗诵的艺术魅力,期待他们能够更好地诠释青春之歌、展现青春风采。

图 2-7 "朗诵中的语言表达与表现"专题讲座

举办海韵朗诵节的初衷在于弘扬中华优秀传统文化、丰富校园文化内涵、提升学生综合素质。作为一种艺术形式,朗诵既能培养学生的表达能力,也能锻炼他们的理解能力。通过朗诵名篇佳作,学生可深入体会作者的思想感情,进一步提升文学素养。海韵朗诵节不仅关注提升学生的艺术鉴赏力,也致力于培养他们的表演技巧。在筹备和参演朗诵节目的过程中,学生有机会学习如何更好地把握节奏、情感、语气等方面的技巧,从而提高演绎水平。这对于他们未来在各种场合的表达能力的提升具有重要意义。此外,海韵朗诵节还着力增强学生的自信心。在舞台上,他们可以充分展示才华,收获观众的掌声和认可。这种成功的体验有助于激发学生内心的自信,使他们更加勇敢地面对生活和学习中的挑战。

总而言之,举办海韵朗诵节是对学生综合素质教育的一种有益探索。通过这一平台,学生可提升表达能力、理解能力、艺术鉴赏力和演讲技巧,同时增强自信心。这对于他们未来的成长与发展具有深远意义。

(三)科技节

为了进一步丰富校园文化,推动学校科技创新教育活动的深入开展,以及树立生态科技特色品牌,学校在每年5月举办科技节,旨在引导学生通过亲身实践探索科学、走近科学,进而激发他们的创新潜能。科技节内容主要涵盖科普讲座、科技体验、活动竞赛及展示评选。

首先,在科普讲座环节,学校邀请业内专家来校进行以"科普创新和环保"为主题的讲座,以提升学生的科学知识储备和创新意识。同时,学校还举办黑板报比赛,以"生态科技"为主题,评选出最具创意和特色的黑板报,推动校园科普宣传的深入进行。在科技体验方面,学校老师策划了多种实践活动:科幻画绘画比赛,学生通过绘画展示对未来科技的发展设想;创意活动摄影展,展示创意实践活动的摄影作品,让学生们从不同角度感受科技的魅力。此外,还设有创意服装秀,鼓励学生们利用环保材料制作有创意的服装,以走秀形式展示他们的作品。在活动竞赛方面,学校精心设计了多个项目:自然笔记活动,鼓励学生们以笔记形式记录生态校园的美景,提升他们对大自然的感知;仿生机器人项目,让学生制作仿生机器人并进行竞赛,锻炼他们的动手能力和创新能力;智能机器人项目,要求学生利用所给材料制作智能机器人,并进行任务竞赛,考验他们的编程和控制能力。学校科技节还设有创客新星大赛,鼓励学生通过科技展现对未来的设想。此外,还有创意小制作和科技论文两项活动,让学生将所学知识应用于实际,锻炼他们的创新实践能力。总的来说,科技节是一场充分展现学生创新精神和实践能力的盛宴。在这个充满活力和创意的平台中,学生不仅可以学到丰富的科学知识,还能锻炼自己的动手能力和创新思维,为我国科技事业的发展储备力量。

图 2-8 科技节活动剪影

科技节中最受关注的莫过于年度"科创之星"的评选。这一活动旨在激励学生在科技创新和知识探索的道路上勇往直前,勇敢追求梦想,争取取得更为优异的成绩。2017 年度"科创之星"代表李雨鸿曾与大家分享她在机器人制作和比赛过程中经历的艰辛与成长。她的故事深深感染了在场的每一位同学,激励了他们积极投身于科技创新的浪潮中,树立起更加坚定的创新意识。在当今人工智能时代,我们深知,积极参与科技创新是必不可少的,而每一个学生都有潜力成为推动科技进步的力量,为学校的科创事业注入新的活力和动力。

除了评选"科创之星"外,学校还会表彰在指导学生进行科研活动方面做出杰出贡献的优秀教师,给予"科教标兵"荣誉。这些教师扮演着重要的引导者角色,他们的指导和激励为学生的科研探索提供了坚实的支撑和动力。他们的辛勤付出和卓越贡献不仅为学生的科技创新提供了坚实的基础,也为学校的科研事业注入了源源不断的活力和动力。因此,我们将继续致力于评选和表彰优秀的"科教标兵",以激励更多的教师积极投身到科研指导工作中,为学生的科技创新提供更为有力的支持和指导。

此外,学校常态化开展生态科技教育实践周活动,一般安排在每学期期末考试之后、放假之前,以期在学生们的假期来临前为他们种下生态保护的种子,引导他们肩负起环保责任。实践周活动以"了解生态之规""探寻和谐之方""掌握观察之术""研究解决之策""把握前沿之技""形成未来之志"为递进逻辑,遵循生态问题的发现、探究和解决的规律,设计了生态实践周活动内容,构建了学习序列与模块。这意味着学生们在参与活动过程中能够系统地学习生态保护知识,从认识到实践,全面提升生态文明素养。

生态科技教育实践周活动不仅关注生态环境保护,还关注时事热点和前沿科技发展,不断调整课程内容,以保持活动的新颖性和实用性。这有助于激发学生们对生态保护的兴趣,培养他们的创新思维和实践能力。活动的主要内容包括引导学生对校园及周边生态环境进行考察,让他们发现环境问题,并尝试提出解决之道。此外,还会组织学生进行野外实践调研、参观体验等活动,以增强他们的实践能力和环保意识。这样的实践性活动可以让学生们从理论到实践深刻体会到生态环境保护的重要性。

为了拓宽学生的视野和知识面,学校还会邀请高校导师、企事业单位专家为学生开展讲座。例如,我们曾邀请褚君浩院士举行关于"传感器与人工智能"的讲座,辰山植物园的寿海洋分享"植物的智慧",金山区生态环境局的刘翔宇主任介绍"金山区环境监测",上海点源科技首席科学家孙建中探讨"北斗与生活"等话题。这些讲座内容丰富,涵盖了生态、科技、环保等多个领域,意在提升学生们的综合素质。

上海师大二附中科技节活动以全面提升学生生态科技素养为目标,通过丰富多样的活动形式,引导学生从认识到实践,积极参与生态环境保护。通过这些集中学习与分享,学生们能够更加清晰地认识到自身在生态问题解决中的责任和担当,激发他们对科技创新和环境保护的兴趣和热情。这不仅有助于培养学生们成为有责任感、有创新精神的环保人才,也有利于推动全社会关注生态环境保护,共同为建设美丽中国贡献力量。

三、开展学生发展指导工作,完善融合育人培养体系

《国务院办公厅关于新时代推进普通高中育人方式改革的指导意见》明确提出普通高中学校应"加强学生发展指导",全方位关注学生的人生理想、心理健康、学业进步、生活态度、生涯规划等方面,并提供相应的引导和支持,以促进其全面发展。为了做好此项工作,学校积极整合各类资源,成立专门的学生发展指导中心,以提供全方位、多层次的发展指导服务。

学校以课题研究为抓手,推动教育教学改革。通过开展一系列与学生发展指导相关的课题研究,学校能够深入了解学生的需求和问题,为提供更精准的指导提供数据支持。同时,学校还以校本课程为突破口,开发具有针对性、实用性的教学资源。这些校本课程关注学生发展的重要方面,如心理健康、学业规划、生涯发展等,旨在帮助学生全面提升自身素质,实现全面发展。

在众多指导工作中,生涯规划被视为重点领域。学校通过开展丰富多样的生涯规划教育活动,引导学生认识自我、了解社会,助力他们在未来人生道路上做出明智的选择。生涯规划教育不仅有助于提高学生的综合素质,还能激发他们的内在动力,使他们在面对人生挑战时更加从容自信。

（一）成立学生发展指导工作委员会与指导中心

根据新形势、新要求，为加强包括学生行为规范教育在内的新时代德育工作，学校成立了"学生发展指导工作委员会"，该委员会是学校学生发展指导工作的总指挥。委员会成员由校级领导以及学生发展指导中心、教导处、特色办、人力处、总务处、校办、信息技术中心、工会等部门负责人组成，每月召开1次会议，定期检查评估，及时总结反馈，对学生行为规范等方面进行指导，学生发展指导中心主任担任秘书长，负责日常联系和协调工作。

学校将学生处调整为"学生发展指导中心"，由原学生处主任、副主任，团委书记以及三位年级组长和一位心理老师共7人组成。工作宗旨为围绕学校"十四五"规划及学校的重点工作，坚持教育、管理、指导和服务相结合的原则，以育人为核心，以服务为宗旨，以制度建设和科学管理为手段，积极致力于探索拔尖学生的培养，加强班主任队伍建设，深化导师制，落实学生的近视防控工作，做好生涯指导等工作，培养学生成为学习自主、生活自律、生命自觉的全面发展的未来生态文明建设的守护者、建设者和引领者。

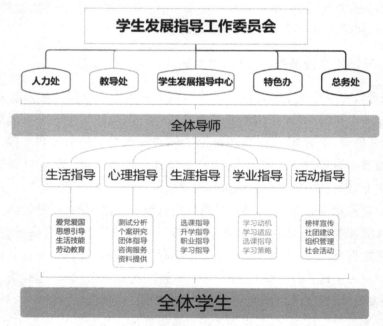

图2-9　学校学生发展指导工作组织系统

学生发展指导中心的工作主要涉及思想引领及行为规范、生涯指导、心理指导、活动指导、学业指导五个工作领域。在校长的指导下，学生发展指导中心每周召开例会,排摸心理和行为特殊的学生,讨论学生思想及行为规范、生涯规划、心理、活动、学习等具体工作。同时与教导处、特色办、人力处等部门密切配合,在课程与教学、特色实践活动体验、教师培训等多方面协同推进。

(二)组建学生学习先锋队

学习先锋队由高一、高二学生代表组成,每班推选5名同学参与,经过严格筛选后选出2位优秀学生作为队员,旨在发挥优秀学生的示范带头作用。学习先锋队每学期举办两次校级会议,围绕语文、数学、英语三门核心科目进行学习经验的分享与交流。队员们分享各自独到的高效学习方法和时间管理策略,以营造良好的学习氛围,激发同学们的学习兴趣,促进全校学生的共同进步。

学习先锋队还注重与升旗仪式和主题班会的紧密结合。在升旗仪式上,队员们发表演讲,倡导同学们合理规划学习时间,秉持相互借鉴、共同进步的理念。在主题班会中,队员们分享自己的学习心得,帮助同学们找到适合自己的学习方法。除此之外,学习先锋队还积极组织一系列有益于学生成长的活动:举办讲座,邀请校外专家分享学习经验;开展课外实践活动,提升队员们的综合素质;举办团队建设活动,培养队员们的团队协作能力。

学习先锋队活动发掘与培育了一批优秀学生,为他们提供了锻炼与成长的珍贵机会。在参与学习先锋队的过程中,队员们提升了自身的领导力、沟通技巧以及团队协作精神,培养了责任感与社会意识。总之,学习先锋队通过策划各类活动,充分发挥了示范引领作用,推动了全校学生共同成长。在此过程中,队员们实现了全面的发展,为未来的学术生涯与生活奠定了坚实基础,有助于学校营造良好的学习氛围与校园文化。

图 2-10　学习先锋队开展活动剪影

(三)实行全员导师制

为深入推进行为规范教育,学校采纳并实施了一项具有前瞻性的教育策略——全员导师制,构建了一个积极互动的教育环境,确保每一位学生都能在学习生活中获得足够的指导和帮助。在全员导师制中,每位教师被分配了大约10名学生,通过双向选择的方式,建立起师生结对关系。这种结对模式不仅让教师们更加了解他们所指导的学生的个性、兴趣和需求,还能使他们在日常教学和生活中为学生提供更为具体和有效的指导。同时,确保全体教师都能参与到行为规范教育的指导工作中,从而形成全校范围内的教育合力。

为了丰富行为规范教育的内容和形式,学校积极调动各种资源,如学生自主管理、家长资源、校友资源、教育督导以及社会各方力量。学校鼓励学生积极参与学校的管理,发挥其主观能动性和创造性。此外,学校也重视与家长、校友以及社会的沟通和合作,通过定期的家校沟通会、校友分享会等活动,增强他们对学校行为规范教育的认识和支持。

全员导师制有三点原则:一是全面性。坚持以人为本,教师全员参与,学生全体覆盖,全面深入了解学生在学业、心理、生活、成长等各方面的情况,开展全方位指导。二是发展性。基于学生成长发展规律和实际需求,循序渐进、科学施导,注重人本性、渐进性、系统性,确定符合学生实际的发展目标和路径,五育并举促进学生全面发展。三是个性化。坚持因材施教,发现、研究学生在兴趣、性格、成长经历等方面的个性差异,因材施教,因人施导,促进学生实现个性化发展。

在全员导师制中,教师的主要任务是成为学生的良师益友,与学生建立平等尊重、真诚和谐、相互了解、亦师亦友的师生关系;做好与家长的家校沟通,建立陪伴支持、真诚互动、协同合作的家校关系。教师的主要工作包括思想引导、学业辅导、心理疏导、生活指导、成长向导等五个方面,具体内容如下。

思想引导:引导学生坚定理想信念,正确认识并学会处理自我、他人、社会和国家的关系,积极践行社会主义核心价值观,树立正确的世界观、人生观、价值观,形成良好的思想道德品质。

学业辅导:定期帮助学生进行学业分析,发现问题,提出建议,指导学生自主制订学习与发展计划,激发学习动力,培养良好学习习惯,改进学习策略和学习方法,提高学习效率。

心理疏导:关注学生的心理健康和成长需求,通过个别谈心、座谈等多种渠道及时了解学生心理状况,帮助学生创设宽松的心理环境,疏导不良情绪,化解心理压力,正确对待成长中的挫折和烦恼,培养学生调控情绪、应对挫折、适应环境的能力,培育积极心理品质。

生活指导:经常与学生家长沟通,了解学生的家庭情况,力所能及地帮助学生解决生活中的困难。掌握学生在家庭中的表现,配合家长指导学生养成健康的生活习惯,科学合理安排日常生活,培养学生自制、自主、自理能力。

成长向导:指导学生发现并了解自身的兴趣爱好,全面认识自我;指导学生明确发展方向,确立成长目标。

为了实时了解学生的基本情况与阶段变化,学生发展指导中心在2023年优化了全员导师制实施方案,明确了导师的工作职责和要求,形成一核心、多维度、微型活动下的全员导师制。一核心是指以学生的全面发展为核心;多维度是指导师对学生的学习、生活、心理、家庭多个维度进行指导;微型活动是指多个维度下的微型系列活动。学生发展指导中心还精心制作《全员导师制工作手册》,通过工作手册的记录,导师可及时关注学生的主要问题与动态发展,从而对学生进行更有效的指导。

图2-11　全员导师制工作手册

(四)开展生涯指导

为了全面提升学生对多元职业领域的认知,拓宽其视野,学校学生发展指导中心精心策划并实施了系列生涯规划指导项目。这些项目不仅涵盖课程内容的讲解,还包括实践活动的组织和家校协同合作。通过全面而多元的指导,学生可以更好地规划未来，提高自身对学习的热情和积极性。

学校特别重视启发高一年级学生对职业世界的初步认知。因此，积极邀请来自不同职业领域的家长来校分享经验，如医生、律师、工程师、艺术家等。他们用自己的亲身经历告诉学生，职业选择丰富多样，每个人均可依据兴趣和特长找到适合自己的职业道路。通过这样的分享，学生不仅能了解不同职业的特点和要求，还能激发对未来职业的兴趣和向往。

进入高二年级，进一步深化生涯规划指导，特别策划"我的理想大学"主题活动。鼓励学生分享心中理想的大学、专业及为此付出的努力。通过交流和分享，学生不仅能更清晰地认识自己的兴趣和目标，还能从他人身上汲取灵感和动力。同时，邀请大学招生办或学长学姐来校做讲座和分享，使学生更深入地了解大学的学术氛围、专业设置和校园生活，从而更明确大学目标。

除了上述两个主要项目之外，学校还定期组织校园开放日活动，邀请家长来校参观和交流，期望通过这些活动加强家校沟通，增进家长对学校教育的理解和支持。同时，鼓励家长积极参与学生生涯规划过程，给予宝贵建议和支持。

学生发展指导中心致力于通过多元化生涯规划指导项目，帮助学生更好地认知职业世界和大学环境，明确目标和方向。相信通过家校协同合作和学生的积极参与，定能培养出更多有追求、有梦想、有才华的学生，为其未来奠定坚实基础。

图 2-12　生涯指导活动剪影

四、开展"海韵之星"评选，培养五育融合优秀学子

随着教育理念的不断更新和教育方法的持续进步，学校评优活动也在逐步发展和完善。学校原有的评优项目，诸如"三自标兵"评比、"线上管理之星"评比、"最美家庭"评选、"三好学生"评选，以及艺术节、朗诵节等各项活动评比，

虽各具特色,但存在阶段性和独立性的不足,缺乏一个全面而系统的评价体系。为了更好地落实立德树人的根本任务,坚持融合育人的理念,学校自2022年起推出了"海韵之星"优秀学子评选项目,期望构建德、智、体、美、劳五育融合发展的教育体系。

"海韵之星"评选项目是对传统评优活动的一次全面升级和整合,涵盖了"品正之星"(德)、"才实之星"(智)、"体育之星"(体)、"艺术之星"(美)、"劳动之星"(劳)五个方面,将原先的独立评选活动融入统一的评价体系中。该评选机制更加注重过程性和长效性,鼓励学生在各个领域都能全面发展,而不仅是某一方面的突出表现。其中,"品正之星"评选注重学生的道德品质、行为习惯和社会责任感,旨在引导学生树立正确的价值观,培养良好的道德品质,成为有道德、有责任感的社会公民。"才实之星"评选侧重学生的学习成绩、创新能力和综合素质,意在激发学生的求知欲和创新能力,培养具备扎实学识和卓越才能的优秀人才。"体育之星"评选关注学生的体育素质、运动技能和健康生活方式,鼓励学生积极参与体育锻炼,培养健康的体魄和良好的运动习惯。"艺术之星"评选重视学生的艺术素养、审美能力和创造力,希望激发学生的艺术潜能,培养具备审美情趣和创造力的艺术人才。"劳动之星"评选强调学生的劳动习惯、实践能力和团队协作精神,引导学生树立正确的劳动观念,培养勤劳、诚实、有责任心的劳动者。

在"海韵之星"优秀学子的评选过程中,各班严格按照评选基本条件和各单项评选具体条件,在班级评选的基础上推荐每个单项的1名候选人参加全校范围的评选。这一评选过程公开、公正、公平,充分体现了"融合生态育人,适性多元发展"的理念。经过全校师生投票评选和评审领导小组审核,最终评选产生年度校级"品正之星""才实之星""体育之星""艺术之星""劳动之星"。这些优秀学子不仅在各自的领域表现出色,更是德、智、体、美、劳全面发展的优秀榜样。具体评选条件如下。

(一)"海韵之星"评选基本条件

(1)政治思想:深入学习贯彻习近平新时代中国特色社会主义思想,坚定理想信念,爱党、爱国、爱社会主义。政治上积极要求上进,在党、团组织开展的各种教育活动中表现突出;了解和关心国家大事,并能用辩证的观点观察、分析社会现象,能自觉抵制和批评不良思想和言行,积极投身社会实践和志愿服务,履行社会责任。

(2)品德修养:遵纪守法,模范遵守《二附中学生行为守则》;积极弘扬社会主义核心价值观;遵守社会公德,践行良好品行;以身作则,在各方面起到引领示范作用。

(3)学业技能:虚心好学,刻苦钻研,注重实践,成绩优良,具备良好的学习习惯和审美情趣及能力。

(4)综合素质:认真参加学校德、智、体、美、劳各项活动,具有较强的综合素质。

(二)"海韵之星"各单项评选具体条件

1."品正之星"(德)评选具体条件

(1)积极自主、有创造性地开展班团工作,认真完成学校交给的各项任务,主动为班级和学校建设提出意见和建议。

(2)具有较强的工作能力,在师生间起到桥梁和纽带作用,及时关心了解同学的思想状况。民主作风较好,能正确对待成绩和荣誉,积极开展批评与自我批评。

(3)在一学年中积极参与学校的各项教育教学实践活动,在组织管理、协调合作等方面发挥引领示范作用,在自我管理、自我服务、自我教育、自我监督中坚持正确的价值导向,有突出贡献、突出成绩或突出表现(并填写活动成果和荣誉统计表)。

2."才实之星"(智)评选具体条件

(1)学习目的正确,具有科学的思维方式和创新意识、良好的学习习惯。牢固掌握基本知识和技能,且学有专长或有较宽的知识面,注重实践,各门学习成绩均为优良。

(2)在班级和学校的学风、班风建设中发挥积极作用,在心无旁骛求知问学、增长见识、丰富学识等方面起到引领示范作用。

(3)一学年中在市、区、校的各项学业活动和竞赛中表现突出,学业水平检测成绩优秀(并填写本学年才实发展和成果表格)。

3."体育之星"(体)评选具体条件

(1)认真参加"三操""大课间"等活动,养成每天不少于一小时体育锻炼的良好习惯,体育成绩达标;具有坚强的意志品质和承受挫折的能力,具有自尊自爱、自强自立、乐观向上的良好心理素质。

(2)引领班级、年级形成"热爱运动、强身健体、坚强意志、健全人格"良好氛围,发挥好引领示范作用。

(3)一学年中在市、区、校的运动会、体育活动和竞赛中表现突出,成绩优秀(并填写本学年体育锻炼发展和成果统计表格)。

4. "艺术之星"(美)评选具体条件

(1) 能积极参加各类艺术活动,具有一定的艺术特长。在积极进取中感受美的价值和意义,具备良好的审美和人文素养,坚定中国特色社会主义文化自信。

(2) 在营造积极向上、健康文明的校园文化氛围方面发挥积极作用,带领同学们在实践中向美向善,提升审美素养、陶冶情操、温润心灵。

(3) 一学年中在市、区、校的各项艺术活动和竞赛中表现突出,成绩优秀(并填写一学年艺术发展和成果统计表格)。

5. "劳动之星"(劳)评选具体条件

(1) 崇尚劳动、尊重劳动,懂得劳动最光荣、劳动最崇高、劳动最伟大、劳动最美丽。具有良好的劳动习惯、较强的动手实践能力,具备较多的劳动技能。

(2) 积极参与学校的日常劳动、特色劳动和创造性劳动,在以劳树德、以劳增智、以劳强体、以劳育美、以劳创新等方面发挥示范引领作用。

(3) 一学年中在市、区、校的各项劳动教育活动和竞赛中表现突出,成绩优秀(并填写本学年参与劳动教育活动和获得成果的统计表)。

(三)具有下列情况的学生不予推荐

受过各类处分的学生;思想品德等第合格及以下的学生。

图2-13 全校师生参与"海韵之星"优秀学生评选投票

"海韵之星"优秀学生评选项目,作为独具特色的校园活动,致力于为学生打造展现个人才华与特色的平台。这不仅象征着荣誉,更代表着积极向上的生活态度及全面发展的价值观,推动学生在德育、智育、体育、美育、劳育等方面的融合发展。

"海韵之星"评选项目的实施,标志着学校对传统评价体系的深刻反思与积极创新。传统评价体系往往过于侧重学业成绩,忽视学生在其他领域的潜能与才华。而"海韵之星"评选项目则通过多元化、全面的评价标准,为学生提供展现独特之处的机会,激发他们追求卓越、争取荣誉的积极心态。

学校尤为重视引导学生提升德育、智育、体育、美育、劳育等多方面的综合素质。在德育方面,强调道德品质和社会责任感的培养,鼓励学生参与公益活动,为社会做出贡献。在智育方面,注重培养学生的创新思维和解决问题能力,通过组织学科竞赛和实践活动,激发学生的求知欲和创造力。在体育方面,鼓励学生参与体育活动,提升身体素质和团队协作精神。在美育方面,重视学生的审美能力和创造力的培养,通过音乐、舞蹈、美术等艺术形式,让学生感受美的力量。在劳育方面,引导学生树立正确的劳动观念,培养劳动技能和劳动习惯。

"海韵之星"评选项目将贯穿学生整个高中阶段,使学生在持续的学习和成长过程中实现自我提升。这不仅有助于学生在高中阶段形成良好的学习习惯和行为规范,更为他们未来的学习和生活奠定坚实基础。学校将引导学生积极追求卓越、争取荣誉,为他们的全面发展提供有力支持,也为学校教育事业的持续进步注入新的活力和动力。

第四节　生态科技润德的实践成效

多年来,上海师大二附中一直坚持将德育置于教育事业的核心地位,并将其融入教学实践的方方面面。学校深知德育的重要性不仅在于传授知识,更在于塑造人格,引导学生成长为具有正确世界观、人生观和价值观的社会栋梁。因此,学校积极整合和优化各种德育资源,不断探索创新德育方法,力求为学生营造一个充满关爱和支持的成长环境。

在这个过程中,学校尤为注重将生态科技教育与德育深度融合。随着科技的快速发展,现代社会对人才的需求也在不断演变。未来的人才不仅需要具备扎实的学术基础,还需要具备创新意识、批判性思维、团队协作等综合能力。因此,学校将生态科技教育视为德育的重要载体,通过各种形式多样的科技活动和实践项目,让学生在实践中学习、在学习中实践,全面探索多样化的育人渠道。下面是学校融合生态科技在德育方面的实践成效。

一、生态科技助力学生进步

生态科技在德育实践中的应用促进了师生的共同进步。通过学校的努力，师生们积极参与"大小河长牵手""保护蓝天下的精灵""公共场所净场"等绿色行动和科技实践活动，并积极参与捐资扶贫、献血济危、志愿服务等公益活动。近年来，超过10名学生荣获"上海市金爱心学生"称号，其中李雨鸿荣获"金爱心学生十佳标兵"荣誉，薛裕辰荣获"上海市三好学生"称号。这一过程不仅见证了个体成长，也彰显了集体力量，为学校的德育事业注入了新的活力。

（一）自律生活，塑造卓越品质

在当前社会节奏加快的环境下，自律生活和良好生活习惯的培养显得尤为重要。为此，学校积极实施"五项管理"，并制订新的作息时间表。通过评选生态文明班级和寝室，帮助学生养成良好作息、卫生和用餐习惯。学校坚信，一个有序、健康的生活是学生全面发展的重要基石。在体育方面，学校始终秉持全面发展的理念。学校不仅系统开展体育专项化教学，确保学生每天至少有一小时的校园体育锻炼时间，还开设体育课和体育锻炼课，培养学生的运动兴趣和体能素质。此外，学校还建立了厨余垃圾资源化处理中心，积极倡导勤俭节约、低碳环保的生活方式，让学生认识到环保的重要性，并积极参与垃圾分类和资源回收工作。

值得一提的是，学校学生在学术和科技创新方面也取得了显著成就。沈莹莹和俞包捷同学的论文《干巷垃圾调查报告》荣获上海市（2019—2020）思想政治课小论文评选三等奖，展现了他们扎实的研究能力和社会责任感。江熠辉同学在"2021年上海市中学生劳动技术学科竞赛金属加工项目"中荣获一等奖，徐王剑同学在"电子控制"项目中荣获三等奖。这些荣誉不仅是对学生个人能力的肯定，也是对学校生态科技教育的有力证明。

此外，王智超同学在"中国（上海）国际发明创新展览会暨未来发明家国际选拔赛"中获得金奖，充分体现了学校在培养学生创新意识方面的卓越成果。2023届学生范淑瑶的《大自然的精灵——蜂》、黄晨昕的《乡土生态园小游记》在"科技放飞梦想绿色循环新时尚——2021金山区未成年人生态文明教育绿色行动自然笔记征集活动"中荣获一等奖，再次彰显了学校学生在生态科技领域的杰出才能。方嘉慧同学的《青春河河水中溶解无机碳的定量分析》在"2021年美丽上海我是行动者——上海市青少年低碳科技主题系列活动"论坛征文金山区区级活动中荣获一等奖，充分展示了学校在培养学生科学素养方面的显著成效。

学校在培养学生生活习惯、科技创新方面取得了显著成果。这些成果为学生们的全面发展奠定了坚实基础，也为他们未来的学习与生活铺设了广阔道路。我们坚信，通过持续的努力和创新，上海师大二附中学生将在未来展现出更加卓越的品质和能力。

（二）学习自主，开启智慧成长之旅

学校学生在高中三年的学习中自觉培养自我监控能力，自主选择学习策略，学会自我评价，并不断总结经验教训。他们根据学习的实际情况调整学习的进度和方法，积极探索构建适合自己的自主学习模式，形成良好的上课、预习、复习和作业习惯。同时，学校注重培养学生合作学习的能力，引导学生主动同老师、同学进行交流与讨论，从不同角度去认识所学的知识，丰富自己的认知结构。

以 2021 届的金佳园为例。她是 2021 年学校的高考状元。金佳园中考成绩压线进入上海师大二附中，高一时成绩普普通通，但凭借着顽强的学习意志力和超强的自主学习意识，她不断提升自己的学习能力，在高中三年取得长足进步。最终，金佳园以学校第一的成绩超过了兄弟学校的高考成绩，证明了自己的实力。另一位学生是 2023 届的朱姚熠。她因病毒致身体残疾，但她积极向上，将轮椅视作她的"伙伴"。朱姚熠进入上海师大二附中后，通过一年的高一学习，各学科都取得了进步。她荣获学校道德风尚人物之"自强不息奖"，并获得了 2020 年"才实奖"和"思锐奖"。

此外，同学们在各类学科竞赛中也获得了令人瞩目的成绩。例如，沈守道等多位同学荣获"2021 年上海市青少年物理实验竞赛"金山区赛一等奖，张陈颖同学在"2021 年第 34 届上海市中学生作文竞赛"金山赛区复赛中荣获一等奖，褚之优同学在"2021 年上海市青少年应用化学与技能竞赛"金山赛区中荣获一等奖，李勋建同学荣获"第 18 届上海未来工程大赛"金山区赛旱地冰壶项目高中组一等奖，王骋捷同学在"第六届 TI-NspireTM 手持技术创新大赛——数字创作大赛"中荣获高中组特等奖，王智超同学在"中国（上海）国际发明创新展览会暨未来发明家国际选拔赛"中获得金奖，鲁怡豪同学荣获"第 11 届低碳杯上海市中学生地球科学知识竞赛"一等奖。这些荣誉不仅见证了同学们的学业成就，也展现了学校对学生全面发展的关注和支持。

（三）自我觉醒，构筑和谐社会关系

在和谐社会的建设中，每个人的自我觉醒和文明行为都扮演着关键的角色。在学校生态文明行为规范教育的引导下，同学们逐渐成长为具备高尚品质

和社会责任感的公民。他们不仅追求学业上的卓越,更在品德修养方面展现出文明的言行举止。

在与他人交往时,同学们展现了得体的礼仪和诚信为本的态度。他们尊敬师长、关爱他人,以宽容和友善的态度对待每一个人。这不仅为校园创造了一个和谐温馨的氛围,也为社会的和谐稳定贡献了自己的力量。

以 2020 届学生杨新园为例。他在一次放学途中遇见了一位身形瘦弱、穿着破旧、背负重物、行走困难的驼背老人。面对这样的情况,杨新园没有选择冷漠地离开,而是主动上前与老人交流,并护送老人回家。在与老人的交谈中,他了解到老人因腿部受伤导致行走不便,生活陷入困境。杨新园没有止步于简单的同情,他积极发动身边的朋友和同学,共同为老人筹集善款,最终筹集到了 1295 元。其中,杨新园个人更是捐出了 700 元,并将善款送至老人所在的居委会。居委会因此向区教育局发出了感谢信,高度赞扬杨新园以实际行动践行社会主义核心价值观,展现出高尚的道德风范。

杨新园同学的事迹彰显了自我觉醒和文明行为在构建和谐社会中的重要作用。每个人的文明行为都是社会和谐稳定的基石。只有当每个人都能够自觉遵守行为规范,展现出文明、友善、诚信的品质时,社会才能真正实现和谐与进步。因此,我们应该积极推广和深化学校的生态文明行为规范教育,让每一个学生都能够在知识和道德的双重熏陶下茁壮成长。同时,也应该鼓励更多的学生像杨新园一样,将文明行为转化为实际行动,为社会的和谐稳定贡献自己的力量。

(四)爱党爱国,具备良好法治意识

新时代的青少年肩负着传承和发扬党的优良传统、增强国家意识和法治意识的重要使命。学校将生态科技融入德育,让学生在日常生活中展现出积极向上的精神风貌和强烈的社会责任感。

许多学生以实际行动践行了热爱党、热爱祖国的信仰。刘梦馨同学就是其中的佼佼者。她因家庭困难曾受到居委会和团区委的关爱与帮助,这让她深切感受到了党的温暖与关怀。因此,她立志成年后加入党组织,为人民服务,传递党的恩情。刘梦馨同学积极参与公益活动,担任志愿者,与一低保家庭的小弟弟结对,以知心大姐姐的身份给予他帮助,引导他热爱生活。在 2021 年"感党恩 念党情——我的故事给党听"献礼建党 100 周年主题征文比赛中,刘梦馨同学的征文《党情温暖我心》荣获特等奖,她的文字饱含深情,表达了对党的无限感激和对未来的美好憧憬。

除了热爱党和祖国之外，学生还应具备强烈的法治意识。法治是社会文明进步的重要标志，也是青少年成长的必修课。学校成立了海韵法治社，邀请时任金山区人民检察院检察长陶建平出席成立仪式并担任学校法治副校长。在法治社的引领下，学生在课堂学习和社团活动中积极学习法律知识，培养法治思维，踊跃参加宪法知识竞赛，并取得了优异的成绩。朱恩泽荣获"2020年金山区宪法法律知识竞赛"一等奖，张延荣获"2021年金山区中学生宪法法律知识竞赛"高中组一等奖，张一喆荣获"2021金山区'小法官网上行'活动"一等奖。这些荣誉不仅是对他们个人努力的肯定，更是对学校法治教育的有力证明。

此外，还有许多学生积极投身志愿者活动，乐于在他人遇到困难时伸出援手。例如，2021届朱安馨同学自发以月捐形式助力我国偏远地区的困境儿童，她的善举获得了联合国儿童基金会的证书和感谢信。这体现了她关爱弱势群体、回报社会的责任感和担当精神。还有李宥轩同学，他在金山区"爱国、爱党、爱家"亲子主题活动中荣获高中学段亲子主题活动视频一等奖，他的作品展现了青少年对家国情怀的深刻理解和真挚情感。

二、生态科技引领学校示范辐射

（一）重视实践研究

上海师大二附中一直高度重视生态科技融合德育的实践研究，并在此领域取得了一系列显著成绩。2017年，吴洁萍老师撰写的《小议绿色班级生态的构建》一文在全国幸福教育联盟举办的"生态班级建设论文"评选中荣获特等奖，为校内外师生树立了典范。2019年，张利贤老师的《在"家班共育"主题下的实践案例》荣获金山区班主任优秀案例评选二等奖，彰显了班主任工作的优秀成果。2020年，叶宏伟老师的德育案例《新探索，"云端"育德的学校实践》在"信息化时代的德育创新发展"第三届长三角地区中小学德育创新论坛中被评为"优秀案例"，为学校德育实践注入了新的活力。2021年，陈海龙老师在"2021年长三角中小学学科德育论坛"征文评比中获得一等奖，充分展示了学校在德育方面的卓越实践与成果。

同时，学校书记袁仁忠亲自主持了多项相关课题的研究（表2-2），为学校的实践教育工作提供了坚实的理论支撑和指导，不仅在校内产生了积极的示范效应，也在校外产生了广泛的影响，为全区的德育事业发展注入了新的活力与动力。

表 2-2　袁仁忠德育课题汇总

时间	主持人	课题	主管单位
2017 年	袁仁忠	以法治精神治理学生在校使用手机的实践研究	金山区规划课题
2019 年	袁仁忠	普通高中生态文明教育的实践研究	金山区教育局党建一般课题
2020 年	袁仁忠	高中党建引领学生生态文明素养提升的实践研究	金山区教育局党建重点课题
2021 年	袁仁忠	融合育人理念下劳动价值观教育的校本实践研究	2021 年度上海学校德育"德尚"系列项目（劳动教育专项）重点项目

（二）塑造品牌特色

近些年来，学校致力于通过生态实践周以及"三走四节"等实践体验活动，深化"礼绿洁"生态文明行为规范的培育，以推动生态科技教育特色学校的建设。2019 年，在区教育局的鼎力支持下，学校发起并成立了涵盖幼、小、初、高各学段的"金山区生态教育联盟"。2020 年 11 月 20 日，学校成功承办了金山区首届"光盘行动助分类　文明行动你我行"学生论坛。2020 年 11 月 26 日，圆满完成了"上海市特色普通高中现场评估"。

此外，学校团委荣获 2019 年度"上海市五四红旗团委"称号，袁仁忠老师荣获"2020 年教育部关心下一代工作先进个人"称号，冯敏老师荣获"2020 年上海市优秀班主任"称号，尹静老师荣获"2021 年金山区十佳班主任"称号，沈妍老师荣获"第五届'育苗杯'班主任基本功大赛"一等奖。2021 年 12 月 8 日，学校成功通过了"上海市特色普通高中现场复评"。

（三）形成展示辐射

2020 年 12 月，学校荣膺"金山区首批融合育人种子学校"称号。此外，学校还先后获得了"国际生态学校""全国生态文明教育示范学校""全国节约型公共机构示范单位""全国资源节约型绿色校园""上海市文明校园""上海市劳动教育特色校""上海市科技教育示范校""上海市花园单位""上海市节水型学校"等多项荣誉称号。学校以"礼绿洁"为行为规范教育的核心，致力于培养生态文明行为习惯，通过持续努力和创新，已经初步形成了系统化的创建经验，并累积了系列化的成果。展望未来，学校将继续努力，为学生的全面可持续发展而不懈探索。

第三章 生态科技启智：
构建特色课程体系，加强学科生态渗透

自1985年建校以来，上海师大二附中科技解决生态问题的文化基因就始终伴随着学校成长及课程建设。学校秉承"一切以学生的全面可持续发展为本"的办学理念，回应"大力推进生态文明建设"的时代呼唤，选择将"生态科技教育"作为特色创建主题，构建了颇具特色的课程体系。在一门门课程、一次次课外实践活动中，学生感悟到了"同生态对话，与自然共生"的魅力，在掌握科学知识的同时握住生命的底色，在充满奥义的大自然中感受科技的力量。

第一节 生态科技在智育中的价值

生态科技在智育中的价值是毋庸置疑的。首先，融合生态科技能够有效促进学科融合，实现知识的横向贯通。在传统的教育模式下，各个学科往往各自为政，彼此之间缺乏有效的交流和融合。然而，在生态科技的推动下，教师可以以其为突破口将不同学科的知识进行有机融合，打破学科之间的壁垒，形成跨学科的知识体系。其次，融合生态科技能够培养学生的科学素养，提高他们的综合研究能力。最后，融合生态科技能够鼓励多元思维，提高学生解决问题的能力。在生态科技的支持下，可以创设多种多样的学习场景，让学生从多个角度、多个层面去思考和解决问题。

一、促进学科融合，横向贯通学科边界

《义务教育课程方案和课程标准（2022版）》的最新修订坚持了目标导向、问题导向、创新导向，昭示了基础教育阶段核心素养本位教学改革对知识本位的突破与更迭。核心素养的引入与深化重构了课程与教学体系，着力发展学生核心素养，进一步精选对学生终身发展有价值的课程内容。细化育人目标，明

确实施要求,增强课程指导性和可操作性,凸显学生主体地位,关注学生个性化、多样化的学习和发展需求,增强课程适宜性。坚持与时俱进,反映经济社会发展新变化、科学技术进步新成果。① 新版课程标准明确将核心素养作为教学出发点和最终目标,系统阐释了学生在课程学习中应逐步积累的关键能力、必要品质及正确的价值观。② 这呼应了学科融合的大趋势,破除了知识的边界。近年来,学科建设内涵和功能研究从初步探索走向拓展深入,学科交叉融合研究不断发展。③ 在政策的引导和推动下,在基础教育阶段中学科融合成为教育者、学科教师不断尝试切入点、不断寻求突破点的方向。学科融合究竟是什么?为了学科融合要怎么做?这两大问题成为教育人关注的主要问题。

学科融合究竟是什么?从学科融合的内在品质来说,它绝不是简单的跨学科教育,而是旨在整合多个学科的知识和技能,以解决复杂问题和实现综合学习目标。它不仅是简单地将不同学科进行横向组合,而是通过多学科资源的融合,促进学生全面发展,培养学生批判性思维、解决问题的能力以及跨学科合作的技能。在学科融合的过程中,主导学科扮演着认知的中心角色,而其他学科则作为辅助手段和支持资源。这些辅助学科提供了丰富的视角和方法,帮助学生更深入地理解和应用主导学科的知识。从学科融合的实现过程来看,通过学科融合,学生不仅能够更好地掌握主导学科的核心概念和技能,还能够从其他学科中汲取灵感和方法,拓宽自己的学习视野。这种综合性的学习方法有助于激发学生的学习兴趣,提高他们的学习动力和自主学习能力。④ 从学科融合的结果来看,学科融合是学生理解知识、分析知识、创造知识的必要前提,其目的在于促进学生形成系统的、相互关联的知识体系,从而提升学生的学习质量与素质发展。⑤

为了学科融合要怎么做?不同的教育机构、组织从不同的维度、不同的出发点给予了多样化的探索,并在实践中不断推进学科融合的深入发展。高等教育中的新工科专业建设为学科融合发展在高校中的推广起到了重要的榜样示范作用。新工科的学科专业结构包括新型工科专业、新生工科专业和新兴工科专业。新生工科专业是通过不同工程学科的交叉融合或工程学科与其他学科

---

① 教育部.教育部关于印发义务教育课程方案和课程标准(2022年版)的通知[EB/OL].(2022-04-08)[2024-01-15].http://www.moe.gov.cn/srcsite/A26/s8001/202204/t20220420_619921.html.
② 雷浩,李雪.素养本位的大单元教学设计与实施[J].全球教育展望,2022(5):49-59.
③ 周海涛,徐珊.近年来学科建设研究的重点领域及其展望[J].现代教育管理,2020(1):15-20.
④ 陆启威.学科融合不是简单的跨学科教育[J].教学与管理,2016(32):22-23.
⑤ 闵鹏飞.学科融合的目的、价值与实践进路[J].现代教育,2022(11):32-35+51.

的结合而产生的新型工科专业,旨在培养满足产业发展需求的卓越工程科技人才。多学科交叉融合是新工科的核心特征,贯穿了专业建设和人才培养全过程。① 在校外教育中,STEM教育对于推动学科融合、促进学生能力的发展有重要作用。② 学科融合是STEM教育的核心理念之一。通过将科学、技术、工程和数学这四个学科有机地结合起来,学生可以在实践中体验到不同学科之间的联系和互动,培养跨学科思维和解决问题的能力。学科融合使学生能够综合运用各种学科的知识和技能,从而更好地理解和解决现实生活中的挑战。在校内教学中,学科融合的趋势不断呼唤大单元教学设计。大单元教学是一种教学方法,通常在课程设计中将相关主题或概念组织成一个较大的单元进行教学,设计统整性教学内容,进行教学内容统整,基于情境性任务进行核心知识大概念研发。③ 这种方法旨在促进跨学科学习、深度思考和综合能力的培养。学科核心素养的出台不断倒逼教学设计的变革,课程和教学设计从设计一个知识点或课时转变为设计一个大单元。④

通过对以上两个问题的解答,不难看出,学科融合不仅关注学科之间的交叉和整合,更重要的是为学生提供一个多元化、开放性的学习环境,促进他们全面发展和应对未来的挑战。通过学科融合,教育可以更好地适应现代社会的需求,培养具有创新精神和综合能力的未来人才。在教育领域,促进学科融合是一项关键举措,它有助于横向贯通各门学科,打破传统学科之间的壁垒,促进跨学科合作和综合学习。学科融合旨在将不同学科的知识、理念和方法结合起来,创造更丰富、更综合的学习体验,培养学生的综合思维能力、创新能力和问题解决能力。而融合生态科技是学科融合发展的一个重要发力点,以融合生态科技作为学科融合的突破口,将会在激发学科融合发展的基础上,走向生态科技发展的特色之路。目前,全国已有多所中小学从生态科技的视角探索学科建设,走出了各自的特色之路。例如,无锡市市北高级中学就以构建生态科技教育课程为主导,构建显性和隐性的多元课程体系,推动学校高品质特色发展。⑤ 乌鲁木齐市八十中学积极参与各类生态文明教育与科技环保活动,打造科技环

---

① 林健.多学科交叉融合的新生工科专业建设[J].高等工程教育研究,2018(1):32-45.
② 唐烨伟,郭丽婷,解月光,等.基于教育人工智能支持下的STEM跨学科融合模式研究[J].中国电化教育,2017(8):46-52.
③ 荣维东.大单元教学的基本要素与实施路径[J].语文建设,2021(23):24-28+41.
④ 崔允漷.学科核心素养呼唤大单元教学设计[J].上海教育科研,2019(4):1.
⑤ 李树民,刘丽平.构建生态科技教育课程 推动学校高品质特色发展——无锡市市北高级中学生态文明教育纪实[J].环境教育,2023(8):106.

保特色,创建生态文明学校。① 江苏省无锡市第一女子中学始终坚持建设绿色环保校园,因地制宜推进立体绿化,充分利用校园环境进行生态文明教育。②

融合生态科技在促进学科融合方面具有独特优势。生态科技涵盖了生态学、技术、工程等多个学科领域,为学科融合提供了丰富的资源和可能性。通过生态科技,学生可以探索生态系统与技术创新之间的联系,加深对生态环境保护重要性的理解,同时培养技术应用的能力。此外,融合生态科技教育不仅对于学科及教育的发展极为重要,也顺应了国家发展趋势,可以通过多学科融合共同促进经济的绿色发展。党的二十大报告明确提出,要积极稳妥推进碳达峰、碳中和,深入推进能源革命,加快规划建设新型能源体系,推动能源清洁低碳高效利用,确保能源安全,提升生态系统碳汇能力,加快发展方式绿色转型。③

二、培养科学素养,提高综合学习能力

在当今社会,培养科学素养和提高综合研究能力对于学生的发展至关重要。科学素养不仅包括对科学知识的理解和掌握,更重要的是培养学生对科学方法、科学思维和科学精神的理解和运用能力。按照美国学者对科学素养的定义,其范畴内容包括六个方面:"概念性的知识"——构成科学的主要概念、概念体系或观念;"科学的理智"——科学研究的方法论;"科学的伦理"——科学所具有的价值标准,即科学研究中科学家们的行为规范,也称为科学态度或科学精神;"科学与人文"——科学与哲学、文学、艺术、宗教等文化要素的关系;"科学与社会"——科学与政治、经济、产业等社会诸侧面的关系;"科学与技术"——科学与技术之间的关系及差异。④

就概念性的知识来说,融合生态科技教育可以帮助学生深入了解生态系统结构和功能,有助于学生认识到万物相连、息息相关的生态学原理。生态学有两条最基本的原理——生态系统原理和生态平衡原理。⑤ 而通过将这些原理背

---

① 打造科技特色 创建生态学校——乌鲁木齐市八十中学生态文明教育纪实[J].环境教育,2016(11):86.
② 王荐,康立为.彰显环境科技特色,助推学校高质量发展——江苏省无锡市第一女子中学生态文明教育纪实[J].环境教育,2023(10):116.
③ 张涛,王秋良.多学科融合共促"碳达峰与碳中和"[J/OL].(科学通报:1-2)[2024-03-05].http://kns.cnki.net/kcms/detail/11.1784.N.20240229.0920.002.html.
④ 钟启泉.国外"科学素养"说与理科课程改革[J].比较教育研究,1997(1):16-21.
⑤ 聂惠芳.探寻教育生态密码:基于教育生态理论的小学教育实践[M].广州:暨南大学出版社,2022:8.

后的方法和知识进行迁移,也可以实现教育生态的良性循环。通过学习生态科技知识,学生不仅能够理解生态系统的复杂性,还可以意识到自然界各个要素之间的相互作用和平衡,培养对生态环境的关注和保护意识。

就科学的理性来说,融合生态科技教育可以在潜移默化中培养学生的科学思维。爱因斯坦有句名言提到:"逻辑会带你从 A 点到 B 点,想象力会带你到任何地方。"这体现了科学研究中理性思考和创造性思维的重要性。通过以生态科技为形式和内容的实验、观察和数据分析等方式,学生可以培养批判性思维和逻辑推理能力,从而更好地理解科学研究的方法论。

就科学的伦理来说,在当今社会,伦理观念不仅体现在人际关系中,还包括人类与自然之间的关系。生态科技的发展正是建立在正确处理人类与自然关系的基础之上。其核心理念在于,科学技术的进步不仅追求真理,反对无知和偏见,增进人类福祉,追求真、善、美的统一,而且还要注重保护生态环境,维护人与自然的和谐,不能以破坏自然环境为代价。保持对生命和自然之美的欣赏与尊重是至关重要的。① 在真、善、美三者之间,任何一方面的损害都会破坏它们的统一,都是不道德的行为。真指追求真理和客观性;善指为人类福祉和社会发展贡献力量;美则强调对自然之美和生命之美的尊重与保护。只有当真、善、美三者得以统一,人类社会与自然环境才能实现和谐共生,才能实现可持续发展。因此,现代社会需要强调伦理观念在科技发展中的重要性,不仅要关注人际关系的伦理规范,更要重视人类与自然的伦理关系。生态科技的发展应当以保护环境、维护生态平衡为出发点,将真、善、美的理念融入科技创新的全过程,实现人类与自然的和谐发展,确保未来世代能够继续享有美好的生活环境。通过学习生态科技知识,学生不仅能够了解科学研究中的伦理道德要求,还可以培养出尊重自然、尊重生命的科学态度,促进他们在科学研究中的道德意识和责任感。

就科学与人文关系来说,这一对概念表面貌似背离,其实核心高度契合。实际上,近代科学与人文之间一方面随着专业化和学科分化而相互隔离,另一方面又共同构成了"现代性"的基础。科学精神的弘扬实质上应当是人文精神的弘扬,即自由精神的体现。② 科学精神所倡导的探索精神、创新精神和求真精神都与人文精神的核心理念相契合。科学与人文的融合可以促进人类全面发

---

① 中国环境科学学会,中国风水文化研究院.传统文化与生态文明[M].北京:中国环境科学出版社,2010:63.

② 吴国盛.科学与人文[J].中国社会科学,2001(4):4-15+203.

展,使科学不仅停留在技术层面,更要体现人文关怀和社会责任,实现科学技术与人文精神的有机结合,为社会进步和人类福祉做出更大的贡献。深入了解生态科技与人文的关系有助于学生全面理解科学的意义。通过学习生态科技知识,学生可以认识到科学与哲学、文学、艺术等文化要素之间的联系,促进跨学科的综合理解,培养出更加全面的科学素养。

就科学与社会关系来说,探讨科学与社会之间的关系一方面有助于学生认识到科学研究对社会发展的重要性,另一方面可以帮助学生提高鉴别能力,鉴别科学引发的科技变革产生的异化作用,进而对当代生态保护进行反思。通过了解生态科技的社会意义和影响,学生可以对技术理性进行人文反思,恢复技术理性原有的人文维度,也就是使技术理性服务于人与自然和谐关系、人与社会和谐关系以及人与自身和谐关系的重建[1],更好地意识到生态科技的社会价值,培养出积极的科学态度和社会生态保护参与意识。

生态科技教育关注科学与技术的关系,通过学习生态科技知识,学生不仅能够了解科学研究与技术应用之间的联系,还可以培养科学创新和技术应用能力,促进科学技术的可持续发展,为社会发展做出更大的贡献。

融合生态科技在培养科学素养和提高综合研究能力方面发挥着重要作用。生态科技作为涵盖多学科领域的交叉学科,可以帮助学生全面理解自然环境与科技创新之间的关系,培养他们的科学素养。通过生态科技的学习,学生可以了解生态系统的复杂性、可持续发展的重要性,培养对环境问题的关注和解决能力。同时,生态科技也促进了跨学科合作和综合研究能力的培养。在生态科技项目中,学生可能需要结合多学科知识,开展综合性研究与实践活动。通过这样的跨学科合作,学生不仅可以提高自己的综合研究能力,还可以培养团队合作精神和解决问题的能力。此外,融合生态科技为培养学生的科学素养和提高综合研究能力提供了丰富的资源和可能性。教育者应充分利用生态科技的跨学科性质,设计多样化的教学活动,激发学生的学习兴趣,促进他们全面发展。通过这样的努力,学生将更好地适应未来社会的挑战,成为具有创新精神和综合研究能力的人才。

---

[1] 曾林.论科技时代人类生存的困境[D].北京:中共中央党校,2005:89-90.

三、鼓励多元思维,提高问题解决能力

在现代定义中,多元思维涵盖了六种类型,分别是科技思维、经济思维、社会思维、政治思维、文化思维和学习思维。每种类型的多元思维都具有独特的特性。[①] 以下将结合"生态科技"这一关键词对每种思维进行一一解读,纵览其在提高问题解决能力进而开展行动改善实践中的重要意义与价值。

科技思维的理论基础是科技理性,也就是说,科技思维强调通过客观、科学的方法和组织达到预期的目标和目的。科技建构、方法效能、科技优化是贯穿整个行动过程的关键观念和价值。科技思维的核心目标在于利用科学知识和技术解决当前存在的问题,实现既定的目标。[②] 在当今快速发展的科技时代,科技思维的重要性愈发凸显。通过科技思维,人们能够更加有效地应对挑战,提高生产力和创新能力,推动社会进步和发展。科技思维的理性方法与生态科技教育的环保目标相辅相成。科技思维强调用科学方法解决问题,而生态科技教育则着眼于培养学生对环境保护的意识。通过科技思维,学生可以运用科学技术面对生态挑战,推动绿色技术的发展,从而实现环保与科技创新的有机结合。

经济思维的基础是经济理性,也就是说,经济思维考虑如何从内外部获取各种资源,利用这些资源组织和实施行动计划,取得预期的成果和其他显性、隐性的利益。经济思维贯穿于个人、组织乃至整个社会的方方面面。[③] 在全球化和市场化的背景下,经济思维的重要性愈发凸显。人们需要在资源有限的情况下做出最佳选择,实现资源的最大化利用,促进经济的持续增长和发展。经济思维的资源管理原则与生态科技教育的可持续发展理念相契合。经济思维注重资源的有效利用和成本效益,而生态科技教育则强调生态系统的平衡和资源的可持续利用。将经济思维融入生态科技教育中,可以帮助学生理解生态与经济发展之间的互动关系,培养他们在经济活动中考虑生态因素的能力。

社会思维强调社会关系和个人动机对顺利完成行动、实现目标的重要性和必要性。社会思维是人们在社会互动中的思考方式和行为模式。社会关系、社会需求的满足度、个人动机和个人发展是社会思维的核心要素。[④] 在当今多元化和信息化的社会环境中,社会思维的重要性愈发凸显。人们需要理解和适应

---

① 郑燕祥,姚霞.多元思维和多元创造:应用和发展[J].全球教育展望,2005(3):6-13.
② 郑燕祥.教育范式转变:效能保证[M].上海:上海教育出版社,2006:60.
③ 郑燕祥.教育范式转变:效能保证[M].上海:上海教育出版社,2006:61.
④ 郑燕祥.教育范式转变:效能保证[M].上海:上海教育出版社,2006:63.

不同的社会关系,促进社会和谐与稳定,实现个人和集体的共同发展。社会思维的关系观念与生态科技教育的社会责任倡导相互呼应。社会思维强调社会关系和个人发展,而生态科技教育倡导环保行动和社会参与。通过社会思维,学生可以意识到环境问题对社会的影响,促进社会共同参与环保事业,实现环境保护与社会发展的良性互动。

政治思维的基础是政治理性,也就是说,政治思维强调识别并满足行动者和相关人士的多种利益和需求。政治思维是人们在政治活动中的思考方式和行为模式。通过政治手段如建立联盟、协商、妥协、参与等,解决和处理冲突和争议往往是实施行动计划取得成功的必要途径。① 在当今复杂多变的政治环境中,政治思维的重要性愈发凸显。人们需要具备政治敏锐性和智慧,推动政治决策的科学化和民主化,促进社会的公平与正义。政治思维的决策原则与生态科技教育的政策执行息息相关。政治思维强调利益平衡和决策过程,而生态科技教育关注环境政策的制定和实施。结合政治思维,生态科技教育可以引导学生了解环保政策的重要性,培养他们参与环保决策和推动政策执行的能力。

文化思维在寻找不同行动方案背后的文化意义时选择学习者和相关人士都能认同的、比较稳定的价值和信仰,并从可能的外显和隐性结果中挖掘内涵。文化思维强调了文化对于行动和决策的影响,以及文化价值观对于个体和社会的重要性。② 在全球化的今天,文化思维的重要性愈发凸显。人们需要尊重和理解不同文化背景下的差异,促进文化交流与融合,实现文化多样性的共存与发展。文化思维的多元观念与生态科技教育的跨文化合作理念相呼应。文化思维探讨文化对行为的影响,而生态科技教育强调尊重自然和地方文化。将文化思维融入生态科技教育中,可以帮助学生理解不同文化对环保的态度,促进跨文化的环保合作,实现环境保护与文化多样性的共融发展。

学习思维是寻找隐藏在不同行动方案之后的文化意义,选择学习者和相关人士都能认同的、比较稳定的价值和信仰,并从可能的外显和隐性结果中挖掘内涵。③ 学习思维强调了持续学习和不断进步的重要性,以及知识获取对于个人和社会发展的关键作用。在知识爆炸的信息时代,学习思维的重要性愈发凸显。人们需要不断更新知识和技能,适应社会变革和发展需求,实现个人成长与社会进步的良性循环。学习思维的持续探究与生态科技教育的问题解决目

---

① 郑燕祥.教育范式转变:效能保证[M].上海:上海教育出版社,2006:65.
② 郑燕祥.教育范式转变:效能保证[M].上海:上海教育出版社,2006:67.
③ 郑燕祥.教育范式转变:效能保证[M].上海:上海教育出版社,2006:69.

标相得益彰。学习思维强调深入思考和持续学习,而生态科技教育鼓励学生积极探索环境问题并寻找解决方案。结合学习思维,生态科技教育可以培养学生的批判性思维和创新能力,激发他们对环保事业的热情,推动环境保护与科技创新的有机结合。

综上所述,在当今社会,大系统复杂思维挑战了简单单向思维;大开放思维打破了封闭性思维;大目标思维超越了孤立性思维;大科学思维消除了狭隘性思维。所有这些变化都是现代系统科学、信息技术与人类思维方式互动的自然结果。① 鼓励多元思维、提高解决问题能力是教育的重要目标之一。在融合生态科技的背景下,多元思维和问题解决能力的培养变得更加关键。教师在课堂上注重融合生态科技的迁移与融入,表达了教师注重多元文化的态度,体现了隐性课程所带来的价值,拓展学校的文化形态。② 融合生态科技为鼓励多元思维和提高解决问题能力提供了丰富的资源和平台。生态科技的本质是跨学科的,涉及生态、技术、工程等多个领域,要求学生综合运用不同学科的知识来解决现实问题。在这个过程中,学生需要从多个角度思考问题,理解问题的复杂性,提出创新性的解决方案。

教育者通过设计具有挑战性的生态科技项目或任务来鼓励学生展现多元思维和解决问题能力。学生从不同学科的角度分析问题,提出综合性的解决方案,并通过实践来验证和完善这些方案。通过参与这样的项目,学生不仅可以提高自己的综合研究能力,还能培养创新思维和解决问题的能力。此外,教育者借助现代技术工具,如虚拟现实、人工智能等,促进学生的多元思维和问题解决能力的培养。这些技术可以提供更加生动、直观的学习体验,帮助学生更好地理解复杂的概念和问题,并激发他们的创造力和想象力。总的来说,融合生态科技为鼓励多元思维和提高解决问题能力提供了丰富的机会和资源。教育者应充分利用生态科技的跨学科性质和现代技术工具,设计具有挑战性和启发性的教学活动,激发学生的学习兴趣,培养他们的创新精神和解决问题能力,为他们未来的发展打下坚实基础。

---

① 中国环境科学学会,中国风水文化研究院.传统文化与生态文明[M].北京:中国环境科学出版社,2010:62.
② 朱立明.论多元文化教育视野下教师思维的转变[J].教育理论与实践,2016(31):40-43.

第二节　生态科技启智的基本概况

在智育层面,上海师大二附中通过自然生态圈构建、课程模块联通、生态课堂教学探究、特色教师发展联合体、学生社团活动、学校生态治理等方式,促进融合生态科技在智育方面的开发与应用。学校尤其坚持重组课程结构,坚持以课程为主要发力点,优化课程实施方式,致力于构建满足基础需求内容、满足兴趣发展内容、满足特长培养内容的三阶课程群,使用"提炼、渗透、融合、引领"四大策略,使"双新"课程、校本特色课程与"五育融合"联动发展。以下围绕学校的融合科技课程进一步梳理。

一、生态科技启智的整体概况

随着学校特色建设与"五育融合"向纵深发展,学校逐渐摆脱"唯高考"的逼仄小路,以六维开放、立体建构的方式解构并重构融合生态科技智育之路,走向全面开放办学的新格局。

(一)自然生态圈构建

目前,学校已经构建起校园生活生态圈、滨海社区生态圈、区域基地生态圈。依托三个自然生态圈丰富的课程资源,整合校园优质的人文环境,开展浸润式体验综合学习、生态科技探究学习,为有效开展特色课程提供丰富资源与广阔学习空间。首先,学校成功地以校园为核心,构建了一个全方位的校园生活生态圈。这个生态圈充分利用了校内丰富的资源,包括图书馆、实验室、自然环境等,旨在为学生提供一种沉浸式的、全方位的学习体验。在这个生态圈中,学生不仅能够在课堂上系统学习生态科技知识,还能在课外活动中锻炼和提升自我,实现了知识与实践的有机结合。其次,学校还积极以周边的社区为基础,打造一个滨海社区生态圈。通过与社区的紧密合作,学校将学习资源延伸到了校外,让学生在真实的社会环境中进行学习和成长。学生可以参与各种社区活动,如环保志愿者服务、社区文化节等,这不仅增强了学生的社会责任感和公民意识,也让他们在实践中得到了锻炼。最后,学校还立足学校所在区域,构建了一个区域基地生态圈。通过整合区域内的资源,学校为学生提供了更为丰富和多样化的学习体验。学生可以参观当地的博物馆、科技馆等文化设施,深入了解区域生态和科技发展的最新动态。同时,学校还积极与区域内的其他学校开展合作,共同举办学术交流活动,有效拓宽了学生的视野和知识面。依托这三个自然生态圈的丰富资源,学校进一步整合了校园内优质的人文和自然环境,开展了浸润式体验综合学习和生态科技探究学习。这两种学习方式始终以学生为中心,以满足学生的需求和发展为导向,让学生在实践中学习和探索,从而培养他们的创新精神和实践能力。

(二)课程模块联通

学校充分利用自然生态圈资源,自觉构建具有特色的课程模块,有条不紊地推进生态科技与智育的有机融合。在国家课程框架内,巧妙融入生态科技元素,打造独特的教学增长点,并深入开展教学案例研究,为学生打下坚实的综合素质基础。围绕生态文明素养的培育,学校应开发出独具特色的选修课程模块,全程贯穿"五育融合"的教育理念,构建尊重学生兴趣、提供多元选择的绿色课程体系。通过"项目研究经历+探究特色项目"的方式,在实施研究性课程中落实特色教育,鼓励学生参与多样化的社团活动和生态科技探究创新,以满足学生特长培养的需求。

(三)生态课堂教学探究

学校的生态课堂注重教学探究,以问题探究为引领,组织学生进行生态观察体验、书本知识教学、生态合作探究等混融式学习,引导学生带着问题去生态圈观察体验,组织跨学科探究活动,从而激发学生兴趣,丰富学生体验,引导质疑问难,启发批判性思考,发现有价值的探索问题。依托生态基地、生态场馆、创新实验室来指导学生进行生态科技小课题探究,引导学生从接受、质疑走向创造。

(四)特色教师发展联合体

学校坚持以对话分享与网络资源为桥梁,精心构建特色教师的发展联合体,旨在引领教育创新与改革。为了充分发掘教师潜能,促进他们专业成长,学校积极创设各种有利条件,让教师们能够跨越时空限制,与国内外知名学者、专家进行深度对话与交流。这种交流不仅有助于开阔教师的教育视野,还能让他们及时把握教育领域的前沿动态,紧跟时代步伐。

在这个发展联合体中,对话分享是重要的一环。学校定期组织线上线下的座谈会、研讨会、论坛等活动,鼓励教师们与专家、学者进行面对面的交流。通过这些活动,教师们可以分享自己的教学心得、困惑和成功案例,同时也能从专家、学者那里汲取宝贵的教育经验和智慧。这种互动式的学习方式有助于激发教师们的创新精神,促进他们的专业发展。

网络资源在构建特色教师发展联合体中发挥着不可替代的作用。学校充分利用局域网络、移动网络、微信平台等现代信息技术手段,整合优质的生态科技教学资源,为教师们提供丰富的学习材料和教学参考。此外,学校还鼓励教师们利用这些网络资源开展问题化的校本教研活动,通过团队协作和集体智慧解决教学中的实际问题。这种以研究推进"五育融合"育人的方式有助于提升教师的教学水平和育人能力。

图 3-1　仰科技之光,与院士同行

(五)学生社团活动

截至 2022 年 9 月,学校已经拥有五大类别的社团,合计 31 个社团(表 3-1),包括科技类、人文类、学术类、体育类和艺术类。科技类社团可以让学生们接触最新的科技知识,开展各种科技实践活动,提高动手能力和创新思维;人文类社团则可以让学生们了解历史文化,培养人文素养,提高综合素质;学术类社团则可以让学生们深入研究某一领域,提高学术素养和研究能力;体育类社团则可以让学生们锻炼身体,增强身体素质和团队合作精神;艺术类社团则可以让学生们发掘自己的艺术潜能,培养创造力和审美能力。这些社团涵盖了各种不同的兴趣和爱好,让学生们可以根据自己的兴趣和特长选择适合自己的社团,充分展现自己的才华和潜力。为了支持社团的发展,学校会根据社团的需求配备指导教师,提供专业的指导和帮助。其中,不乏以生态科技为主要活动核心的社团。与此同时,学校还积极联合社区和技术单位,共建生态学创新实验室、生态学创新素养培养基地等,为社团融合生态科技和五育提供了广阔的空间和资源。

表 3-1　上海师大二附中社团情况

序号	社团名称	教师姓名	社长姓名	场地安排
1	健美操社	张丹凤	李天齐	东校区
2	海韵法治社	姚嘉瑜	罗又琪	东校区
3	心理社	姚以捷	孟顾乐	东校区
4	党章学习小组	胡云捷	陈 欢	东校区
5	生态文明实践社	胡云捷	薛佳瑶	东校区
6	话剧社	许陆君	晁弘易	生态科技研究院
7	音乐社	韩斌权	杨周怡	生态科技研究院
8	摄影社	沈心远	夏陈帆	生态科技研究院
9	无人机社	潘俊杰	黄宸宇	生态科技研究院
10	海韵朗诵社	赵欣怡	薛蓔菲	生态科技研究院
11	舞台剧社	张彦娜	徐钰涵	生态科技研究院
12	麦秆画社	姚以捷	范雨婷	生态科技研究院
13	青青植物社	顾芬华、喻建平	王刀文	生态科技研究院
14	模联社	叶兰英	陆汤慧	生态科技研究院
15	排球社	沈依芯、胡云捷	顾佳豪	东校区
16	酷动体育社	周 康	沈 若	校外基地
17	绘画社	计孟辉	曹 燕	校外基地
18	健身社	陈叶云	张 康	生态科技研究院
19	PS 社	郑 璇	刘靖怡	东校区
20	足球社	郭旺杰	蒋梓涵	东校区
21	海洋地理社	许礼华	宋攀悦	生态科技研究院
22	标本馆科学阐述者社团	任方方	朱子璇	东校区
23	霍格沃兹水魔法社	王正平	吴修缘	生态科技研究院
24	达尔文学社	尹 静	陆晨曦	生态科技研究院
25	绿色小记者社	吕东梅	陆静雯	全校范围
26	乒乓球社	姜春梅	徐博雯	生态科技研究院
27	说唱社	姚嘉瑜	张雯一	东校区
28	羽毛球社	王建春	方欣岚	东校区
29	恒日模法社	韩旭艳	张昕宸	东校区
30	推理社	齐帅柯	顾 鑫	东校区
31	篮球社	顾芬华	朱伟冬	东校区

（六）学校生态治理

学校积极强化生态管理，围绕高一、高二、高三阶段性特色育人目标，整合自然生态圈、特色课程模块、生态课堂教学、特色教师发展、学生社团活动五个方面的优质资源，遵循自然交替规律，构建台阶式螺旋上升的生态育人过程，优化生态育人节律，最终实现高中三年的生命周期与生态育人活动的节律耦合，将特色育人活动完美融入四季之美、岁月更迭的循环序列。

二、生态科技启智的课程类型

学校围绕"一切以学生全面可持续发展为本"的办学思想，以育人目标为核心，夯实国家课程基础，发展学生核心素养，确立了"源于生态、基于科技、归于生命"的课程理念。根据教育部《普通高中课程方案》和上海市教育委员会《上海市普通高中课程实施方案》的具体要求，在充分满足学生学业发展、毕业、升学基础上，学校结合办学实际，从"构建人与自然生命共同体"的观点出发，通过"提炼、渗透、融合、引领"，构建具有特色的"基础需求、兴趣发展、特长培养"的三阶内容，形成上海师大二附中的课程结构，具体内容详见图3-2。

其中，必修课程为国家课程，指向基础需求，包括学科课程和绿色课程——结合校园生态实践区和博物学习空间的劳动与志愿服务、专题教育等，融合利用各种育人资源，在学科教学和教育综合活动中，实现全体学生在五育渗透交融之中形成"五育融合式"学习。

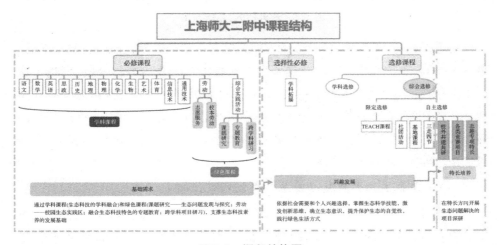

图 3-2　课程结构图

此外，为了满足学生差异化发展培养的需要，学校从办学实际出发，从惠及全体、夯实基础、尊重兴趣、给予选择、鼓励冒尖、支持拔尖的不同要求出发围绕"兴趣发展"和"特长培养"两大主题，整合学校特色课程，建成融通"双新"课程体系的"五育融合"特色课程群落。其中，指向兴趣发展的"选择性必修"与"选修"课程包括学科拓展、学科选修和综合选修——TEACH课程、社团活动、创新素养培育基地、"三走四节"（走进社区、走向大山、走出国门；科技节、艺术节、朗诵节、体育节）等特色课程和综合实践，拓展学习空间，旨在尊重学生在科技、艺术、体育、文化等方面的兴趣选择，通过跨学科项目化学习和实践体验，促进学生的五育融合发展。指向特长培养的"选修"课程包括综合选修部分的自主选修——校外共建共研、各类竞赛项目、志趣专项特长。面向有特长潜质的学生，通过校内外导师指导高端课题研究、科创项目，引导学生以"一育"之长带动各育并进。

图3-3　走进社区，走向大山

特色课程与"五育融合"育人的实施策略包括四个方面，分别是提炼、渗透、融合、引领。在学科课程中注重提炼生态科技教育相关内容；在绿色课程中渗透生态科技教育特色；在生态科技TEACH课程及社团活动、创新素养培育基地、"三走四节"自主选修课程中融合生态科技教育特色；注重引领面向特长培养课程中的校外共建共研、各类竞赛项目、志趣专项特长，通过鼓励冒尖、支持拔尖来培养"未来的生态学家"。

（一）实施基础学科教学改革，激活国家课程

2023年5月9日，教育部正式发布了《基础教育课程教学改革深化行动方案》，在重点任务中提出，在课程实施过程中，切实加强国家课程方案向地方、学校课程实施规划的转化工作。坚持因地制宜"一地一计"、因校制宜"一校一策"，把国家统一制定的育人"蓝图"细化为地方和学校的育人"施工图"，明确

课程教学改革的具体路线、措施，提出困难、问题破解之策。坚持循证决策，健全监测反馈机制，持续优化改进课程实施规划。同时，制定课程实施的学校规划。地方各级教育行政部门及专业机构督促指导学校，根据培养目标，立足办学理念和学生发展需要，分析资源条件，因校制宜规划学校课程及其实施。学校以促进学生全面而有个性地发展、健康成长为目标，高质量落实国家课程，建设校本课程，将课程理念、原则要求转化为具体的育人实践活动，构建体现办学特色的课程育人体系，注重持续优化。普通高中保证在开齐开好必修课程的基础上注重适应学生特长优势和发展需要，提供分层分类、丰富多样的选修课程，形成体现办学特色的课程系列。①

  这一方案的发布为学校现行的融合生态科技课程打了一剂强心针，同时也不断鼓舞着学校继续深耕基础学科教学改革，持续激活国家课程。

  华东师范大学课程与教学研究所所长崔允漷指出，《基础教育课程教学改革深化行动方案》作为《基础教育课程改革纲要（试行）》（2001 年）颁布 22 周年后的又一重要指导性文件，充分展示了其强烈的问题导向性，并兼具高度的针对性和引领性。"必须坚持底线管理。课程实施的管理上应当注重底线思维，把必须管、方便管、可以管的内容先管起来，把明确的要求落实起来。例如，中小学生在校学习时间、课程开设情况等需要严格按照国家课程方案的规定执行。"②

  依据《基础教育课程教学改革深化行动方案》，我们进行了深入的思考与实践。国家课程，也称为"国家统一课程"，具有统一教育内容、保障教育质量、提升教育效率、促进教育公平等重要价值和功能。然而，统一编制实施并不意味着千校一面和一成不变③，而是在内核一致下的"百花齐放，百家争鸣"。因此，上海师大二附中坚定地促进国家课程的校本化理解、转化和实施，能更好地调动主体的积极性，积极应用学校建校以来积攒的生态科技资源、经验，进行国家课程的校本化改革，在适应教育教学实践的维度中，巧妙勾勒以生态科技为底色的有温度、有亮点、有深度的国家课程。

  新课程改革要求我们探索高质量教育的新模式。对于基础教育课程教学

---

  ① 教育部. 基础教育课程教学改革深化行动方案[EB/OL]. (2023-05-09)[2024-01-25]. http://www.moe.gov.cn/srcsite/A26/jcj_kcjcgh/202306/t20230601_1062380.html?eqid=c24e469e0002969d00000004647d8db9.
  ② 崔允漷. 落实新时代的纲领性文件,深化国家课程教学改革[J]. 基础教育课程,2024(1):4-5.
  ③ 靳玉乐,王鉴,吕立杰,等. 教育强国建设：基础教育的使命及其践行（笔会）[J]. 苏州大学学报（教育科学版）,2023(4):11-32.

改革落脚点和发力点的课程,我们一直在关注三大问题。第一是如何使得国家课程的育人目标与学校融合生态科技特色相结合,进一步细化为学生的具体成长目标,这是国家课程建设中学校应该回答的"本我"之问。第二是如何结合核心素养,将生态科技特色融入国家课程中,实现高质量校本化发展,这是国家课程建设中学校应该回答的"自我"之问。第三是如何根据新的课程设置,对照新要求、新标准,对学校原有课程进行梳理与调整,根据学校的历史特色和资源,融合生态科技成为推动教育生态发展的重要力量。生态科技的应用将为学校教育注入新的活力,推动教育教学模式的转型升级,实现教育的可持续发展与高质量提升。这是国家课程中融入生态科技特色的"超我"之问。对这三个问题的回答围绕着课程设计的整个环节,在每一个步骤中,从课前规划备课、课中不断打磨到课后总结反思,突破仅仅在表层关涉生态科技的引入,更是在把握生态科技奥义下扎实本我、创新自我、卓越超我的引入、渗透、升华的路径突破。

以学校杨会老师的历史课为例,积极探索大数据分析在历史选修课中的应用研究。该课程以 iPad 为载体,以 App 形式呈现的重大历史事件相关内容为主要学习对象,不仅展示基本的历史知识,还增设历史场景、学科书籍等内容。通过学生穿越式的体验和师生、生生互动,结合专题资源和网络资源,学生在开放式的课堂中了解重大历史事件发生时人物的所思所想、时代背景及关联事件,感受历史资治、借鉴的功能,增强学生学习历史的兴趣;通过研究性学习了解史学界对此问题研究的最新动向,提升对学科前沿的敏感性。在实施过程中,结合大数据采集与分析结果,采用表现性和过程性评价相结合的方式引导并激励学生的学习行为、改进教师的教学行为,从而达到提升历史学科核心素养的目的。课程围绕百代行秦制、鸦片战争、洋务运动、辛亥革命、改革开放、大航海时代、第二次世界大战等专题展开。每个专题均设有 9 项学习项目,包括历史场景体验、人物介绍、武器知识、事件地图、历史解密、视频资料、学科书籍阅读、习题练习和研究性学习等内容。这些项目旨在让学生深入历史场景,感受时代背景下的历史事件和人物,选修课外知识,了解最新的历史研究动态,为未来的历史写作提供选题参考。通过自主选择学习内容和顺序,学生可激发学习兴趣,提高学习效率。学习结束后,根据生成的数据,师生将针对学习过程中的问题和疑惑进行讨论,以提高学生的问题解决能力和认知能力,实现学生在学习过程中的主体性发挥。此外,在课堂中,通过调查问卷等多种形式,掌握学生对待历史学科的态度、学生学习历史的主动性、学生对历史学科影响力的认识、学生对学习历史学科的建议。

以课程中的"鸦片战争的影响"一节为例,该课通过深入剖析鸦片战争中国战败后签署的《南京条约》,展现相关原始资料。随后,课程设计了一系列提问,引导学生鉴别条约内容中的可接受、不可接受及模糊不清的条款,并鼓励学生自由表达个人观点。在这一过程中,学生展现出积极的思考态度,踊跃参与讨论。通过激烈的思维碰撞和教师的精准引导,学生们逐渐形成了对条约积极与消极影响的辩证认识。这一环节不仅锻炼了学生深入思考的能力,也培养了其运用唯物史观分析问题的能力。为了进一步深化学生的理解,课程进而探讨了"协定关税""领事裁判权"等概念,并以此为基础,引导学生思考近代中国废除不平等条约背后的因素,以及鸦片战争对中国历史进程的深远影响。此外,课程还结合当前中美之间的矛盾与摩擦,启发学生思考当代中国如何应对复杂多变的国际形势。总体而言,教师在学生自主学习"鸦片战争"主题后,根据收集的数据和分析结果,有针对性地设计教学活动。这包括:对学生学习动机、学习行为和学习结果的细致观察与指导;对学生价值取向、情感倾向、差异化行为和创新点的深入分析与评价;对学生在探究过程中关注的核心问题进行深入的讨论与辩论;对学生逐步形成的历史学科能力进行总结与提升。

(二)综合设计生态拓展活动,探索校本课程

1.系列化的 TEACH 校本选修课程群

五育融合的 TEACH 课程群隶属限定选修课,将特色广泛融合选修课程,不断开发植根于基础需求课程(土壤)之上的自主选修课程,形成多样可选系列(枝干)的 TEACH 校本课程群,见图 3-4。T 指向 Technology,即"技术创新";E 指向 Engineering,即"工程设计";A 指向 Art,即"艺术修养";C 指向 Culture,即"人文社科";H 指向 Health,即"健康生活"。寓意教学面向每位学生,尊重每位学生各具特色的特长学习,以此促进学生综合素质的全面可持续发展。每位学

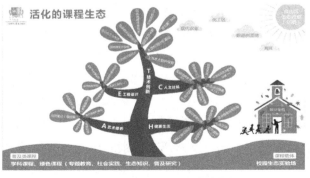

图 3-4 "生态科技 TEACH"特色课程

生至少需要修学其中的一门课程,以帮助学生了解本区域生态状况,接触科学技术前沿领域,经历创新学习过程,培养和发展学生的创新意识和实践能力,树立生态文明价值观。关注学生差异发展,为综合素养培育基础上的个性发展提供多样的途径。学生可依据自身兴趣,在 T、E、A、C、H 等课程群中任选课程完成相应的学习,使生态技能形成多样化的发展。

从 TEACH 课程的整体内容来看,课程的设置涵盖德、智、体、美、劳。例如,"乡土金山"课程利用金山乡土地域文化、历史、地理等资源,开展爱国主题教育;"地理信息技术"课程带领学生用无人机拍摄照片,利用 Arcgis 软件,分析地理信息数据,将遥感地图和实际生活建立联系,培养学生地理信息素养和分析、解决问题的能力;"青春话剧"通过自创剧本、自编自演的话剧活动,培养学生的自信心、表现力和审美情趣,树立正确的人生观、价值观;"越野寻踪"借助定向越野这一比赛项目,锻炼学生身体素质和意志力,培养热爱生活、热爱自然的探索家;"探索空气净化技术"通过学生自主搭建净化模块,组装净化设备,探究空气净化效能,培养学生动手动脑、分析问题的能力。从单一课程来看,每门课程又都融合了德、智、体、美、劳,或以项目化学习引领课程,或以小课题探究设计课程。比如"计算机程序控制初探",学生在小项目的引领下,完成呼吸灯、自动灌溉、智能家居等的设计,学生需要连接电路、编写程序、动手搭建,还要考虑到布线的美观、简约等,最终要撰写一篇论文,在过程中学生以小组合作方式进行,其表达交流、沟通协作、问题解决、科学探究等能力都得到了锻炼。

2. 序列化的生态科技教育实践周课程

学校在各年级分别开展生态科技教育实践周的集中学习,这是落实基础需求绿色课程、达成育人目标的重要载体。经多轮实施,逐渐成为学校常态化、序列化、综合化的特色课程组成部分,成为师生共同期盼的全校性体验活动。生态科技教育实践周紧密依托校园实践场和校外资源,增强体验感受和实践应用;根据时事发展,整合学习内容;针对每门课程的特点,设计教学、实验、调查、探究、体验、观影、分享、讲座、竞赛等多种不同的实施形式。生态科技教育实践周课程包括"校园荒野探秘""大气环境""水环境"等专题学习和"生态学概要""金山区环境质量监测"等专题讲座,有"植物多样性调查""走进自然博物馆"等实践体验课程,还有"创意环保作品制作展示""生态知识竞赛"等主题交流展示,同时还包括特长培养类的基本研究方法和课题研究体验。生态科技教育实践周课程强调参与体验、跨学科项目化学习,其学习成果有海报、实践手册、感悟等,也有课题研究报告。通过集中学习与分享,师生的生态意识逐步觉醒,从宏观的生态问题聚焦到探究身边的环境问题。学生会用数字气象站研究校园周边的空气质量,探究校园内微湿地的水环境问题等,引发生态环境问题解决的创新萌芽。通过体验、实践、探究,综合运用所学知识,学生的问题解决能力得到提升,德、智、体、美、劳得到全面发展。

生态科技教育实践周是一种具有创新性的课程组织和实施形式,课程内容丰富,教学组织形式多样,是学校特色创建中的一大亮点。具有跨学科、重实践、顺形势的实践周序列按照"了解生态之规""探寻和谐之方""掌握观察之术""研究解决之策""把握前沿之技""形成未来之志"的递进逻辑,设计遵循生态问题发现、探究与解决的规律,构建学习序列与模块,同时关注时事热点和前沿科技发展,不断调整课程内容。按照实践周的序列化进程,高一、高二年级分别开展"人与自然和谐共生""环境问题观察""研究性学习报告"等主题活动(表3-2),聚焦区域生态环境中的诸多问题,如大气污染、水污染、辐射污染等。垃圾问题尤其成为全社会关注的焦点问题,为了更好地推动垃圾分类工作,作为金山区首家(唯一)"垃圾分类教育示范学校",我们将"垃圾分类"纳入实践周活动。通过多途径的学习和体验,帮助学生了解生态知识,掌握基本生态技能,深入理解生态文明建设的意义,树立绿色文明意识和可持续发展观,积极投身到生态建设和环境保护中去。

表3-2 学校高一、高二年级生态科技教育实践周实施目标

垃圾分类 你我先行	人与自然 和谐共生	环境问题观察	"生态问题" 创新探究
从身边做起,从点滴做起,自觉、科学地开展生活垃圾分类,形成垃圾分类及环保意识,养成珍惜资源、节约能源的生活习惯,践行生态文明,促进建设生态文明校园。	通过课程学习和实践体验,激发学习兴趣,了解生态环境与人类发展关系及和谐相处之道,初步掌握环境调查的科学方法和技能,以法律保障的规则意识,树立创造美好生活环境的意向,并在自然环境中探寻区域环境问题解决的科技手段,借助生涯规划的长远视角,逐步形成未来发展的志向。	通过课程学习和实践体验,知道上海发展中面临的环境问题,初步掌握环境监测的科学方法和科技手段,引发环境问题解决的创新萌芽。同时,在优美的自然环境中体验人与环境和谐的发展之路。	通过学习科学的研究方法,深入了解环境问题的发生与危害,探寻科学的解决途径,进一步提升环保意识和生态保护的行动能力。

下面以2020学年第一学期生态科技教育实践周方案为例进行展示。

"对话绿色校园"——2020学年第一学期生态科技教育实践周方案

对象：高一年级

目标：通过课程学习和实践体验，了解校园自然生态和人文生态，关注家乡生态环境，初步了解环境问题和现行法律法规，建立正确的生态文明价值观和伦理观。在学习过程中，感受人与环境、人与人、人与社会的关系。

内容：

一、课程模块

（一）专题化学习

1. 课程一：校园环境观察（校园水环境观察、校园湿地植物观察、校园鸟类栖息地观察，校园环境观察报告）

2. 课程二：湿地与水环境

3. 课程三：生态环境法规

4. 课程四：人工智能初探

（二）扩展学习

1. 专家讲座1——走进自然博物馆

2. 专家讲座2——走进生态

3. 专家讲座3——金山环境监测

（三）生态体验

1. 湿地的生态功能——鹦鹉洲湿地

二、实施途径

1. 课堂教学——相关教师组进行课程模块搭建，轮班实施

2. 讲座

3. 现场体验——校内、校外

4. 作品展示

实践周选择每学期期末考试结束后的一周内实施，以解决平时课时紧张的问题，减少对基础学科的冲击，又尽可能多地引入教学和管理的师资力量。实施时紧密依托校园实践场和校外资源，增强体验感受和实践应用；根据时事发展，整合学习内容；针对每门课程的特点，设计教学、实验、调查、探究、体验、观影、分享、讲座、竞赛等多种不同的实施形式；将校外优质课程和专家讲座请进校园，丰富学校课程，缓解师资紧张压力，保障课程实施。

第三节 生态科技启智的课程建设路径

学校生态课程实施途径多样,主要有:通过整合学校资源,建设生态科技实体宝库;根植生态特色,建设校外生态研学基地;邀请生态专家,彰显生态课程文化底蕴;线上线下共建,搭建优质生态慕课资源;实施多彩项目教学,纵深探索生态科技知识;拓展校园特色节庆,扩宽多层次生态科技圈;提供多元评价方式,匹配生态科技知情意行等途径。

一、整合学校资源,建设生态科技实体宝库

随着科技的迅速发展,学校作为知识的摇篮,其角色也在不断演变。为了更好地适应这一变革,我们需要整合学校的各种资源,构建一个集博物学习空间、生态科技研究院、生态创客空间等多种实体宝库于一体,贯穿生态科技的过去、现在、未来,横跨实物、创造、突破的生态科技实体宝库。这样的实体宝库不仅能丰富学生的学习体验,更能促进学校的可持续发展。

博物学习空间是一种新型的学习场所,以实物、标本、模型等为载体,让学生身临其境地感受知识的魅力。在这个空间里,学生可以通过观察、实验、互动等方式,深入了解自然、历史、文化等方面的知识。同时,博物学习空间也可以与课堂教学相结合,为学生提供更直观、更生动的学习体验。以博物学习空间为载体,学校的生物学、地理、化学、数学等学科教师协同合作,共同开发形成博物学习空间课程群。课程群主要分为生态系统探秘、科学技术应用、标本解说诠释、博物学习空间参观四大模块。我们希望为学生和参观者提供浸润式的学习体验以激发探究的热情、传播科学的新知。

生态科技研究院是学校与生态环境、科学技术等领域的专家学者合作的重要平台。在这个研究院里,学生可以接触到最前沿的科学技术成果,了解生态环境保护的最新动态。同时,研究院也可以为学生提供实践研究的机会,让他们在亲身实践中培养科研素养和创新精神。例如,学生可以参与生态保护项目的研究,通过实地调查、数据分析等方式,为生态环境保护贡献力量。

生态创客空间是一个鼓励创新的平台,为学生提供从创意到实践的全过程支持。在这个空间里,学生可以将自己的创意转化为实际的产品或服务。

以下选择一门博物空间课程进行展示。

表3-3 "畅游'精灵'的世界"课程大纲

课程名称	畅游"精灵"的世界	任课老师	任方方
课程概述	本课程是依托学校博物学习空间而开发的一门校本课程。博物学习空间内馆藏丰富的标本为学生认识鸟类、观察鸟类特征提供了天然的课堂环境。通过本课程的学习,学生能够了解各种鸟的习性特征,并进一步探索它们的奥秘。本课程以学生为主体,从学生的认知角度和兴趣为出发点设计了8个相关的主题实践活动。通过这些实践活动,学生对鸟类及其生活环境有了更加深入的了解。在每一个主题活动中充分调动学生的积极性,发挥他们自身特长和潜能,培养他们科学探究意识,提升他们科学思维。在组织相关科普宣传活动中增强学生的主人翁意识,提高他们生态文明素养。通过对金山鸟类物种的认识和了解,学生对故乡更加热爱了。			
课程目标	1.了解标本制作的背后故事及博物学习空间的发展历史。 2.通过观察博物学习空间内的标本,掌握识别鸟类的基本方法。 3.引导学生正确看待人类活动对鸟类生存的影响,能主动进行观鸟、护鸟行动,形成保护生态环境的共识。			
课程主题	系列类型		活动名称	
	自然界中的静态美		标本的前世今生 一饱眼福——观察标本	
	认识蓝天下的"精灵"		初赏鸟儿 再识鸟儿	
	走进"精灵"的家		校园观鸟 制作校园绿地图 认识水鸟	
	科普主题宣传活动		关爱蓝天的天使,我们在行动	

二、根植生态特色,建设校外生态研学基地

学校深入挖掘和利用校外生态资源,将学校的生态建设与区域的乃至市内外的生态发展打通,建设天目山自然保护区等校外研学实践基地,与上海师范大学种质资源基地等多个专业单位携手共建。学校通过知识学习、实践体验和创新研究等形式,拓展大气、海洋、湿地等多维度的专题研究,引入特色课程资源。例如,基于"亲自然、亲科技"校园生态学习空间,以生态要素及生态问题解决为导向,打破校园或课堂空间局限,跨学科整合专题项目——"风吹来的能源:海洋风电场综合利用""校园'水环境'探秘""外来物种入侵"等。

学校依托毗邻杭州湾、化工区的地域优势,将环境资源、社区资源整合,通过横向拓展、纵向衔接进行课程开发,并与周围社区、单位进行合作共建,形成

具有明显地域特征的育人空间。学校和水务局合作，到金山岛进行生物多样性调查，依托金山岛开发"大金山岛生态资源调查""海洋地理"等课程。此外，还到鹦鹉洲湿地、花开海上生态园进行鸟类、植物的多样性调查，到石油化工科技馆进行参观调研，完成小课题研究，基于馆内和区域资源，开发"奇妙的化工"课程等。

学校和辰山植物园一起开展"未来生态学家计划"，促进学生优质课题孵化成为"自然博物馆学校"项目，从学习空间建设、课程开发、学生课题研究等方面进行深度融合。天目山是学校创新素养培育的野外考察实践基地。每年暑期，学校组织学生进行水质考察、昆虫调查等野外考察，参观红色长廊、聆听生态科普讲座等活动。学生通过生态观察体验，调查探究，整合学科课程知识，培育兴趣发展，为跨学科综合活动、研究问题的发现等作铺垫，为特需类课程实施探寻研究问题和研究方向，在实践研究中探寻未来发展志趣。

在"未来生态学家计划"及其他因素的综合引领下，学校近6年有近千个学生研究课题，研究学科横跨所有国家课程，研究内容中融合生态科技相关内容占极大比例。以下选择2021年学生研究项目进行展示（表3-4）。

表3-4 2021年学生研究项目

课题名称	学科
智能化立体绿墙植物监测和养管系统构建	生物学/信息技术
松江大径级香樟群落结构研究	生物学
柳树种植方式对土壤污染植物修复效果的影响	生物学
基于氮磷富集的水生植物类群划分	生物学
上海辰山周边加拿大一枝黄花的分布格局及防治措施	生物学
上海辰山络石的形态可塑性及其生态适应性	生物学
叶表面蜡质附属物的生态学意义	生物学
叶边缘刺状结构的生态学意义	生物学
石斛菌根真菌的分离和培养	生物学
神奇的彩色花药	生物学
荷花珍稀品种"至尊千瓣"的形成机制观察	生物学
"蛋壳作画"兴趣化学实验的探究	化学/艺术
2010—2014年上海夏季极端高温指数时空分布	地理/数学
上海市2011—2016年夏季极端高温的时空分布及其成因探讨	地理/数学
2017年金山区各镇果园丰富度	地理/信息技术

(续表)

课题名称	学科
2018年金山区外来常住人口调查研究	地理/信息技术
不同pH酸碱度对硅基多孔分子筛选氨氮的吸附性影响研究	化学
不同氨氮浓度对硅基多孔分子筛的吸附效果	化学
餐厨垃圾的调查和处理	政治
二附中战斗港河及人工湿地的植物和水质相关调查	生物学/化学
垃圾分类实施情况的调研报告——以石化街道某小区为例	政治
垃圾分一分,环境美十分	政治
垃圾去哪了?以金山为例,居民生活垃圾处理链及地图绘制	政治/地理
廊下垃圾分类调查	政治
漕泾地区垃圾分类实施调查	政治
测量教学楼高度的方法研究	数学
城轨车站周边圈层人口对客流贡献率比较分析	地理
赞成红树林小区绿化分布调查	政治/生物学
探究校园植物的药用价值	生物学
零价铁类芬顿处理染料废水	化学
校园内乔木数量及其分布情况	生物学
新能源汽车发展趋势的研究	物理/政治
关于战斗港河水污染的原因	地理/化学
"光盘行动"助力湿垃圾分类	政治
亭林镇垃圾分类的现况研究	政治
投入量对稻壳灰制硅基分子筛吸附氨氮影响的研究	化学
纳米复合材料的制备及其电催化性能的研究	化学
从众心理对"小三门"等级考学科选择的影响	政治
催化剂对过氧化氢分解速度的影响	化学
当代流行语背后现象的研究	语文/政治
德国发动二战的动因与影响	历史
关于厨余垃圾的研究	政治
上海市民对可降解塑料认识的调查	政治
石化街道垃圾分类	政治
二附中学生与家长关系沟通之间的情况调查	政治

(续表)

课题名称	学科
高强度间歇训练 HIIT 与学生有氧能力的关系	体育/生物学
高中学困生的转化	政治
关于金山区青少年智齿问题的调查研究	生物学
关于上海师大二附中学生的"光盘行动"情况	政治
关于语音识别系统的研究	物理
绘画对人积极情绪的影响	艺术/心理
基于无人机海岛礁测绘的研究	地理/信息技术
加巴喷丁对冰醋酸所致小鼠扭体反应的影响	生物学
家养宠物与圈养动物的区别分析	生物学
金山区枫泾镇垃圾分类社区现状调查	政治
金山区工业产值分析	地理/信息技术
金山区果园丰富度	地理/信息技术
金山区垃圾分类调查研究	政治
金山区生态湿地分布情况及保护	地理/政治
金山区朱泾镇垃圾分类社区现状调查	政治
金山嘴渔村渔民画	艺术
近距离接触心脏	生物学
空气净化器模块净化效果	化学
冷原子钟的发展与实际应用的研究	物理
利用地理空间技术丰富地理教学方法	地理/信息技术
美术生未来职业规划	艺术/政治
明治维新与洋务运动的对比	历史
人类命运共同体	历史/政治
色彩心理	艺术/心理
上海师大二附中高二学业焦虑调查报告	政治
上海师大二附中走读和住宿对于学习的影响	政治
上海市 $PM_{2.5}$ 成因及控制对策分析	地理/政治
上海市金山区抗日历史研究	历史
食品中重金属的防范	化学/生物学
塑料改革	化学/历史

(续表)

课题名称	学科
太阳能空气净化器的原理与结构	物理/化学
太阳能垃圾箱	物理/政治
太阳能热水器原理及效率最大化探究	物理
太阳能升降晾衣竿	物理
太阳能遥控小车的制作和研究	物理
探究不同土壤对薄荷的生长影响	生物学
探究独裁者对世界的影响	历史/政治
探究观音莲的正确养殖方式	生物学
探究河边与室内空气中的微生物	生物学
探究石化城区公交车线路分布合理性	地理/信息技术
探究室内空气净化技术	化学
探究温度对制硅基分子筛对吸附氨氮的影响	化学
唐朝女性服饰演变和传承的初步分析	艺术/政治
网络短视频对二附中学生语言行为的影响	语文/政治
我的 VR 校园	信息技术
校内湿地的探究——战斗港河内的调研	地理
学生对电子竞技的看法	政治
学生对于作弊现象的看法	政治
亚文化现状分析——以汉服为例	政治
研究金山石化城区奶茶店选择因素调查	政治
遗传病简介及其染色体标本制备和分析	生物学
疫情过后地摊经济的发展趋势——以金山区为例	政治
疫情防控期间学生消费状况	政治
用几何画板将分形几何带入高中课堂	数学
余弦定理在日常生活中的应用实践	数学
语音控制随身行货架	物理
中译英翻译单词错误问题诊断	英语

三、邀请生态专家,厚植生态课程文化底蕴

学校邀请高校导师、企事业单位专家为学生定期开展讲座。比如"地理信

息技术在环境保护中的应用"（华东师范大学刘朝顺博士）、"金山区环境监测"（金山区环境局刘翔宇主任）、"北斗与生活"（上海点源科技首席科学家孙建中）、"传感器与人工智能"（褚君浩院士）等，为学生的课题研究助力。除了将优秀的学习资源请进学校，学校也积极加入上海市的各科技人才培养平台，让学生获得更优质的教育资源。参加上海市青少年科创实践工作站学习的学生累计有275人，获得上海市小研究员的有30余人。

2024年，学校成功举办"碳索·未来"上海师大湾区教育集团第一届中小学生生态科技论坛。上海师范大学副校长张峥嵘、金山区教育局局长郑瑛、上海市教委基教处副处级调研员金松、上海师范大学基础教育处副处长李晓芳、金山区教育学院书记方德平、金山区青少年活动中心沈丹萍和沈剑梁、华东师范大学专家张秋卓、上海自然博物馆展教中心教育研发部部长刘楠、上海育思青少年计算科学发展中心理事长顾诗尧出席论坛。上海师大湾区教育集团各校汇聚上海师大二附中，共话低碳，大展奇思，碰撞生态科技的火花。

图3-5 中小学生生态科技论坛水质探索家活动优秀作品

四、线上线下共建，搭建优质生态慕课资源

学校加入上海市"双前沿课程"平台种子课程实验项目，多名教师作为该项目参与者，在高校导师的指导下，进行课程的校本化开发，如"空中的眼睛——

遥感"课程(表 3-5),并在学校选修类课程中实施教学活动,形成"玩转地理信息系统""简易空气净化器设计""探秘益生菌""程序控制初探""印染废水与多孔分子筛探究"等精品课程。学生依托种子课程和基地课程,开展小课题研究,参加上海市社会化评价,100 余人获得"优秀"。

表 3-5 "空中的眼睛——遥感"课程大纲

课题:空中的眼睛——遥感	执教者:张婷媛
课程介绍	遥感作为一门对地观测综合性技术,它的出现和发展既是人们探索自然界的客观需要,更有其他技术手段与之无法比拟的特点。本课程聚焦遥感,学生通过视频资料学习遥感的相关概念、发展历程、遥感分类及应用等,完成相关的问题讨论,并最终能利用所学知识选取合适的遥感图像开展小课题研究。
课程目录	● 模块 1 名称:遥感基本概念 学习视频 1　遥感的基本概念 问题探讨 1　根据遥感定义,寻找生活中你接触到的遥感 ● 模块 2 名称:遥感技术系统 学习视频 1　遥感技术系统 问题探讨 1　谈谈遥感技术系统的组成 ● 模块 3 名称:遥感发展简史 学习视频 1　遥感发展简史 问题探讨 1　简述遥感发展历程 ● 模块 4 名称:中国遥感事业发展 学习视频 1　中国遥感事业发展 问题探讨 1　中国遥感事业的成就表现在哪些方面 ● 模块 5 名称:遥感分类 学习视频 1　遥感分类 问题探讨 1　按传感器的工作波段可以把遥感划分为哪几种类型 ● 模块 6 名称:地物反射波谱特征 学习视频 1　地物反射波谱特征 问题探讨 1　根据图示思考树叶为什么是绿色的 ● 模块 7 名称:遥感应用 学习视频 1　遥感应用 问题探讨 1　遥感调查中国草场资源的基本方法

五、多彩项目教学,纵深拓展生态科技知识

项目化学习是跨学科的,但学科知识的深度理解是当前项目化学习中不可或缺的。项目包含知识的建构与转化。在解决问题、完成项目的同时实现对概念知识的深度理解,成为当前项目化学习的一种重要特征。[①] 在进行项目化学

---

① 夏雪梅.在学科中进行项目化学习:学生视角[J].全球教育展望,2019(2):83-94.

习设计时,通过指向对核心知识的深度理解,创建真实的驱动性问题和成果,可以用高阶学习带动低阶学习,将素养转化为持续的学习实践。[①] 而在学校的项目化学习中,学校高度重视将生态科技的融合点作为项目化学习的切入点和抓手,推动学校项目化课程的建设。

  学校项目化学习与生态科技的融合点主要体现在以下几个方面。第一,注重问题导向的真实性。项目化学习强调解决真实世界中的问题,以驱动性问题为导向,在把握其意义性、可行性、价值性、情境性、道德性等特征的基础上,为学生开展项目化学习提供引领。[②] 生态科技正是针对当前全球面临的生态环境问题,如气候变化、资源浪费等。通过将生态科技议题融入项目化学习中,学生可以针对本土生态环境的实际情况进行探究和学习,这样的融合能够提高学生对生态环境问题的认识和理解。第二,涉及跨学科知识的综合应用。在生态科技项目中,学生需要综合运用数学、科学、信息技术等学科知识,这种跨学科的知识整合有助于学生形成网络状的知识结构,提高他们解决复杂问题的能力。第三,通过项目化学习促进核心素养的提升。项目化学习不仅关注知识的获取,更重视学生能力的培养和核心素养的提升。生态科技项目能够培育学生的创新意识、研究能力、合作精神以及环保责任感,这些都是符合社会主义核心价值观的教育目标。[③] 通过生态科技项目,学生可以在实践中学习到人与自然和谐共生的理念,树立正确的生态观念和可持续发展意识。第四,可以促进情感价值与责任感的培养。生态科技项目化学习不仅仅是一种知识技能的教授,更是情感价值和责任感的教育。学生在项目实施过程中,通过直接参与和体验,能够深刻感受到环境保护的重要性,进而在情感上认同并积极践行低碳环保的生活方式。第五,注重国家战略与时代主题的结合,"碳达峰、碳中和"是我国当前重要的国家战略,将这一战略与项目化学习相结合,可以帮助学生紧跟时代步伐,理解国家政策,并在实践中为实现这些目标贡献自己的力量。第六,促进了课程体系与教学方法的创新,项目化学习是一种把学习置于复杂、有意义、真实的问题情境中,让学生通过合作解决真实问题,来学习隐含于问题背后的科学知识,形成问题解决的技能,并发展自主学习能力的一种教学模式。[④] 通过项目化学习的方式,学校可以校本化地重塑生态课程,构建起与"双碳"目标相结

---

① 夏雪梅.素养时代的项目化学习如何设计[J].江苏教育,2019(22):7-11.
② 蒋雄超.项目化学习中驱动性问题的价值、特征与设计[J].中小学教师培训,2021(11):71-73.
③ 张玉荣.跨学科素养校本课程——依托《生态·地理综合实践课程基地》项目主题研究[J].教育实践与研究(B),2018(9):19-24.
④ 吕星宇.项目式学习价值及学校实施路径[J].创新人才教育,2019(3):29-33.

合的思维框架和实施策略，使得教学内容更加贴近生活、贴近实际，教学方法更加灵活、生动。总之，项目化学习与生态科技的融合有助于学生通过实践活动深入理解生态科技知识，同时促进其综合素质的全面提升，为构建生态文明和实现可持续发展贡献力量。

下面以"对话绿色校园"跨学科项目化学习课程为例加以分析（表3-6）。"对话绿色校园"系列课程是学校在生态实践周开设的"普及类"校本化课程之一，贯彻了设计起始于校园、建设立足于校园、实施落地于校园的理念。"对话绿色校园"系列课程以备受瞩目的地方性、区域性和全球性的生态问题为抓手，提炼出生态问题中蕴含的生态学原理和相关学科知识与技能，融入校园环境，设计成学生可学习、可探究的、聚焦真实性问题的项目化课程。

表3-6 "对话绿色校园"跨学科项目化学习课程

课程	执教者	A1级主题	A2级主题	A3级主题
遇见鸟巢	任方方	寻找校园鸟巢	探究鸟类筑巢特点	设计人工鸟巢
校园荒野	付卓敏	识别校园荒野	调查校园荒野植被多样性	探究校园入侵植物的防控方法
外来生物入侵	尹 静	认识外来入侵种	探究外来入侵种生存的环境条件	探究外来入侵种的生态影响
湿地的秘密	郭宏飞	战斗港河景观绘图	探究水生植物的净水功能	探究战斗港河水生植物水质净化效果
校园"水环境"探秘	刘晓东	设计人工湿地功能区	探究战斗港河水再利用	设计简易水质净化器

"对话绿色校园"系列课程包含"遇见鸟巢""校园荒野""外来生物入侵""湿地的秘密""校园'水环境'探秘"五个主题项目化课程。这些主题化课程将校园的生物资源（主要是动物和植物）和非生物资源（主要是水、土壤和人工设施）开发为学习对象和学习资料，以科学技术及其产品作为学习工具，以体验、探究等实践作为主要的学习方式。"对话绿色校园"系列课程从激发学生关心、热爱校园起步，让学生在实践中利用科学技术及其产品解决校园真实的生态问题，逐步引导学生关心、关注全人类面临的生态问题，从而帮助学生理解科技的生态属性及其在人类可持续发展中的价值，进而实现生态文明素养的提升。

在课程设计与实施方面,"对话绿色校园"系列课程呈现三个鲜明的特色,即与国家课程有机衔接与融合、与"选择类""定制类"校本化课程纵横贯通、以项目化学习助力学习联通真实世界。

第一,"对话绿色校园"系列课程与国家课程有机衔接与融合。在课程教学内容编排方面,各个主题课程是依据生物学、地理等学科国家课程标准,以学科大概念为知识统领,以学科核心素养为能力指向,以校园自然资源和人工资源为载体。例如,"遇见鸟巢""校园荒野"强调结构与功能观,"校园荒野""外来生物入侵"涉及进化与适应观,"湿地的秘密""校园'水环境'探秘"侧重稳态与平衡观,"湿地的秘密"蕴含区域认知、地理实践力的相关内容。通过这些主题课程的学习,学生能够加深对生物、地理等课程所学概念的理解,并在此基础上形成生命观、人地协调观等学科核心素养。在课程的教学设计与实施方面,各个主题课程都重视和融入学生生态文明素养发展的需求,尤其重视学生的亲身体验与探究实践,五个主题课程的教学实施都充分利用了校园环境资源,设计了形式多样的实践活动。譬如,每个主题课程都设置了探究性学习实践环节。此外,"遇见鸟巢"课程设计了体验式活动,"湿地的秘密"和"校园'水环境'探秘"课程设计了模拟实验,"遇见鸟巢"和"校园荒野"课程设计了课题研究学习。

在核心素养落实方面,各个主题课程参照了国家课程标准对学科核心素养水平的划分。根据课程内容所涉及的学科大概念理解与应用的深度,学科核心素养水平设置了 A1 级、A2 级和 A3 级三个级别,分别在高中一年级、二年级的三个学期落实,以满足不同学段学生生态文明教育的发展需求。

第二,"对话绿色校园"系列课程与"选择类""定制类"校本化课程横纵贯通。作为"普及类"课程,"对话绿色校园"系列课程面向每一位学生开课,将生态文明教育惠及全体学生,旨在提高学生的科学思维,发展学生的科学探究认知和情意品质,培养学生的科学探究技能和实践能力。相较于"普及类"课程,"选择类"课程突出尊重学生兴趣和特长,在学生特长发展过程中促进包括生态文明素养在内的综合素养全面可持续发展;"定制类"课程强调学生解决真实生态问题的能力,通过社团活动、各类竞赛等方式鼓励有志学生勇担社会责任,积极探索现实生态问题的解决之道。因此,"普及类"的"对话绿色校园"系列课程为学生修读"选择类""定制类"校本化课程做好了知识、技能、素养等方面的铺垫,三类课程之间在学习内容上呈现出横向贯通,突出"基础与分层"的特色,在能力培养上呈现出纵向贯通,突出"普及与提升"的特色。例如,学生修读"绿色校园"系列的"校园荒野"主题课程后,若对植物多样性感兴趣,可继续修读"生态科技课程"(TEACH)中的"生态创客"(Engineering,工程设计类)和"植物生态意蕴赏析"(Culture,人文社科类)两门"选择类"课程,在提升生态文明素养的同时培养工程设计能力和人文素养。

第三,"对话绿色校园"系列课程以项目化学习助力学习联通真实世界。培养学生德、智、体、美、劳全面发展,适应终身发展和社会发展所需的必备品格和关键能力,靠囿于教室学习书本知识是难以实现的。学习应源于现实、深入真实生活、走进真实世界。"对话绿色校园"系列课程采用项目化学习,基于校园的生态资源和真实世界的议题设计项目任务,据此选择和组织课程内容,并以完成项目任务为主要学习方式。例如,"遇见鸟巢"课程的高阶项目任务是设计鸟巢,来源于真实世界里的生物栖息地保护这个议题。要完成这项任务,学生需要解决一系列问题,包括实地考察校园植被上的鸟巢特点,分析鸟巢环境因素、人工材料和自然材料的特性,绘制鸟巢设计图,并动手搭建鸟巢。"设计鸟巢"的学习过程都是在校园真实环境中发生的,且因现实包含了不确定性,为学生运用知识解决新问题创造了条件;又因该项目来源于现实问题,学生的学习体验则有利于其深刻理解现实世界问题,如生物栖息地保护这一国际生态热点议题。

六、校园特色节庆,扩展多层次生态科技圈

通过浸润于自然生态环境中的实践体验和真实情境中的项目研究,学校每年结合国际和国家生态环境的节庆日,举办不同主题的校园特色节庆日活动,通过国旗下的演讲、海报与展板的形式启动,面向全体师生进行相关作品的征集,为了拓宽学生的视野,聘请相关领域的专家开展相关主题讲座。同时走出校园生活生态圈,进入滨海社区生态圈开展科普宣传活动,进一步扩大科普宣传的辐射与影响。学校师生共同策划,借助学校场馆资源和区域资源,联合上海自然博物馆、上海化工区中法水务公司和海棠小区等相继开展植树节、爱鸟周、世界水日、世界野生动物保护日、世界环境日等节庆日活动。在这一过程中,师生增加了对学校的深度了解,展现了课堂以外的风采,学生之间的团结协作能力也得到了提升,也能够呼吁更多的师生与居民加入保护地球、保护生态环境的行列中来。

学校特色节庆日丰富多样,突破了单一的以校园为主要场景、以课堂为主要载体、以个人讲演为主要形式的传统形式,走出校门,走向社会,走入多层次

生态科技圈的相融共生。以下将选择学校 2023 年校园节庆日中的植树节、世界气象日、世界水日、爱鸟周四个节日进行展示。

- **植树节活动**

为了进一步让师生将助力"碳达峰、碳中和"的理念付诸行动,让每一种树木展现它更多精彩的故事,进一步深化学校"生态科技教育"特色的内涵,学校开展"助力碳中　植树有你我"实践体验活动。实践体验活动分为"神奇植物我来说——录音创作大赛""校园植物我来夸""校园植物限时寻""班级绿台植物分享""校园植物我来栽"五大板块。录音创作大赛动员学生利用课余时间,拿出录音设备,穿梭在校园各处寻找要解说的树木。这种形式充分引导学生走向校园的深处,通过与校园中的树木进行对话,感受树木遒劲的枝干之中蕴藏的魅力。"校园植物我来夸"是指学生选取最喜欢的一种校园植物,用画笔、视频、文字等诉说喜欢它的理由,展现树木背后的故事,通过各种形式向大家展现自己的才艺。高一、高二学生以班级为单位自发组队,共有 19 组学生参与"校园植物限时"寻活动,校园绿植管理员俞建平担任活动评委。学生在限定时间内寻找指定的植物并统计其在校园内的数量,活动中须在 5 个指定地点完成打卡。学生们奔跑在校园的每个角落,认真寻找、鉴定、统计指定植物。在"班级绿台植物分享"活动中,班级学生以班级绿台植物或其他家里自带植物为介绍对象,向大家分享关于绿植的小故事,或者是关于植物的养护小知识、植物的科普知识等。而在"校园植物我来栽"活动中,7 位学生代表在学校的精品果园种植了 3 棵猕猴桃树。这不仅是猕猴桃树的新老更替,更是学生们为践行"双碳"目标付诸的行动。

- **世界水日**

2023 年 3 月 22 日是第 31 届"世界水日"。1993 年,第 47 届联合国大会确立了"世界水日",该节日的创立旨在唤起公众的节水意识,加强水资源保护,解决日益严峻的缺水问题。3 月 19 日下午,上海师大二附中与共建结对单位上海化工区中法水务公司共同开展了以"护水行动,你我同行"为主题的世界水日活动。在参访活动中,精心设置了"喝对水喝好水"我来学、"各项水质指标"我来测、"智慧环境中心"我来看、"护水行动你我同行"我来讲三个环节。在"喝对水喝好水"我来学环节,学生们结合身边实例积极提问,如:工业水和生活污水处理的区别是什么？水处理行业的就业前景如何？……在"各项水质指标"我来测环节,每个小组分工合作,在讲师的指导下,分别对蒸馏水、自来水、矿泉水三种水质的指标进行检测,并向其他小组分享实验结果。在"智慧环境中心"我来看环节,学员和教师走进"智慧环境中心",观看水处理的各个环节。

今天来到上海化工区后,我彻底扭转了之前对它的刻板印象,原来这里入目皆画卷,遍地皆鲜花。草坪上甚至歇息着生活区少见的乌鸦鸟。随着了解不断深入,它一次次刷新我的认知——环境整洁、设备先进、技术发达、净水系统完善……最让我惊讶的是他们还有一套太阳能发电系统,那时我一下子觉得"双碳"在我心中似乎不再只是一个口号,在这里我听到了、看到了,也感受到了,工厂都在为实现这一目标而努力奋斗。中法水务公司只是我们国家践行"双碳"的一个缩影,透过它,我看到了许许多多公司践行"双碳"的努力。"空谈误国,实干兴邦",对于实现"碳达峰、碳中和",中国不是说说而已,中国确实在努力实现,说到做到。

——学生马锦成

在周日的研学活动中,我们通过一个个有趣的实验,看到了水中的微生物世界,学到了课本上学不到的知识。当通过实验得出自来水、饮用水中的ATP数值时,我感到神奇又震惊。随着科技的进步,现代工业越来越发达,环境问题也愈加严重。现如今水资源十分有限,我们所做的危害环境的事情,未来就会如蝴蝶效应一样扩大,最终危害到自己。因此,我们要从小事做起,节约用水,保护环境,这也是世界水日的意义所在。因此,我想呼吁大家保护环境,让我们共同创造一个绿色的家园!

——学生昝婷瑞

● 世界气象日

"3·23"世界气象日来临之际,学校特色选修课程"小小预报员"的全体学员和创新素养培育基地学员赴金山区气象科普馆开展研学活动,近距离感受"智慧气象"。金山区气象局科普馆是金山区科普教育实践基地,也是学校创建的"第八届全国气象科普教育基地——示范校园气象站"的重要支持单位。在气象观测站站长的带领下,学生零距离参观了位于张堰百家村的地面气象观测场,学习各气象要素的主要观测设备和观测方式。观测场内的风、雨、雪、辐射、能见度等观测设备都已实现数字化和自动化,可以精确实时获得连续的观测数据。现代化的观测条件为气象预报的准确性奠定了基础,也为生产生活服务提供了更好的指引和保障。

通过这次参观,我充分感受到了如今天气与人类的联系越来越紧密。

科技的发展使观测仪器的精确程度日益增强，满足了人们对天气预报的准确性要求，体现了人们日益增长的美好生活需求与科技的进一步融合。

——学生张佳怡

在气象观测站站长的介绍下，我们对现代化的观测仪器的使用方法以及各种测量指标有了全面的了解，懂得了在获取这些观测数据指标的过程中我们需要进行合作探索、共同讨论，才能得到更准确、更有价值的天气预报结果。

——学生俞轩雅

- 爱鸟周

2023年的鹦鹉洲观鸟——"爱鸟于心　护鸟于行"不光是学校年度特色节庆日，同时也是第42届校园爱鸟周系列活动。在该次活动中，学校特色办组织创新素养培育基地学员前往上海鹦鹉洲湿地开展研学实践活动，并特别邀请到上海自然博物馆葛致远博士作为专家进行指导。在活动开始之前，学员们充分利用博物学习空间内的鸟类标本进行细致的观察与识别训练。随后，通过分组进行的鸟类识别竞赛，不仅巩固了对鸟类的认知，更对上海市常见的鸟类形态特征有了更深入的了解。抵达鹦鹉洲后，葛致远博士亲自带领学员们实地观察，传授观鸟、识鸟的专业技巧。学员们则用望远镜进行分组观察，并借助电子设备和笔记本详细记录鸟类的种类及行为状态，为今后的学习与研究积累了宝贵的实践经验。

图3-6　第42届校园爱鸟周系列活动

七、多元评价方式，契合生态科技知情意行

学校注重以评价转变带动育人方式的变革，采用"学分制"管理、"积分制"评价等多元评价方式，尝试开发基于德、智、体、美、劳框架的特色课程评价指标

体系等,促进评价方式转变。

(一)"学分制"管理制度

"学分制"不仅保证学生的学科课程负担在合理范围内,也能够衡量学生在特色发展、社会实践活动等方面的经历和发展水平。比如,为了既要体现对学生艺术素养的培育,又要关注美术、音乐等方面的兴趣专长,学校坚持共同基础与个性发展兼顾的原则,要求每位学生须在高中阶段完成 6 个必修学分的学习。综合类选修开设不得少于 8 个学分,主要由特色校本选修(TEACH 课程)、生态科技实践周、参与专业机构高端研究、社团活动、竞赛项目、心理健康、生涯指导等课程构成。学生的生态科技教育学习经历、安全实训经历、社区服务与社会实践经历、生态研究、自然体验、科学诠释、宣传演讲、表演示范等经历都能够在学分中有充分的体现。

(二)特色课程评价

基于学校的特色育人目标,建构特色校本课程体系,学校特色办为此制订了专门的管理评价方案。

课程开发的管理评价要点如下。

第一,特色课程开发前,首先进行课程开发的价值认证与审批。

第二,特色课程正式实施之前,要进行特色课程开发质量的评估,主要审核课程开发的质量和课程教材的质量,严格把关。借助泰勒分析框架,从课程目标、课程内容、课程组织、课程评价四个维度来评价课程开发的基本质量。通过的课程进入教学实施环节。

第三,还需进行特色课程与学校其他类型课程的平衡关系的评估与认证,即总体把握学校课程体系的均衡与特色等方面。

课程实施的管理评价要点如下。

第一,对课程实施情况的教师自评。

第二,对课程实施效果的学生评价。

第三,对课程实施综合情况的督导评价。

第四,基于上述三方面的动态信息汇总,进行课程实施质量的动态管理,建立课程质量不断提升的机制。

(三)学生学习评价

学校积极完善生态科技课程评价方式,将其与基于德、智、体、美、劳框架的课程评价指标体系经典框架融合,根据德、智、体、美、劳的经典框架开发一维指标,匹配生态文明素养的"知、情、意、行"四个方面,具体表现为:德——生态美德;智——科技知能;体——科技探索;美——生态审美;劳——劳动实践。采用"概念分析"的方法,遵循"内隐—外显"的框架,基于一维指标的呈现,开发二维指标各四项,具体内容见下图。

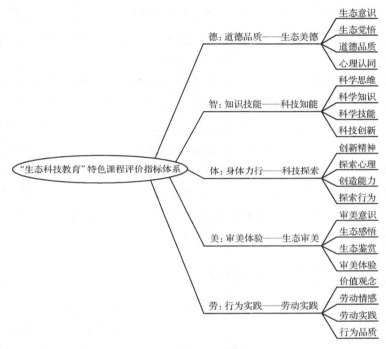

图 3-7 "生态科技教育"特色课程评价指标体系

根据基础需求课程、兴趣发展课程,学校制订了学生学习评价表,分别从课堂行为、成果展示等方面进行评价,评价结果分为优秀、良好、合格、不合格四个等第。

针对创新素养培育基地的学员,根据生态文明素养的内涵,结合中学生的认知程度,分别设置知识型、实践型、技能型和研究型四个维度的课程,即基础课程、野外考察课程和其他活动(小课题研究、竞赛及科普考察活动)三个层次,以教师评价、小组评价和自我评价相结合的方式进行。其中基础课程占30%,由课时、表现及作业质量衡量;野外考察占30%,由考察任务及小组中的表现确定;其他活动占40%,由课题研究、竞赛及科普考察活动确定。教师依据学生在每一门课程和实践活动过程中的具体表现给予客观评价;小组成员之间通过交流、相互评价等方式对每一位成员的表现给予相应的积分,学员通过与同伴间的交流和比较对自身的表现做出客观的评价。

第四节　生态科技与国家课程的融合

融合生态科技在智育国家课程中的探索可以通过不同学科来实施。比如，在地理课程中，教授学生关于气候变化、碳排放、碳汇等相关知识，并组织实地考察活动，让学生深入了解生态系统的碳循环过程；在生物学课程中，引入生物多样性保护、生态系统服务等生态科技概念，组织学生进行校园生态调查，培养学生对生物多样性的关注和保护意识；通过化学课程，教授学生关于温室气体、有机合成材料等与生态科技相关的知识，并组织学生进行实验，探究绿色化学在生产中的应用；在物理课程中，引入可再生能源、能源效率等生态科技概念，组织学生进行太阳能、风能等可再生能源的模型制作和实验；在语文、历史、思想政治学科中，结合相关课程，组织学生进行与生态科技相关的阅读、写作、讨论等活动，培养学生的生态意识和社会责任感。以下选择英语、地理、化学、物理几门课程进行展示。

一、生态科技与英语学科的融合

学校英语组教师积极发掘生态科技与英语学科的融合点，在高一、高二的课程中积极融入生态教育的概念性知识和理念。英语课程与生态科技的结合点可以体现在以下几个方面：加强跨文化理解，通过英语课程的学习，学生可以了解不同国家和地区在生态科技领域的先进理念和实践，如碳中和、可持续发展等，从而拓宽国际视野；通过环境主题阅读，选择与环境主题相关的英语阅读材料，如环保政策、气候变化、生物多样性等，让学生在提高英语阅读能力的同时，学习生态科技知识；设置环境议题讨论，组织英语课堂上的环境议题讨论，让学生运用英语表达自己的观点，在提高他们的英语口语表达能力的同时，增强他们的生态意识；进行生态科技词汇学习，教授学生生态科技相关的英语词汇，如"碳循环""生态足迹""可再生能源"等，为学习后续双语课程打下基础；提高环境主题写作能力，让学生撰写关于生态科技主题的英语短文，如"校园绿化""低碳生活"等，培养学生的英语写作能力；进行环保主题演讲，组织学生进行英语环保主题演讲比赛，培养学生的英语演讲能力和生态意识；选择英语环保主题的视频让学生欣赏，在提高学生英语听力水平的同时，帮助学生学习生态科技知识等。以下仅列举高一的英语新教材第一册课题融合点进行展示

（表3-7）。

表3-7 高一英语课题融合点

课题	教学实践	融合目标	
	单元主题	生态教育	生涯指导
U1 Our world 1.（Reading）Life in a day 2.（Listening）Two students' volunteering experiences 3.（Writing）Writing an informal letter about your new school life 4.（Cultural focus）How to study culture	本单元主题为"我们身边的世界"，各板块均围绕这个主题展开。 1. Reading 语篇属于"人与自我"主题语境，描述世界各地人们平凡的一天。学生通过文章的三个核心问题联系自己生活实际，反思自己人生中的珍爱与畏惧，审视和思考生活的真谛。 2. 听力板块中就两位志愿者的故事进行介绍，在课堂中学生也需要就一个志愿者项目进行口语练习。 3. 在写作板块中，学生需要写一篇非正式的稿件，介绍自己的高中校园生活。 4. 在文化聚焦板块，语篇属于"人与社会"主题语境。学生了解四个文化要素，明晰如何从多角度看待文化的差异性与相似性。学习语篇后，学生需要从4个文化要素来介绍学校校园文化。	1. 培养学生正确认识自我，发展自尊自信、理性平和、积极向上的良好心态。 2. 引导学生关注公益活动，养成热心助人的良好品质。 3. 引导学生注意观察生活细节，去发现其中的相同点和不同点。另外，带领学生了解学校特色——生态科技教育，并进一步提升生态文明素养。 4. 培养学生形成"文化多元""文化包容"的意识，能够从多角度了解、学习各种文化，并建立文化自信。	1. 帮助学生正确认识自我，正确处理个人与他人、个人与社会的关系，确立符合社会需要和自身实际的积极生活目标。 2. 培养学生形成和提升社会责任感，形成正确的世界观、价值观和人生观，团结互助，友爱他人。

(续表)

课题	教学实践	融合目标	
	单元主题	生态教育	生涯指导
U2 Places 1.（Reading）Where history comes alive 2.（Listening and speaking）Talking about acts of kindness	本单元的主题是"不同的地方"，所选材料均围绕世界上不同的地点以及它们背后的历史与文化展开。 1. Reading 语篇属于"人与社会""人与自然"主题语境，介绍了中外两座历史名城的地位和特征。通过阅读文本，学生了解两座城市在过去与现在的重要性及城市特征。 2. 听说板块训练学生能够用自己的话描述生活中友好的行为。	1. 引导学生思考历史文明与现代文明如何实现和谐统一、有机融合。 2. 通过分享生活中善意的小事，学生将会在未来生活中更加关注美好的小细节，并做一个乐于帮助他人的好心人。	通过阅读聚焦祖国风貌、文化历史的文本，学生从中接受爱国教育，帮助学生坚定文化自信以及开拓视野，做未来的创造者。
U3 Choices 1.（Reading）The good, the bad and the ugly 2.（Cultural focus）New way of eating: online food delivery services	本单元主题为"选择"，所选材料围绕食物的选择与环境保护展开。 1. 通过阅读语篇，学生学习了3个产生碳足迹的途径。读后活动"给自己的冰箱分类"让学生从环保的角度来重新审视自己的生活习惯。 2. 文化聚焦板块介绍了选择网上订餐的利与弊。教师通过课堂阅读设问让学生思考如何将外卖行业建设得更环保。	1. 呼吁学生在选择食物时注意食物的碳排放，通过改变自己的行为，成为低碳环保的践行者。 2. 倡导学生选择健康、环保的饮食方式，为自然的能源损耗减轻负担。 3. 结合学校生态科技特色教育，帮助学生了解学校在减少碳足迹上所付出的行动，增强学生的环保意识。	培养学生爱护环境、节约资源的良好意识，灌输人与自然和谐共生的理念。

二、生态科技与地理学科的融合

生态科技与地理学科的融合点颇多。在气候变化与全球碳循环的概念中，地理课程中教授学生关于全球气候变化的原因、影响和应对措施,如温室气体排放、碳汇、碳捕捉等生态科技知识;在生态系统服务与生物多样性的板块中,引入生态系统服务的概念,让学生了解地理环境对人类生存和发展的重要作用,以及如何通过生态科技保护生态系统;在资源与环境可持续性中,教授学生关于资源利用与环境保护的知识,如水资源管理、土地资源利用、矿产资源开发等,让学生了解地理环境与生态科技的关系;在城市环境与规划中,介绍城市环境问题,如雾霾、交通拥堵、垃圾处理等,让学生了解地理环境在城市规划和管理中的重要性;教授学生关于可持续发展的理念,让学生了解如何通过生态科技实现经济发展与环境保护的平衡;引入生态足迹的概念,让学生了解人类活动对地理环境的影响,以及如何通过生态科技减少生态足迹;教授学生如何使用地理信息系统等现代科技手段进行环境监测,如遥感、GIS等;在低碳技术与地理环境中,介绍低碳技术,让学生了解地理环境与低碳技术的关系。

  以下选择基于"气象预报员"项目的地理学科单元设计探索的课程设计进行介绍(表3-8)。该课程的设计老师为陈伟文。他从思维整体性的视角出发,立足"大气"相关的必修与选择性必修课程的核心知识,依托学校数字气象站等创新实验室和上海中心气象等共建单位的实践活动,整合必修课程和特色选修课程("气象灾害与预警""小小预报员")中的利于地理核心素养形成的学习内容,以"气象预报员"的角色扮演和天气预报体验实施项目化学习来建构单元,力求科学性、实践性、时代性的统一,巧妙地为生态科技和地理学科架起链接之桥。

表3-8 "气象预报员"项目的地理学科单元设计探索

	"气象预报员"项目的地理学科单元设计探索

课程目标	高中地理"大气"部分相关内容在整个知识体系中较为独特,具有要素多元性、区域差异性、组成复杂性和时空广大性等特点。
	  "地球上的大气"作为高中地理学习的重要组成部分,在整个教学活动中占据着不可替代的地位,主要知识内容是大气运动、气压带、风带、天气系统和气候变化等,是人与自然和谐相处的重要基础,核心知识、概念较多,学生缺乏逻辑感知和实践活动,容易导致学生在学习过程中产生障碍和疑惑。
	  新改版教材将"大气"相关知识分别纳入必修和选择性必修,以达到降低学习难度的目的,但是客观上也导致了前后知识的脱节,影响了学习理解的效果。
	  当前环境问题,尤其是极端天气多发,学生对此感受极深,也有充分的探究欲望。为此,学校建设了数字气象站,申报成为第八届全国气象普及教育基地——示范校园气象站。以"气象预报员"项目学习来重整"大气"的单元设计,将能借助科技仪器和共建单位的支持,有利于将较为分散的核心概念和实践活动组建成一个层层解构、层层递进的逻辑整体,构成一个由体验、探究、知识建构、应用展示等组成的学习过程,达成培养科学精神、人地协调、实践创新、综合思维等素养的目标。

(续表)

课程要求	本项目从思维整体性的视角出发,立足于与"大气"相关的必修与选择性必修课程的核心知识,依托学校数字气象站等创新实验室和上海中心气象等共建单位的实践活动,整合必修课程和特色选修课程("气象灾害与预警""小小预报员")中的利于地理核心素养形成的学习内容,以"气象预报员"的角色扮演和天气预报体验实施项目化学习来建构单元,力求科学性、实践性、时代性的统一,满足学生兴趣、特长的培养和未来学习、工作、生活的需求。
学习内容	1. 热力环流 2. 气压与风 3. 锋 4. 气旋、反气旋 5. 三圈环流(气压带、风带) 6. 气候类型分布 7. 气候特点与景观 8. 季风气候 9. 暴雨、寒潮、台风等气象灾害 10. 防御指南 11. 科学论证与表达
阶段问题	一、如何认识天气形势图和卫星云图? 1. 了解热力环流的形成,寻找身边的例子。 2. 对等压线与风(风向、风力)进行判读与预报。 二、做一次寒潮或台风的天气预报。 1. 做锋面系统与天气现象的预报。 2. 做气旋、反气旋与天气现象预报。 三、趋势预报——今年会是一个"寒冬"吗? 1. 绘制一个三圈环流图。 2. 探究不同气压带、风带地区的气候特点。 3. 为什么我国北回归线附近的气候与同纬度其他地区不一样? 4. 做一份"上海地区引种植物适宜性"调查。 四、极端天气预报与预警。 1. 暴雨预报与预警发布。 2. 寒潮、台风等灾害性天气如何防御? 五、一周天气预报/某体育赛事(如上马、亚运会)的预报。 1. 气象资料会商。 2. 预报发布(成果分享)。

三、生态科技与化学学科的融合

生态科技与化学学科的融合点颇多。在环境化学中,教授学生关于大气化学、水化学、土壤化学等环境化学知识,让学生了解化学在环境保护中的作用;在绿色化学中,介绍绿色化学的基本原则和理念,让学生了解如何在化学反应中减少或消除有害物质的使用和产生;教授学生关于废水、废气、固体废物等污染物的化学处理方法,让学生了解化学在污染控制中的作用;涉及环境监测等相关内容时,教授学生如何使用化学分析方法进行环境监测,如气相色谱、液相色谱等;涉及新能源材料等内容时,介绍新能源材料(如锂电池、燃料电池等)的化学原理和制备方法,让学生了解化学在新能源领域中的应用;涉及清洁生产时,教授学生关于清洁生产的基本原理和实施方法,让学生了解如何在生产过程中减少化学污染;涉及化学循环经济时,介绍化学循环经济的基本概念和实施策略,让学生了解如何实现化学资源的循环利用;涉及化学与气候变化时,教授学生关于温室气体、碳捕捉与封存等化学与气候变化相关的知识……学校化学老师王正平在化学学科知识的教学基础上,与生物学进行了跨学科融合,并注重教学中进行五育融合,研发了化学校本特色选修课程"一片叶子的神奇之旅"(表3-9)。

表3-9 "一片叶子的神奇之旅"课程大纲

	"一片叶子的神奇之旅"课程大纲
课程理念	1. 注重生态意识的培养 　　本课程目的在于培养学生注重环境与生态平衡。通过学习课程中的相关单元,学生对身边的环境问题有自己的理解,能够考虑从化学的角度解决环境与生态的问题。 2. 注重动手能力的培养 　　在整个课程学习过程中,设计了许多学生实验。鉴于学生刚刚接触化学才一年多,可以说动手实验能力还有待提高。所以,在系列实验过程中,逐渐培养学生的动手能力,争取在课程结束时学生能有一定的动手能力。 3. 注重学生自主学习能力的培养 　　希望通过本课程的学习,学生能够在教师引领下进行一定程度上的自主性学习,通过不断地学习新知识,顺利地完成从准备创新到体验创新和自主创新阶段的过渡。
课程特色	在知识层面,我们让学生能够对课本的化学知识进行了解的同时,融合生物学教材基础知识,了解化学技术在生物领域的应用。如"叶绿素的分离"一课,就是从生物学课上的纸层析过渡到有机化学中常用的柱层析,对知识进行了适当的拓展延伸,让实验从验证存在到分离提纯。 　　在技能层面,我们通过大量的实验,帮助学生将所学知识转化为实践操作技能,注重培养学生动手能力和实验探究精神,让学生将化学与生物学学科中所学的知识运用到实践操作中。 　　在思维层面,我们通过课程设计,培养学生的科学思维和创新精神,让学生不断思考如何将所学的化学与生物学知识应用到生活和实践中,并不断发现和解决新问题。 　　在情感层面,我们注重学生人文素质的培养,通过教材和案例反思,让学生认识到科学的局限性和伦理问题,培养强烈的社会责任感和团队合作意识。 　　在美育层面,我们通过探究生物学和化学中优美的自然现象,唤醒学生对生命和反应背后的奥妙的感知和欣赏,提高他们关注环境、生命和文化的意识。

(续表)

教学内容	• 单元1　叶脉书签 1. 引言和安全教育 2. 叶子的构造、叶脉书签的制作和保存 3. 叶脉书签画 4. 晴雨叶脉书签 5. 银叶子实验 6. 金叶脉书签 • 单元2　叶子中的色素 1. 紫甘蓝指示剂 2. DIS及传感器的使用方法、叶绿体研究 3. 分光光度法原理及分光光度计使用 4. 硅胶柱的使用、叶绿素的分离与研究 • 单元3　茶叶的研究 1. 如何设计课题 2. 如何进行文献检索 3. 论文撰写的结构和书写要点 4. 茶多酚的提取实验 5. 茶多酚的提取与性质的研究 6. 茶叶中如何提取咖啡因 7. 提取咖啡因的影响因素 8. 自主探究

四、生态科技与物理学科的融合

生态科技与高中物理学科的渊源颇深。在高中物理课程中，可以结合可再生能源（如太阳能、风能、水能等能源）的知识，教授学生关于能量转换和能量守恒定律的知识，并组织学生进行相关的实验和探究；引入环境监测的相关知识，教授学生如何使用物理仪器进行空气、水质等环境监测，培养学生的实践能力；可以教授学生关于节能技术、清洁能源等低碳技术的物理原理，让学生了解物理知识在生态科技中的应用；可以教授学生关于新型环保材料（如碳纤维、纳米材料等）的物理特性，让学生了解物理知识在材料科学中的应用；可以引入智能电网的相关知识，教授学生关于电力传输、电能转换等物理原理，让学生了解物理知识在智能电网中的应用；教授学生关于电动汽车、轨道交通等绿色交通的物理原理，让学生了解物理知识在交通领域中的应用……以下对学校韩旭艳老师的"太阳能发电的科普与创新"课程进行介绍（表3-10）。

表 3-10　"太阳能发电的科普与创新"课程纲要

	"太阳能发电的科普与创新"课程纲要
课程性质	随着科技的发展,新能源越来越多地进入我们的生活。当我们从有限且有污染的石化燃料转移时,清洁、可靠且可担负的可再生能源(如太阳能发电)将成为我们能源供给的支柱。太阳能光伏发电是目前新能源发电中较受关注的领域,也是新能源开发与利用的重要组成部分。 　　在中学基础物理知识及基本电路的基础上,本课程着重介绍光伏发电系统的原理、组成、设计以及安装利用。通过本课程学习,学生能够掌握一些光伏发电系统的基本原理以及设计方法,了解太阳能电池材料研究的学科前沿,拓宽学生视野,激发学习兴趣。
课程理念	1. 依托学科知识基础 　　在初高中阶段,学生对电学、能源能量等都有学习。在本学科中,学生能够充分认识到物理学科知识在新科技中的延伸和拓展。 2. 注重动手能力的培养 　　在太阳能产品的制作过程中,注重培养学生的动手能力。从机械的切割到电工的焊接,从探究性的实验操作到自主性的实验创新,本课程注重学生动手能力的培养。 3. 体现新科学、新技术的精神 　　太阳能发电技术是一门新技术。本课程有丰富的课堂设计实验,在这些实践活动中学生需要自己动手采集数据并进行数据处理,开展科技创新活动。本课程的设计使学生在巩固理论知识的基础上进一步了解科学研究的基本思路、方法和技能,增强科研创新的意识和能力。 4. 引导学生自主学习 　　新课程的学习更注重学生的自主性学习、教师科学的引领,让学生从准备创新到体验创新和自主创新阶段不断提高自主学习能力。
课程目标	1. 通过太阳能基础理论知识的学习,知道太阳能发电系统的结构和组成部分的大致原理。 2. 通过电子电工相关知识的补充学习,了解电工机械类的工作原理。 3. 在太阳能学习的准备创新实验中,培养科学实验的态度。 4. 通过动手制作太阳能产品,提高学生的综合动手能力。 5. 在体验创新过程中,进一步加深对太阳能电池板原理的学习。 6. 在自主创新阶段,培养学生查阅整理资料和课题研究的能力。 7. 通过太阳能知识的学习,培养学生对新科学、新科技的研究兴趣。 8. 通过理论学习和动手实践,培养学生感受知识与生活的紧密联系。 9. 在小组合作学习过程中,培养学生互帮互助、小组协作的精神。 10. 在成果汇报环节中,发挥学生互相协作、各尽其能的团队合作精神。

(续表)

教学内容	1. 电子器件的学习 (1) 万用表的原理和使用方法 (2) 常见晶体二极管、晶体三极管的基本特性、引脚识别 (3) 电容器的特性、基本原理 2. 太阳能知识的学习 (1) 太阳能的认识 (2) 太阳能的利用方式 (3) 太阳能的光电转换 (4) 太阳能小车运行的工作原理分析 3. 太阳能电池的概况 (1) 电池原理 (2) 电池的构成材料 (3) 太阳能电池的种类 (4) 实践活动：电池转化效率的测量与计算 4. 太阳能电池的电学特性 (1) 太阳能电池基本电学特性 (2) 学生活动：太阳能电池基本特性的研究 5. 简单太阳能机器人的原理学习和制作 (1) 工作演示、工作原理 (2) 器材准备 (3) 制作过程 6. 光伏系统的组成部分 (1) 光伏系统的主要组成部分和功能 (2) 光伏发电系统的配件部分及功能 7. 光伏系统的类型 (1) 离网发电系统 (2) 并网发电系统 (3) 混合系统

第五节　生态科技启智的实际成效

"国际生态学校""节约型公共机构示范单位""上海市文明校园""上海市中小学劳动教育特色学校"等荣誉称号是上海师大二附中历年坚持融合生态科技的丰富注脚。学校教师和学生在融合生态科技成长的道路上不断斩获佳绩，以下按照教师获奖及感悟、学生获奖及感悟进行展示。

一、教师成长足迹

学校致力于培养具有强大学习能力的教师,具有一定教育研究素养的研究型教师,现已培养出一支教学能力优秀、专业素养强、关爱学生的教师队伍,并将持续打造"生态科技教育""融合育人"等特色课程和跨学科项目开发方面的实践型教师队伍。学校现有专任教师115名,其中正高级教师1名、高级教师34名、区拔尖教师1名、区学科导师7名、区学科骨干教师18名、五育融合种子教师5名。学校不断加强师资队伍建设,教师们积极参加市级、区级各项比赛以及评选,上海市教学评选奖项中,学校多名学科教师获得教学评选活动一等奖、二等奖等,展现了学校教师积极进取、朝气蓬勃的精神风貌。学校多名教师的课例在"一师一优课、一课一名师"活动中被评为优课;5名教师参与上海市空中课堂录制;5门课程在上海市高中名校慕课平台上线。

学校围绕"生态科技教育"特色,聚焦教育改革实践中的重大问题,坚持问题导向、创新驱动,充分发挥教育科研创新理论、服务决策、指导实践的重要功能,推动学校的可持续发展。通过课题(项目)生成,推动学校教育教学工作提质增效。近年来,学校立项上海市教育科学研究一般项目1项,上海市青年教师课题7项,金山区教育科学研究重点项目5项、一般项目14项、规划项目45项。在每年的"上海市园丁奖"评选中,学校多名教师在教育事业中做出突出贡献,获得"上海市园丁奖"称号。冯敏等荣获"上海市中小学和中等职业学校优秀班主任"称号。沈妍等荣获金山区"育苗杯"班主任基本功大赛一等奖。多名教师在金山区匠心教师评选中荣获"金山区匠心教师"称号。

在融合生态科技课程建设的道路上,学校教师积极更新教育观念,充分认识到生态科技教育的重要性,将生态科技融入学科教学之中;通过教研组磨课等多种形式,组织教师参加生态科技相关的培训,提升教师的专业知识和教学能力,不断充实自我,为更好地教授生态科技课程做好准备;积极结合国家课程标准和学校实际情况,开发适合学生的生态科技课程资源,包括教学设计、课件、案例等;采用探究式、项目式、合作式等教学方法,激发学生的学习兴趣,培养学生的创新思维和实践能力;积极与家长沟通,争取家长的理解和支持,共同培养学生的生态意识和环保行为;积极参与生态科技相关的科研项目,以科研促教学,提升教师的专业水平……通过多种形式,促进学校融合生态科技课程的开发及建设,教师在成长的过程中也形成了自己对融合生态科技及课程的独特感悟。

以下节选学校数学老师张利贤的感悟进行分享。

数学是一切自然科学与工程技术的基础,它与信息、经济、金融、管理、计算机等自然和社会科学学科有着密不可分的联系,是当代科学技术革命领军者之一。数学也是一门思维严谨、逻辑性强、高度抽象的学科,这门学科为学生的智育发展和提高提供了非常重要的素材;高中数学蕴含着数与形的美,数学史蕴含着我国古代的辉煌文明,蕴含着美育、德育等素材。数学也是一门需要辛勤"劳动"方可掌握的学科,也蕴含着许多劳动教育素材。在融合育人的理念下,教师可以结合数学本身特点,整理、利用它所蕴含的大量的育人素材,在数学课堂教学实践中有机渗透,进行全面的融合育人。计算机、科学技术的发展都离不开数学,而国家的发展离不开科学技术的支撑。因此,在融合育人的数学课堂教学中适当地渗透生态科技教育是必要的,也是新时代教学对融合育人的迫切要求。

作为一线教师,在以后的教学中,我们需要慎重思考的问题是:如何把"五育"无痕地融入我们的教学实践中,如何有机渗透生态科技理念。我想,在数学课堂教学实践中,培养全面发展且具有生态文明素养的适合未来发展的社会主义接班人,也是我们教师的使命和担当。

二、学生成长足迹

学校非常重视对学生综合素质的培育,尤其是对创新精神和实践能力、生态文明素养的培育。为此,学校持续组织学生参加明日科技之星、上海市创新大赛、未来工程师大赛等科技竞赛,以及壳牌美境行动、国际自然保护周、"美丽上海——我是行动者"等生态环保类竞赛。各项生态科技比赛覆盖率达40%左右,近6年来,学生获得市级及以上奖项500余项,多项比赛获得国际和全国奖项。

学校学生在第7届国际青少年教育机器人奥林匹克竞赛中包揽机器人舞蹈赛一等奖(冠军、亚军和季军),荣获WER2017赛季世界锦标赛积木教育机器人赛高中组三等奖。

在国家级赛事层面上,学校学生在第13届全国青少年教育机器人奥林匹克竞赛中荣获轮式机器人F1超级竞速赛一等奖(冠军)、第14届全国青少年教育机器人奥林匹克竞赛暨第36届ROBOONE国际机器人竞赛和第8届国际青少年教育机器人奥林匹克竞赛机器人舞蹈赛一等奖(冠军)、"TI教育科技创新

第三章　生态科技启智：构建特色课程体系，加强学科生态渗透

大赛"一等奖、2023年全国青少年电子制作锦标赛一等奖等，共计获奖50余人次。

在市级赛事层面上，学校学生屡次在上海市青少年创新大赛、上海市明日科技之星、上海市未来工程师大赛等比赛中取得突破。在第37届上海市青少年创新大赛中，陆佳同学的课题"基于RF射频通信的一款可数据化的颜料配比装置"荣获上海市一等奖和5项专项奖；祁千千同学的课题"上海师大二附中夏季蜜源植物及传粉昆虫多样性研究"荣获第20届明日科技之星评选活动"明日科技之星"称号；莫奕康同学设计的"羲和号"月面可移动实验室荣获上海市第18届未来工程师大赛一等奖；俞萌萌荣获庄臣杯上海市青少年"绿色生活行动"——TED报告项目一等奖、演讲项目一等奖；顾鑫、杨奕晴等同学在2023年全国青少年电子制作锦标赛中荣获一等奖；刘子皓、钱隆等同学获2022—2023学年全国中小学信息技术与实践大赛上海赛AI天工造物一等奖；陆馨同学的课题入围第18届宋庆龄少年儿童发明奖国赛。30位同学成为上海市小研究员，薛裕辰、祁千千、陆汤慧三位同学分别参加第四届、第五届、第六届世界顶尖科学家论坛——T大会，与顶尖科学家对话。

图3-8　学校部分学生获奖证书

周佳宁同学曾获第十八届上海市明日科技之星评选活动"明日科技之星提名奖"，她是上海市青少年科学研究院小研究员。在其感悟中，她说道：

整个2019年对于我本人而言是发现自己新的一面的一年。在暑期参与少科站之前，我关心的只是如何提高学业成绩，而忽略了挖掘自身的更多可能。

很庆幸,难得的少科站的经历让我拥有更多提升自己的机会。

在少科站中,我参与了一项有关非均相芬顿降解污泥的课题研究。这是一次全新的体验,脱离了教科书,只凭借手中的文献资料以及导师的讲解来进行专业的科学研究。说实话,在这之前我从未有过这方面的经验。

学习研究期间,从了解实验相关背景及注意事项,到动手操作、关注实验细节,最后通过数据比对总结实验结论,我总是显得非常紧张。或许是害怕不能达到自己心里的预期,面对很多不理解之处,我并没有及时向导师进行反馈。然而,当我真正开始身着实验服亲手做实验时才幡然醒悟:从事科学研究,永远秉持的是一种严谨细致、一丝不苟的态度,至少每一步都是了然于心的。之后,我便渐渐开始不懂就问,在与导师建立友好辅导关系的同时也逐渐摆正了自己对待科学研究的心态。

通过一段时间的学习,我对于所持有的研究项目已然变得熟悉。之后,我便参加了明日科技之星的冬令营。在此期间,我把课题进行细致化的处理及深入的研究学习。由于对课题有了较好的掌握,在与专家进行交流讨论的时候我显得没有那么窘迫,虽然还会有一知半解的地方,但我都会积极向老师进行请教。在辅导老师专业的提议下,我对论文和演示文稿进行了一次次的修改与打磨。沉下心来,我开始领略到科学研究的魅力。当我面对专家老师进行课题答辩时,举手投足间我开始感受到科学研究的奥秘。那种感觉颠覆了我对科学研究的认识,原来做科学研究也可以很有趣,也可以让人感到身心愉悦。

第四章　生态科技健体：
挖掘生态健体活动，营造科学健体"绿洲"

王维笔下写道："溪畔谁家少年游，落花逐水笑悠悠。蹴鞠飞燕双双舞，秋千荡漾绿荫稠。不须清明上巳日，春光游戏乐无休。"寥寥数语，绘就了少年戏耍的图景。秋千在垂柳间摇曳着、翩跹着，随着那诗句在舌尖颤抖，那抹纤细轻柔的绿意也要一同飞入云端。少年们在阳光下尽情嬉戏，以"蹴鞠屡过飞鸟上"为乐……这是一千余年前体育游戏的乐趣，更暗含了人与自然和谐共处的理念；这是一千余年前以蹴鞠技术为代表的科技，更是以天空中的飞鸟、秋千边的垂柳和溪水边的少年构成了一幅生机盎然的画卷。这种和谐共生的意境，细究渊薮，可谓是与融合生态科技的精髓不谋而合。而数千年之后，这种和谐融洽的体育氛围在新的时代背景之下又该如何构建呢？

第一节　生态科技在体育中的价值

在体育世界里，生态科技正释放出它无尽的魅力与活力，从"理念"到"方式"，再到"环境"，生态科技正在为体育带来前所未有的多维度突破。它引领着健康生活的潮流，让运动的理念焕然一新；它创造着绿意盎然的运动环境，营造出生态化的健体氛围；它还在不断更新着科学健身的方法，揭示出隐藏在运动背后的奥秘。

一、生态科技促理念，倡导健康生活方式

科技的威力与日俱增，生态环境导致的冲突日益尖锐，人们生活观念发生了巨大变化，多种叠加的新现象、新问题在体育领域不断出现，体育的发展何去何从，对于新一代的体育观念、生活方式该如何塑造，怎样平衡以科技为代表的新体育和以场地为依托的旧体育的关系，已然成为体育自身发展不得不解决的

新课题。一方面,一系列技术通过虚实融合等方式激发了体育发展的想象力,为体育建设搭建了一个体育技术的乌托邦[①],在技术与体育互动中实现全面发展,使得文明价值、人本价值等在数字、技术中得以彰显。另一方面,体育技术的泛滥带来的体育异化同样引起了人们的关注,人们倡导重新回归到摆脱技术依赖的自然环境,充分开发当地的体育资源,在研学旅行、户外教育等教育形态中以巧妙的方式穿插其中,为体育发展增添绿色和生机。可以说,"生态"和"科技"是新时代体育的两个关键词,引领了两条不同但又有交集的体育建设之路。

"生态科技"作为一个由双名词拼接而成的组合名词,其内涵能指和所指不断变化。一方面,在时代的塑造下不断革新其自身的内涵和意蕴。另一方面,通过与其他大概念的融合,衍生出一系列次级概念,丰富了生态科技的概念群。体育与生态科技的融合在新体育和生态科技的交集下,在新时代迸发出勃勃生机,促进了理念的革新,进而引领生活方式向良性方向发展。对生态科技与体育结合的理念阐释离不开对生态科技本身的深度理解。可以通过"生态科技＋体育""生态＋体育""科技＋体育"三个方面进行阐释,概念图解见图4-1。

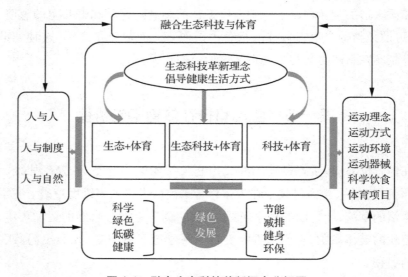

图4-1 融合生态科技革新概念分解图

(一)"生态科技＋体育"的丰富内涵

生态置于科技之前,揭示了科技发展的方向,突显了生态理念将贯穿科

---

① 李慧,雷强.体育元宇宙:未来体育发展的乌托邦畅想与反思[J].体育与科学,2023(2):9-15.

发展的全过程。生态科技的发展有助于推动自然生态系统实现良性循环,同时也能优化自然生态系统结构,构建先进的科技体系。生态学观念始终指引科技朝着更为清洁、节能、环保的方向发展,为人类创造宜居环境,提高幸福感。将生态化科技作为技术发展的导向和衡量标准,是新时代的必然趋势。在原始文明和农业文明时期,科技水平较低,人类依赖人力利用自然资源,满足基本生活需求。人们遵循"顺天而为""尽人事,听天命"的原则,对环境的影响较小。然而,进入工业文明时代,蒸汽技术的出现推动了大规模机器生产,人类物质欲望逐渐膨胀,不仅追求基本生存需求,还追求高品质生活。传统发展观念将人类需求置于首位,将科技视为满足需求的工具,追求经济利益最大化。这种粗放型发展模式虽旨在从自然中获取资源,却忽视了过度开采和排放对环境的破坏。生态科技的兴起解决了这一问题,可以说,生态科技本身即手段,又是最终的目的,具有融过程与结果为一体的双重性:一方面,指明了其发展的终极目标;另一方面,规定了前进的要求。生态科技的宗旨是发展高效、节能、环保的科技,兼顾经济效益和社会效益,尊重自然规律,改善生态环境,最大程度实现生态经济效益。总之,生态科技以生态学理论为基础,将经济、社会和人类可持续发展作为发展方向,努力构建清洁型社会。① 在 21 世纪这个充满挑战和机遇的时代,我国面临着经济、社会、环境等多方面的压力,在这一背景下,生态科技应运而生,成为推动我国绿色发展的重要动力。生态科技是一种以保护生态环境、促进绿色发展为核心的技术创新。它将绿色、低碳、循环等理念贯穿于科研、生产、消费等各个环节,以实现资源的高效利用和环境的可持续发展。在生态科技与体育的连接之桥中,生态科技通过强调绿色发展,提倡低碳、环保的生活方式,在生活、工作和学习中,遵循科学、绿色、低碳、健康的原则,倡导环保、节能、减排、健身等行为,增强人们的环保意识,推动绿色消费市场的培育,从而形成可持续的健康生活方式。

(二)"生态+体育"的大概念剖析

生态是研究生物群落及其与环境相互作用的学科领域,也是研究生物与环境之间相互关系的学科。ecology(生态学)一词源于希腊文 oikos 和 logos,是由德国生物学家赫克尔(Haeckel)于 1866 年提出的。oikos 意为"住所"或"栖息地",logos 表示"学问"。因此,从原意上看,生态学是研究生物"住所"的科学,涉及生物群落的结构和功能、生物种群的动态变化、个体生物的生存策略和适

---

① 李威.生态文明的理论建设与实践探索[M].哈尔滨:黑龙江教育出版社,2020:100.

应性,以及生态系统的组织和功能。生态学不仅研究自然生态系统,还关注人类活动对生态系统的影响,以及如何实现人类与环境的可持续共存。赫克尔在《普通生物形态学》一书中第一次正式提出"生态学"的概念,并将"生态学"定义为:"生态学是研究生物与环境之间关系的科学。"① 生态学关注生物体与其周围环境之间的相互作用,研究生物体在空间和时间上的分布、数量、种类、相互关系以及与环境的相互作用。20世纪以来,随着生态与其他学科的融合,在现代语义中"生态学"的定义也由"研究生物体与其周围环境相互关系的科学"发展为"从生物与环境相互作用的视点,研究生物多样性各种机理的科学",其研究内容已经从单纯的生物生态学发展到关心人类未来的科学;现代数学、物理学、化学和工程技术的渗透,使生态学从定性走向定量,从部分走向综合与交叉。当今时代,生态学正以前所未有的速度蓬勃发展。在原有学科理论和方法的基础上,生态学与自然科学及社会科学深度交融,不断拓展研究领域,实现纵深发展。②

当代的"生态"一词早已跳出1866年狭窄的定义,植根于不同的学科网络中,生成了以生态系统为核心,平衡人与人、人与制度、人与自然之间关系的复杂词汇网络。而"生态+体育"也可以在以上三个不同维度中进行进一步解读。第一,是人与人之间的体育生态。人是社会中的人,不同人因为不同目标而以有意或无意的形式凝结在一起,为朝向共同目标,形成在其之外的人所不能具有或支配的独特文化和环境。在"生态+体育"之中,最大的两个团体是以体育教师为核心的培训、组织、教育、就业、再培训体系,以及以学生为核心的受教育团体。在这两个团体中,生态观念的引入为体育建设带来了以人为本的关怀和以生命为底色的动力。在体育教师的专业化建设中注重良好生态的搭建,有助于营造教师生命发展的文化生态,唤醒体育教师专业发展的生命自觉、聚焦生态个体的能动作用,提升体育教师的综合能力,减轻不合理的工作负担,激发教师专业发展的原动力,并从保障休息权、加强课后服务补贴、完善硬件设施以及改革教师评价制度等方面强化外部保障。③ 推动学生体育生态建设,有利于学生团体内部的组织与团结,通过生态的润物细无声的软作用力,引导学生养成良好的运动习惯,促进集体意识的平稳提升。第二,是人与制度的体育生态。

---

① 刘丽来,孙彩玉,盛涛.环境保护概论[M].哈尔滨:哈尔滨工业大学出版社,2022:23.
② 刘丽来,孙彩玉,盛涛.环境保护概论[M].哈尔滨:哈尔滨工业大学出版社,2022:24-25.
③ 闫纪红,吴文平,代新语."双减"背景下中小学体育教师专业发展的生态化路径研究[J].体育学研究,2022(2):9-20.

人与人之间的沟通不光要靠感性的直接交往,更多是依赖法律、制度和约定俗成的道德准则。体育生态少不了对制度的优化和改良,通过在体育中融入生态概念,可以引导体育朝向可持续的方向发展。例如,生态文明视域下我国大型体育赛事发展中推动赛事绿色转型、共建赛事生态治理体系①,创新拓展区体育旅游生态圈资源整合机制和创新拓展区体育旅游生态圈数字平台运营机制。② 第三,是人与自然的生态体育。18 世纪的卢梭痛斥扭曲的城市教育,呼吁重回自然,这不仅仅强调在自然环境中培育强健身体的重要性,更在于培养人的克制与坚韧,从而能够抵御舆论风气和习俗的败坏,重归自然社会,从而使一种德性的生活成为可能。③ 由此可见,自然不光是成为体育之发生的场所,更是体育可以学习的素材。在自然中挖掘体育的生态之色,不光意味着走进自然、保护自然,更是学习如何更好地成为自然的一部分,化有人之境为无人之境,将自然的丰富内涵提炼成形而上的价值追求,将其镶嵌至社会集体的价值导向中,促进人与自然的和谐发展。

(三) "科技+体育" 的丰富内涵

科技对体育的影响不可谓不深远,在当前新一轮科技革命和产业变革加速演进的背景下,体育与科技融合已成为中国体育产业高质量发展的重要战略选择和核心引擎。④ 它重新定义了体育的运动理念、运动方式、运动环境等,为当代体育注入了许多新的内涵。就运动理念来看,科技长远地改变了人们的运动理念,激发了一系列百年前难以想象的新的体育变种,如集体育信息化、体育数字化、体育智能化三个阶段的"智慧体育"。就运动方式来说,科技通过健身设备、健康应用程序以及虚拟现实和增强现实技术等方面的力量打破了原来单一化的运动方式,加强了社交交互作用⑤,促进了体育建设在更大程度上的传播与推广。例如,2022 年暴火的刘畊宏通过抖音直播的形式直接以龙卷风的态势推动了全民健身,实现了更广泛的健康效益。就运动环境来说,科技一方面改造

---

① 朱坚,金凯,徐昶楠,等.生态文明视域下我国大型体育赛事发展研究[J].体育文化导刊,2023(8):1-6+21.
② 文秀丽,何元春.创新拓展区体育旅游生态圈建设的内在机理、问题论域及应然举措[J].北京体育大学学报,2022(11):138-147.
③ 吴永金,陆小聪.扭曲的身体与自然的体育——卢梭体育教育观的整体面向[J].体育学刊,2018(2):1-8.
④ 康露,黄海燕.体育与科技融合助推体育产业高质量发展:逻辑、机制及路径[J].体育学研究,2021(5):39-47.
⑤ 王子闻.科技创新与全民健身运动的结合实践[J].文体用品与科技,2023(23):178-180.

了现有的环境,使之朝向更宜人的方面发展,另一方面从零生成了全新的环境,将许多前人不可到达之地、不可想象之处以科技的力量加以建构。在运动辅助物方面,尽管有些技术本身的异化引发了许多负面影响而广受批判①,但更多的是一种正向的保护促进作用参与到运动的准备工作、进行过程和运动过后的修复稳定阶段,体育运动器材的设计不仅要注重造型的艺术性,更要确保性能稳定可靠、使用简单便捷,并具备科技的"功能美"。体育运动器材的发展是一个相互影响、相互借鉴、相互促进的过程,科学技术的进步越来越显现其不可或缺的作用,如纳米科技在体育中的应用就涉及纳米衣物、纳米建材、纳米运动生物芯片、骨骼肌分子发动机等多方面。② 在这个强调人性化的时代,科学领域的"技术美"也融入体育运动器材的设计中。科学与艺术的结合成为体育运动器材设计的主要表现形式,科学的理性思维与艺术的感性表达相互促进,使得科学与艺术相互融合、相互补充,为体育运动器材赋予严谨的造型美。因此,体育运动器材的发展已不再仅仅是工具的进步,而是运动器材的革新、运动精神的提升。其发展将带来一系列意义,如提高竞技水平、增强运动安全保护、引领大众审美观念、推动全民健身等。③ 就饮食而言,随着生活水平的日渐提高,科学饮食已经成为人们的共同追求,食品营养的摄入多少受到严格的监控,尤其是对于运动员来讲,食品营养在体育运动中扮演着至关重要的角色,对运动员的体能状况和整体健康具有深远影响。正确理解并实施科学合理的营养策略有助于最大限度地发挥运动员的潜力,同时降低受伤风险,提升整体健康水平。而对于普通群众来讲,尽管不需要按照运动员的方式分毫不差地控制食物摄入量,也应该以科学的指导,通过控制食物摄入量,选择健康脂肪和碳水化合物,增加蔬菜和水果摄入量,保持饮食均衡,避免出现营养不足或过剩的问题,以多样化、科学化、均衡化和适度化的饮食原则维持身体健康和优越体能水平的基石。④ 就体育项目来说,当今的奥林匹克体育赛事已经发生了翻天覆地的变化,新生项目的多元化、对场馆的依赖、对局部身体的细致化要求无不潜藏科技的应用。

---

① 董传升."科技奥运"的困境与消解[D].沈阳:东北大学,2005:29-30.
② 聂秀娟.纳米科技在体育科研中的应用[J].运动,2012(20):18+122.
③ 徐丹.体育运动器材发展的设计因素研究[J].包装工程,2013(22):52-55.
④ 马丽霞,莫卓华,何少峰.食品营养对体育运动的影响及解决方法分析[J].现代食品,2023(17):155-157.

二、生态科技创环境,营造生态健体氛围

在当今社会,人们对健康和环保的关注日益升温,因此绿色环境中的锻炼和科技环境中的锻炼成为热门话题。这两种锻炼方式分别代表了自然与科技在健康领域的融合,既关乎个人的身体健康,又影响着社会的可持续发展及环境保护。绿色环境中的锻炼强调身体与自然环境的和谐共生。在自然环境中进行体育锻炼或户外活动,如在公园慢跑、湖畔漫步、林间徒步等,不仅有助于提高身体素质,还能让人们感受到大自然的美丽,享受清新的空气和温暖的阳光。这种锻炼方式不仅有益于身体健康,还能缓解心理压力,带来愉悦的心情,同时强调保护自然资源、维护生态平衡。相较之下,科技环境中的锻炼则凸显了科技创新对健康生活方式的深刻影响。随着虚拟现实技术的发展,人们在家中即可体验到登山、滑雪等户外活动。智能健身设备的普及使锻炼更加科学有效。科技环境中的锻炼不仅提供了多元化的选择,还通过数据分析和智能指导,帮助人们制订个性化的健身计划,提高锻炼效果。此外,科技环境中的锻炼也推动了健康科技产业的发展。

综合来看,生态环境中的锻炼和科技环境中的锻炼共同体现了人们对健康和环保的追求。这两种锻炼方式的融合不仅有助于个人的身心健康,也为社会的可持续发展和环境保护做出了积极贡献。因此,我们应积极倡导绿色、健康的生活理念,将其融入日常生活。同时,我们还应根据自己的需求和兴趣,选择合适的锻炼方式,如在绿色环境中享受大自然的恩赐,或借助科技手段提高锻炼效果。

总之,生态环境中的锻炼与科技环境中的锻炼相辅相成,共同塑造了一个注重健康、环保的生活方式。我们应当充分发挥二者在健康领域的优势,在政策和法规、经济环境、社会文化、教育体制、社会支持与认可、国际影响、健康意识等宏观大环境的影响下,推动生态和科技彼此交融,助推生态健体氛围的营造。不同概念间的相互关系见图4-2。

图 4-2　生态科技环境图

  为了促进体育的发展,早在 2017 年,体育总局办公厅发布了《关于推动运动休闲特色小镇建设工作的通知》。这一通知明确界定了运动休闲特色小镇的概念,即以运动休闲为主题打造的,具有独特体育文化内涵、良好体育产业基础,集运动休闲、文化、健康、旅游、养老、教育培训等多种功能于一体的空间区域、全民健身发展平台和体育产业基地,标志着运动休闲特色小镇正式登上历史舞台。[①] 通过建设运动休闲特色小镇,搭建体育运动新平台,树立体育特色新品牌,引领运动休闲新风尚,增加适应群众需求的运动休闲产品和服务供给。主要任务中提到,要推动与旅游等相关产业融合发展,实现体育旅游、体育传媒、体育会展、体育广告、体育影视等相关业态共享发展,运动休闲与旅游、文化、养老、教育、健康、农业、林业、水利、通用航空、交通运输等业态融合发展,打造旅游目的地。同时,要加强禀赋资源的合理有效利用。自然资源丰富的小镇依托自然地理优势发展冰雪、山地户外、水上、汽车摩托车、航空等运动项目;民族文化资源丰富的小镇依托人文资源发展民族、民俗体育文化。大城市周边重点镇加强与城市发展的统筹规划与体育健身功能配套;远离中心城市的小镇完善基础设施和公共体育服务,服务农村。[②] 而当今,运动休闲特色小镇建设过程中出现体育元素同质化、生态系统功能受损、文化印记模糊化、创新网络内涵缺

---

① 石振国. 中国休闲体育研究进展 2015—2020[M]. 济南:山东大学出版社,2021:221-223.
② 国家体育总局. 体育总局关于推动运动休闲特色小镇建设工作的通知[EB/OL]. (2017-05-12)[2024-1-10]. https://www.gov.cn/xinwen/2017-05/12/content_5192975.htm#1.

失、产业群落零散化、资源整合难度陡增等诸多现实困境。① 通过融入不同的科技元素,发挥创新网络嵌入机制,可以跳脱原有资源瓶颈,深挖体育元素,打通生态系统代谢机制。由运动休闲特色小镇的建设可知,生态科技与体育在生活环境中的关系不可谓不紧密,两者的巧妙结合更是为彼此助力,突破了其本身狭窄的范围,在不同的赛道上迸发出新的生命力,在生态科技和体育相互融合的大环境中形成了极具感召力的生态健体氛围。

生态科技和体育的融合具有以下几点价值。

第一,提升运动体验。生态科技环境的应用在体育领域中扮演着关键角色,通过创新的技术和设计理念,为学生提供更加优质的体育体验。例如,在运动场馆设计中,采用可再生能源,如太阳能发电系统,不仅可以降低能源消耗,还可以减少对环境的影响,为运动场馆提供清洁能源支持。此外,提高室内空气质量,增加绿色植被覆盖,以及优化建筑结构以提高自然采光和通风,都可以创造舒适、健康的运动环境,激发人们参与体育活动的热情。这种提升运动体验的做法不仅可以增加人们对体育活动的参与度,也有助于提高运动员的表现和成绩。通过营造良好的运动氛围、建设优质的体育设施,运动员可以更好地专注于训练和比赛,提升竞技状态,实现个人潜力的最大限度发挥。因此,生态科技环境的应用为体育领域带来了更加丰富、多样化的体验,推动了体育活动的发展和普及。

第二,促进健康生活方式。生态科技环境的推广对促进健康生活方式具有重要意义。提高运动场地和设施的环境质量,如净化空气、增加绿地覆盖、提供清洁水源等措施,可以为人们提供更加健康、安全的运动环境。这不仅有助于降低运动中的健康风险,还可以提高人们对体育活动的参与意愿。生态科技环境的应用也可以激发人们对健康生活的重视和保护环境的意识。通过体育活动与自然环境的结合,人们更加关注自身健康与自然环境的关系,意识到保护环境对健康的重要性。这种健康生活方式的倡导不仅可以改善个体健康水平,还有助于社会整体健康水平的提升,推动社会向着可持续发展的方向迈进。

第三,减少环境影响。生态科技环境应用在体育领域中有助于减少体育活动对环境的负面影响,促进体育与环境的可持续发展。例如,在体育场馆建设过程中,采用可持续建筑设计和绿色建材,可以降低能源消耗和碳排放,减少对自然资源的消耗。此外,通过废物处理和资源循环利用,可以减少废弃物对环

---

① 杨恺然,张凤彪.运动休闲特色小镇建设"三重"耦合动力机制及实现路径[J].体育文化导刊,2022(7):78-84.

境的污染,实现资源的有效利用和再生利用。这种环保做法不仅有助于保护自然环境,还可以为体育活动创造更加健康、可持续的发展环境。通过倡导环保意识和可持续发展理念,体育活动可以更好地融入社会发展的大局,为未来世代留下更美好的环境和资源基础。

第四,提高运动表现。数字化技术和智能设备的应用为体育训练和比赛带来了革命性的变化。生态科技环境的发展推动了运动员训练和竞技表现的提升。通过智能运动监测设备的使用,运动员可以实时监测自己的身体状况和运动数据,分析训练效果,优化训练计划,提高训练效率和效果。数字化技术的应用不仅提高了运动员的个人表现,还促进了整体运动水平的提升。运动科学研究和数据分析的发展为运动员提供了更多的训练参考和个性化指导,帮助他们更好地发挥潜力,实现竞技目标。因此,生态科技环境的应用为体育训练和比赛带来了更多可能性和机遇,推动了体育科技的创新和发展。

第五,促进体育产业发展。生态科技环境的建设和应用促进了体育产业的发展和升级。创新的运动装备设计、数字化的训练方法和智能化的体育设施为体育产业注入了新的活力和动力。通过生态科技的推广,体育产业不仅可以提供更加优质的产品和服务,还可以推动产业结构的优化和升级,实现可持续发展的目标。在生态科技环境的支持下,体育产业可以更好地适应市场需求和消费者偏好,推动体育产品和服务的创新和改进。同时,生态科技环境的建设也为体育产业提供了更广阔的发展空间和市场机遇,促进了体育产业的繁荣和可持续发展。因此,生态科技环境的应用为体育产业的可持续发展打下了坚实基础,为行业未来的发展提供了更多可能性和机遇。

三、生态科技探方法,揭示科学健体奥秘

德国社会学家马克斯·韦伯(Max Weber)提出"合理性"(rationality)概念,他将合理性分为两种,即价值理性和工具理性。价值理性强调的是行为的价值和动机的纯正,注重选择正确的手段来实现预期的目标,而不考虑结果如何。而工具理性则是指行动受功利动机驱使,通过理性手段达到预期目的,行动者纯粹从效果最大化的角度考虑,忽视人的情感和道德因素。[①] 在法兰克福学派的批判理论中,工具理性被视为现代社会中的一种异化形式,剥夺了个体的自主性和创造性,使人变成了机器般的工具。这种理性模式也被认为是狭隘的,

---

① 谢玉壮.马克斯·韦伯"合理性"理论及当代价值研究[D].通辽:内蒙古民族大学,2021:19-22.

因为它忽视了行为可能带来的社会、道德和人类发展方面的影响。通过对大众文化的批判和对马克斯·韦伯的创造性继承,法兰克福学派主张超越工具理性,回归到更加人性化、情感化的价值理性,以实现个体和社会的真正发展与自由。① 而将工具理性和价值理性巧妙贯穿于体育领域,可以看到以"科技"为经、以"生态"为纬的相互融合为体育发展编织的复杂的网络和强劲动力。一方面,生态是科技方法设立的边界,充满科技感的方法不代表突破生态蕴含的概念,而是将"生态"概念作为前进目标之一,避免工具理性给现代社会带来的异化,按照整体、协调、循环和共生的生态学原理去实现日益复杂的体育科技系统的有序和可持续发展②,为科学健体提供内在的、本质的、一以贯之的人性化、自然化动力。另一方面,科技是体育自然生态和社会生态建设、修复、扩张所必须依仗的工具,而作为工具,它是中立的③,科技的创新贯穿运动的全域,展现了顺应时代发展大潮的科技大融合、大创新的全新态势,为体育的发展赋能增彩。一言以蔽之,生态和科技的巧妙融合是体育发展超越过度工具化或过度狭隘化的桥梁,可以为体育方法的创新注入全新的动力。

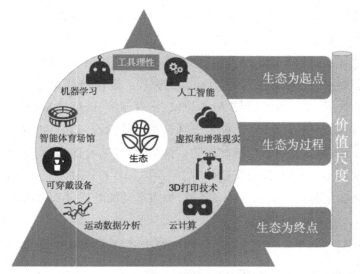

图4-3 生态科技工具理性、价值理性交叉图

---

① 汪民安.文化研究关键词[M].南京:江苏人民出版社,2019:97.
② 陈琳.体育科技:崛起中的创新力量——评《体育科技浪潮》[J].北京体育大学学报,2021(12):197-200.
③ 杨庆峰.技术作为目的[D].上海:复旦大学,2004:36-37.

光电显示、材料科技、机器视觉、测量传感、云计算等热点技术令人眼花缭乱。① 这些先进的、充满创造性甚至在视觉效果展示上具备"赛博朋克"的科技方法极大地改变了人们的运动方式,重塑运动体验,与此同时也在潜移默化中改变人们对体育的认知——体育定义中的场域、方法、过程都发生了极大的变化。并且在可预见的未来,随着新技术的不断发展,这种影响将持续加速,体育的复杂性可能在极简单或极复杂两个极端的维度中呈不稳定的摇摆态势。这一波动也预示了科技的难以捉摸和难以控制。不同类型的体育项目对技术的需求存在较大差异,往往集成多种技术手段,展现出科技大融合的趋势。体育科技构建的线上与线下、现实与虚拟等新场景加剧了体育本身的复杂性。

以目前体育领域高歌猛进的几大科技应用为例,展现科技在体育领域中勃兴的力量。第一,虚拟和增强现实。运动员可以使用虚拟现实技术进行训练,模拟比赛场景,提高反应速度和决策能力。增强现实可以用于观众体验,提供更加沉浸式的观赛感受。② 第二,运动数据分析。通过传感器和智能设备收集运动者的数据,如速度、力量、心率等,用于分析运动者的表现和健康状况,帮助他们进行更有效的训练和预防受伤。③ 第三,云计算。运动队、俱乐部、教师可以利用云计算存储和管理运动员、学生的数据,实现数据共享和团队协作,提高训练效率和成果。④ 第四,机器学习和人工智能。运用机器学习和人工智能技术分析比赛数据、锻炼数据,提供战术建议、比赛预测、锻炼结果分析,实现体质健康促进、运动损伤防控和运动能力提升等几大目标。⑤ 第五,可穿戴设备。佩戴可穿戴设备,如智能手表或智能衣物,可以实时监测身体指标,帮助穿戴者控制训练强度和提高表现,助力竞技体育。⑥ 第六,3D 打印技术。如可以利用 3D 打印技术制造定制化的运动装备和器械,提高运动的舒适度和效率。⑦ 第七,智

---

① 陈琳.体育科技:崛起中的创新力量——评《体育科技浪潮》[J].北京体育大学学报,2021(12):197-200.

② 薛菲帆.增强现实技术在儿童体育教学中的应用研究[J].田径,2023(5):78-81.

③ 袁丽鑫.运动数据分析与体育决策支持系统的发展[J].文体用品与科技,2023(23):142-144.

④ 李国民,汪盛坞.基于云计算的高校体育信息管理及大数据应用研究[J].体育科技,2022(5):149-151.

⑤ 路来冰,王艳,马忆萌,等.基于知识图谱的体育人工智能研究分析[J].首都体育学院学报,2021(1):6-18+66.

⑥ 李海鹏,陈小平,何卫,等.科技助力竞技体育:运动训练中可穿戴设备的应用与发展[J].成都体育学院学报,2020(3):19-25.

⑦ 刘媛婷,王文超.3D 打印技术在体育设备中的应用[J].电子技术,2022(10):220-221.

能体育场馆的建设与规划。运用智能技术改善体育场馆的管理和运营,通过以计算机视觉、机器学习、自然语言处理及语音识别为核心支撑的新型科技形态,为体育场馆的智慧化转型升级提供原动力,提供更好的观赏体验和安全保障。[①]此外,目前已经较大程度得到应用的科技仍持续为体育发展保驾护航。如从力学、生物学、人体结构力学三个方面探讨运动技术基本原理的运动生物力学分析[②],将温湿度传感器、紫外线传感器、心率传感器、柔性太阳能电池板等元件植入服装中并对电子元件摆放位置、服装款式、服装结构等方面进行创新设计的智能服装[③],存在合理性但仍广受质疑的电子竞技[④],近30年前就已经引起广泛重视并获得飞速发展的运动营养学[⑤]、"镜像疗法"[⑥]、脑机交互康复训练新技术[⑦]、机器人辅助运动神经康复[⑧]、脑机接口技术[⑨]等利用物理疗法、运动训练的康复设备。利用互联网和移动通信技术,将体育赛事实时直播到全球各地,提供更广泛的观赛体验。以上提到的种种最新科技的应用不仅改善了参与者的体验,破除了以往体育发展的瓶颈,也为体育的发展带来了新的机遇和挑战。

　　从生态的视角对体育领域的科技突飞猛进的现象进行透视,不难发现,科技也有异化的一面,这为体育发展蒙上了一层阴影。张宏宇博士基于社会批判理论的视角,强调现代体育文化的哲学反思与重构。随着科技在体育领域的应用不断深化,运动技术的发展日趋精细化。在高科技仪器设备的计算分析下,每一项技术都能被优化为最佳方案。技术已经被应用到每一个环节,甚至每一

---

① 李欣芮,牟黧琳,刘苏潇,等.人工智能赋能体育场馆发展的场景耦合、现实困境及实践路径[J].湖北体育科技,2023(1):76-81.
② 柏颖,尹晨倩.近二十年我国运动生物力学体育核心期刊研究热点及动态演进分析[C]//中国体育科学学会.第十三届全国体育科学大会论文摘要集——专题报告(体育统计分会).[出版者不详],2023:3.
③ 徐秋玲.户外徒步运动智能服装的创新设计研究[D].广州:广州大学,2022:18-19.
④ 王杰,刘华,耿宇.我国电子竞技体育运动的发展困境及其对策研究[J].文体用品与科技,2023(17):64-66.
⑤ 焦颖.运动营养学——一门飞速发展的新学科[J].北京体育大学学报,1996(4):43-48.
⑥ 丁力,贾杰."镜像疗法"作为一种康复治疗技术的新进展[J].中国康复医学杂志,2015(5):509-512.
⑦ 刘小燮,毕胜,高小榕,等.基于运动想象的脑机交互康复训练新技术对脑卒中大脑可塑性影响[J].中国康复医学杂志,2013(2):97-102.
⑧ 王广志,任宇鹏,季林红,等.机器人辅助运动神经康复的研究现状[J].机器人技术与应用,2004(4):9-14.
⑨ 方文垚,刘昊,杨柳,等.脑机接口技术在脑卒中偏瘫患者下肢运动功能康复治疗中的应用[J].山东医药,2018(10):66-68.

个动作,如一次踢腿或一次举臂,都可以设计成具有最佳力量、幅度和轨迹的方案。这些设计成为运动员训练过程中的指导目标,运动员通过反复练习来实现。然而,作为运动技术的执行者,人的主体性逐渐丧失,变成了被动的对象。[①] 技术的异化为我们思考科技应用的边界敲响了警钟。技术异化对人类健康的直接危害最明显地体现在兴奋剂的研制和使用上。以兴奋剂作为体育科技异化的指向性标志,可见,不恰当的技术应用不仅与体育公平和伦理原则背道而驰,更与体育提高人类生活质量的目标相悖。[②] 从实践的角度,应该能寻找到规避科技异化的有效途径。[③] 将生态纳入科技的过程中不可谓不是一种可行的解决途径,将生态融入科技和人与自然和谐共生的哲学理念相一致。以下案例论证了生态对于科技在体育应用中的作用。

以健身器材发展为例,科技创新推动健身器材发展。科技持续进步,带动了健身器材的更新换代。智能健身器材,如智能跑步机、智能椭圆机等,借助内置传感器和数据分析系统,能实时监测用户运动状态,提供个性化锻炼方案。此外,这些器材还具备节能环保特点,充分体现生态科技理念。以健身方法的创新与实践为例,户外低碳运动倡导人们走出室内,参与户外运动,如徒步、骑行等。这些运动既能锻炼身体,又能降低碳排放,助力生态环境保护。健身与健康管理融合,通过智能设备实时监测个人身体状况,结合大数据分析,提供科学的健身建议和健康饮食指导。以生态科技创新健身方法为例,在锻炼过程中注重培养环保意识,强调生态环境保护,实现绿色健康生活;通过社交健身,加强人际互动,推动社会和谐发展;科技创新提升健身器材性能,降低使用成本,让更多人享受到健身的乐趣。由此可见,生态科技创新健身方法是一种注重环保、以人为本、追求高效的健康生活方式。它将科技与健身相结合,揭示科学健体的奥秘,引领未来健身行业发展趋势。

[①] 张宏宇. 现代体育文化的哲学反思与重构[D]. 苏州:苏州大学,2016:42.
[②] 张宏宇. 现代体育文化的哲学反思与重构[D]. 苏州:苏州大学,2016:43.
[③] 季士强. 科技异化出现的必然性及其规避的可能性[J]. 河北理工大学学报(社会科学版),2010,10(2):60-62+68.

第二节　生态科技健体的基本概况

融合生态科技在学校体育中的应用不可谓不广、不深。它涵盖了课程、课外等多个维度,以多样化项目、多元化平台、多彩化参与,综合调动"生态"和"科技"关键词在体育中的应用,通过体育课程等常规活动和颇具学校特色的活动,构建独属学校的特色内涵。

一、整体思路和实施情况

在体育学科建设中,上海师大二附中紧密结合国家教育发展政策,确保体育教育事业与国家政策导向保持一致。为了实现这一目标,学校采取了一系列措施,不断完善体育教育体系,提升师生体育素养,为培养全面发展的人才贡献力量。

近几年,国家发布了一系列与体育相关的政策。2019 年 7 月,中共中央、国务院印发了《关于深化教育教学改革全面提高义务教育质量的意见》,该文件着重强调了坚持五育并举、全面发展的素质教育的重要性。其中,文件明确指出了突出德育实效、提升智育水平、强化体育锻炼、增强美育熏陶以及加强劳动教育等关键任务。这一五育并举的教育方针的出台不仅重新定义了新时代整体育人的核心要义,而且引导广大教育工作者深入思考五育各要素的独特价值及其相互之间的紧密联系。[①] 这一方针的提出对于推动教育教学的全面改革具有深远的意义。2020 年,中共中央办公厅、国务院办公厅印发了《关于全面加强和改进新时代学校体育工作的意见》,其中提到,学校体育是实现立德树人根本任务、提升学生综合素质的基础性工程,是加快推进教育现代化、建设教育强国和体育强国的重要工作,对于弘扬社会主义核心价值观,培养学生爱国主义、集体主义、社会主义精神和奋发向上、顽强拼搏的意志品质,实现以体育智、以体育心具有独特功能。为贯彻落实习近平总书记关于教育、体育的重要论述和全国教育大会精神,把学校体育工作摆在更加突出位置,构建德、智、体、美、劳全面培养的教育体系。在不断深化教学改革层面提到要强化学校体育教学训练,逐

---

① 中共中央、国务院.关于深化教育教学改革全面提高义务教育质量的意见[EB/OL]. (2019 - 07 - 08) [2024 - 02 - 15]. https://www.gov.cn/zhengce/2019-07/08/content_5407361.htm?eqid = 90bb61120046b912000000036496b9b9.

步完善"健康知识+基本运动技能+专项运动技能"的学校体育教学模式。教会学生科学锻炼和健康知识,指导学生掌握跑、跳、投等基本运动技能和足球、篮球、排球、田径、游泳、体操、武术、冰雪运动等专项运动技能。健全体育锻炼制度,广泛开展普及性体育运动,定期举办学生运动会或体育节,组建体育兴趣小组、社团和俱乐部,推动学生积极参与常规课余训练和体育竞赛。合理安排校外体育活动时间,着力保障学生每天校内、校外各1个小时体育活动时间,促进学生养成终身锻炼的习惯。加强青少年学生军训。[①] 2020年,体育总局、教育部印发《关于深化体教融合 促进青少年健康发展的意见》,意见中提到,按照"一校一品""一校多品"的学校体育模式,整合原体育传统项目学校和体育特色学校,由教育、体育部门联合评定体育传统特色学校。教育、体育部门共同完善体育传统特色学校的竞赛、师资培训等工作。在政策保障方面,特别提到,鼓励各地在体育传统特色学校的基础上建立健全"一条龙"人才体系,由小学、初中、高中组成对口升学单位,开展相同项目体育训练,解决体育人才升学断档问题。[②]

  2022年,上海市教育委员会印发《上海市学校体育发展"十四五"规划》,其中提到需要加强课程改革建设。落实《普通高中体育与健康课程标准》(2017年版2020年修订),聚焦学生核心素养培育,体现教学基本要求,注重大、中、小、幼相衔接,全面推进"双新"工作,提高上海新课程实施质量。全面实施小学"兴趣化"、初中"多样化"、高中"专项化"、大学"个性化"的大、中、小一体化学校体育课程改革。完善"健康知识+基本运动技能+专项运动技能"学校体育教学模式,强化监测评估,开展课程开发,促进中小学生掌握至少2项或3项运动技能。评选不少于100门的市级高校体育精品课及中小学体育示范课,探索推出一批学校体育特色课程。借助信息科技手段赋能提升学校体育智慧化水平。[③] 2022年新修订的《体育法》数次以"科技"为关键词,强调科技在发展体育中的重要作用,其中第十二条提到,国家支持体育科学研究和技术创新,培养体育科技人才,推广应用体育科学技术成果,提高体育科学技术水平;第六十四条

---

① 中共中央办公厅、国务院办公厅.关于全面加强和改进新时代学校体育工作的意见[EB/OL].(2020-10-15)[2024-2-15]. https://www.gov.cn/zhengce/2020-10/15/content_5551609.htm?trs=1&ivk_sa=1024320u.

② 体育总局、教育部.关于深化体教融合促进青少年健康发展的意见[EB/OL].(2020-08-01)[2024-2-15]. https://www.gov.cn/zhengce/zhengceku/2020-09/21/content_5545112.htm.

③ 上海市教育委员会.上海市学校体育发展"十四五"规划[EB/OL].(2022-02-28)[2024-2-15]. https://edu.sh.gov.cn/xxgk2_zhzw_ghjh_01/20220228/fc163f431c914a51befeee7854da874a.html.

提到,体育科学社会团体是体育科学技术工作者的学术性体育社会组织,应当在发展体育科技事业中发挥作用;第七十条提到,国家支持和规范发展体育用品制造、体育服务等体育产业,促进体育与健康、文化、旅游、养老、科技等融合发展。① 明确要求优先发展青少年综合素质、学校体育工作,要积极实施青少年体育活动促进计划,通过科技的力量制定健全的青少年体育工作制度。在科技信息化方面,近年来,在国家科学技术、教育发展的客观需求以及"教育信息化'十三五'规划""教育信息化2.0行动计划""智慧校园总体框架"等国家政策指引的多重支持下,校园建设中的科技推广程度越来越深入。②

上海师大二附中的体育建设始终围绕国家和上海市的课程目标,注重体育在教学中的重要地位,融合学校独特的融合生态科技特色,形成了"源于生态、基于科技、归于生命"的体育课程理念,不断探索创新,致力于为每位学生提供全面而有个性的教育。学校是上海市体育"水上项目"一条龙项目基地,每年的校、区、市运动会都有多项新纪录诞生,涌现出"短跑少年飞人"胡凡等一批典型代表。下面就体育教学方式、体育教学内容的融合、体育评价方式进行进一步展示。

(一)体育教学坚持创新教学模式

在新课程、新教材背景下,学校体育课程研发深入研究"问题导引式"课堂教学,以问题解决为驱动,激发学生的主动性和创造性。我们以学生为主体、以教师为主导,引导学生主动参与体育活动。教师通过小组讨论、合作探究等方式,让学生在运动中学会沟通、协作,培养团队精神。同时,教师根据学生的实际需求,制订合理的教学计划,运用多种教学手段,如视频教学、在线答疑等,提高教学效果。

为了更好地实现体育教学目标,学校体育教师在课堂中不断探索问题,并以核心问题展开教学,如排球课(表4-1)。他们从学生的实际情况出发,提出有针对性的核心问题,以便贯穿整个教学过程并达成教学目标。在教学过程中,教师通过设计问题并进行问题推进,利用身体练习的方式帮助学生解决核心问题。这种教学方法不仅能让学生真正学会体育技能,还能培养他们的问题意识,提高发散思维、解决问题和建构知识的能力。"问题导引式"教学法在体育

---

① 中华人民共和国中央人民政府.中华人民共和国体育法[EB/OL].(2022-06-25)[2024-2-20]. https://www.gov.cn/xinwen/2022-06/25/content_5697693.htm.

② 王梦雅,张慧娴,张艺.科技赋能视角下学校体育智慧新生态构建研究[C]//中国体育科学学会.第十三届全国体育科学大会论文摘要集——墙报交流(学校体育分会)(七).2023:3.

课堂中的应用同样体现了其独特的优势。经过体育组教师多年的教学实践与研究,我们发现这种教学方法可以充分调动学生的积极性,让他们在解决问题的过程中领会、应用和拓展新知识。此外,它还能帮助学生从传统的接受式体育技术学习转变为发现式、探究式技术学习,实现从知识整合应用到实践能力的整体提升。

表4-1 排球课大纲

课程内容	排球课	任课老师	郭旺杰
问题一	如何又快又稳地移动垫球?		
问题二	如何快速移动?引导出排球重点步伐——交叉步。		
问题三	如何快速移动并保持较低的重心?		
授课方式	在体能课课练中,教师通过设置问题"用哪些身体素质锻炼手段可以提高身体素质并帮助我们提升移动垫球的能力?",将本课的重难点抛给学生,让学生自主探究、自主选择练习方式,促进学生思考,引导学生意识到为保持低重心大腿力量锻炼及核心力量的重要性,从而更好满足学生的学习需求。将学生分组讨论、分组探究,最后根据每组选定的体能环节,进行循环练习。在课程的最后提出拓展问题:如何在空中稳定扣球?并收集学生们的问题。 全课用问题串联,主问题贯穿全课,次问题辅助练习,体能课课练问题呼应本课专项内容,课后收集问题满足学生学习需求并帮助教师更好地把握学情。引导学生在体育课中培养问题意识,提升发散思维、解决问题和建构知识的能力。 过程中所掌握的思维方法和思维方式不仅能够用于解决其他类似的体育问题,还可以迁移应用到其他领域的知识学习中,为提升体质与进行终身体育锻炼提供良好的基础。		

(二)加强生态体育融合,研发系列特色课程

学校开发了系列特色课程,如"越野寻踪"等。与此同时,注重五育融合,在其他课程中体现对体育全流程涉及的文化、技术进行形而上的解读,更好地理解体育教育的意蕴。在不同的课程中,不同专业背景的教师各显神通,在课程中巧妙融合体育生态与科技的理念,在潜移默化中渗透体育的力量。

在地理课中,郭宏飞老师以"热点复习冬奥会"为主题,恰当运用信息技术手段,助推融合育人课堂,整节课以冬奥会为主线,以冬奥会形成条件、冬奥会举办的地区、绿色冬奥运、冬奥会与可持续发展为切入点,根据学生提出的题目,当堂与学生共同构建思维导图。课程涉及绿色奥运的部分,学生通过学习了解了"碳达峰、碳中和"的概念;通过相关理论学习,学生了解到绿色能源的重要性,提升了环保理念和体育素养。

在政治课的教学中,沈妍老师针对时政专题复习课选取了与时政热点"北京冬奥会"相关的哲学、文化、经济、法律和政治学知识。首先,在课堂导入环节,沈妍老师播放了"中国队冬奥赛场那些经典瞬间"的剪辑视频,使学生感受中国队在冬季运动赛场上的崛起之路。中国队在冬奥会上的表现反映出国家综合国力和体育实力的提升,展现了体育风采和民族精神,增强了学生的民族自信心和自豪感。其次,在第一篇章"古今融合文化浪漫"的学生活动中,通过北京冬奥会开幕式和冬奥会会徽这些具有中华优秀传统文化与现代运动元素的融合设计,加深了学生对弘扬中华优秀传统文化意义的理解,提升了学生的文化自信。再次,在第二篇章"冰雪之约白色浪漫"的学生活动中,学生既巩固了图表分析题解题方法,又激发了他们参与"中国冰雪运动新时代"的热情和内生动力,为创造"冰雪新时代"的跨越式发展贡献青年智慧和担当,积极投入体育强国建设之中。同时,小组合作探究"滑雪装备专营店的创业之旅"有助于学生树立法治意识和法治观念,有助于他们进行未来职业生涯规划的初步探索和体验。最后,在第三篇章"团结乐章外交浪漫"的学生活动中,通过论述题训练向学生展示了我国在北京冬奥会中践行"人类命运共同体"的核心理念。

(三)完善体育评价体系

张瑞林教授认为,在过去的学校体育发展中,由于长期以来对学校体育的"学科"化价值取向,所以学校体育过于偏重课程技术化、知识体系化和教学程序化,而忽视了学生本体感受与个性化发展,甚至引发了教育功利化倾向等问题。在当前"双减"政策实行的背景下,有必要从"非学科"角度重新审视学校体育,回归体育的本质,重视学校体育在个人成长性和社会适应性方面的教育功能,以及运动实践性、身体感知性、个体差异性和项目技术"非阶梯"性等方面的重要性。[①] 在这一背景下,上海师大二附中致力于挖掘和拓展学校体育的教育功能,转变体育的评价方式,强调个人成长性和社会适应性,注重运动实践性和身体感知性,关注个体差异性和项目技术"非阶梯"性,以及重视教育评价的过程性和发展性。基于这一理念,从"非学科"视角重新构想学校体育的实践路径,使其更好地服务于学生的全面发展和健康成长。通过这种方式,重新审视

---

① 张瑞林.学校体育以体育人"非学科"化的生成逻辑、现实审视与路径探寻[J].体育学刊,2024(1):1-7.

学校体育的定位和价值,使其不只是一门学科,更是体育人的实践路径,为学生提供更丰富、更有意义的体育教育体验。这种"非学科"视角下的学校体育理念将有助于培养学生的身体素养、团队合作能力和社会责任感,为他们未来的发展奠定坚实的基础。

以学校"越野寻踪"的学习评价原则和学习评价方式为例,学校建立了一套以学生体质健康数据为核心的教学评价体系,关注学生表现性评价和形成性评价,不仅关注学生的运动成绩,更注重学生的体育素养和身心健康。通过定期对学生进行体能测试、运动技能考核等,全面了解学生的体育发展状况,为教学提供有力依据。该课程的学习评价原则是:第一,评价的宗旨特别注重评价学生的相关素质,促进相关素质的发展。这里的素质是指学生体能、领导和策划能力、应变能力和团队协作能力。第二,注重评价的多元化和个性化。评价的内容、方式等因人而异。第三,注重学生的自主评价,教师提供指导,充分发挥学生的自主性,同时也适当注重教师评价和学生互评。学习评价方式方法详见表4-2。

表4-2 学习评价方式方法

考核内容	分数	考核办法	优秀	良好	一般	较差
野外生存理论	30	笔试或随机抽五个问题	30	25	20	15
体能和技术	30	分为一般身体素质和专项身体素质	30	25	20	15
领导和策划能力	20	随机给出一个地方,自找资料,做出一份详细的野外活动计划	20	15	10	5
应变能力	10	处理突发事件或解决问题的能力	10	8	5	3
团队协作能力	10	在团队中的作用及与队友协同完成任务的情况	10%	8	5	3

(四)个性化培养,贯通体育升学渠道

尽管上海师大二附中不是传统的体育特色学校,但仍致力于连贯和系统化的体育教育。近年来,陆续有学生以体育为专业,学校坚持为有志于在体育领域发展的学生提供更多的成长空间,为其进行个性化辅导。此外,学校还开设了丰富多样的体育课程,包括足球、篮球、排球、乒乓球、羽毛球等,供学生自由选择。我们鼓励学生在选择课程时根据自己的兴趣和特长,以便更好地发挥个人的潜能。为了进一步提升学生的体育素养,学校还定期组织各种形式的体育比赛和活动,如校园体育节、体育社团等。这些活动不仅为学生提供了展示自

我、锻炼能力的机会,也让他们在比赛中感受到团队合作的力量,培养坚韧不拔的精神。学校始终相信,每一个学生都有自己的特长和潜力,只要给予他们足够的关注和支持,他们一定能够在自己想要发光发热的领域取得优异的成绩。从首届东亚运动会火炬少女邹啸,至数次获得佳绩并于2023年获得金山区学生阳光体育大联赛健美操比赛第一名的健美操团队,到2023金山区学生阳光体育大联赛田径运动中以4分32秒34的成绩打破金山区纪录而荣获4×400米高中男子组第一名的谢国立、周昱昊、沈周宇、杨戴辰四人,他们见证了学校体育个性化发展的辉煌历程。

二、常规活动和特色活动

学校体育活动以常规活动为主,以特色活动为辅,综合打造了学校的融合生态科技体育活动长廊。其中,常规活动包括国家规定的体育课程,特色活动包括特色校本课程、体育节、校外研学活动等。此外,在其他学科及校外活动中也均能看到体育的身影。以下选择"三走四节"中的体育项目进行一一解读。

学校田径运动会至今已经顺利举办38届,它是学校师生们共同参与的一项重要活动。它不仅是一次体育竞技的盛会,更是一次展示学生风采、锻炼意志品质、培养团队合作精神的绝佳机会。从第一届田径运动会开始,它就承载着学校对体育事业的热爱与坚持。每年学校田径运动会召开的时候,操场上都会热闹非凡,学生穿着统一的运动服,脸上洋溢着兴奋和期待之情。他们在跑道上疾驰,在田径场上拼搏,为自己的班级争取荣誉,也为自己的青春留下宝贵的回忆。田径运动会不仅是一场比赛,更是一次心灵的洗礼。在这里,我们见证了学生超越自我、勇往直前的精神风貌,也感受到了他们团结一心、共克时艰的坚定信念。无论是胜利的喜悦,还是失败的苦涩,都是他们成长道路上的宝贵财富。

除了一般意义上的体育节,学校还有融合生态科技特色的"生态杯"趣味运动会。"生态杯"趣味运动会于2019年首创,如今已悄然走过了5个年头。学校"生态杯"趣味运动会旨在推广生态科技理念,增强学生的环保意识,同时增强学生的团队合作能力。该运动会每年都会吸引大量学生参与。

图 4-4　学校"生态杯"趣味运动会剪影

2023年10月13日下午,学校首次举行以"劈波斩浪勇前行,生态科技创未来"为主题的上海师大二附中龙舟赛。追云踏月,乘风破浪。敲鼓击桨,扬帆掠波。精神抖擞的青春少年们个个蓄势待发。比赛现场,鼓声震天,呐喊声此起彼伏。青春少年们挥汗如雨,他们手中的木桨在水面上划出一道道优美的弧线,龙舟如箭在弦,疾驰在碧波荡漾的江面上。这不仅是一场速度与力量的较量,更是一次团队精神的展示。学生们劈波斩浪,勇往直前,展现出学校学子的风采,同时也展现了学校对生态科技不断探索的决心。虽然比赛很激烈,但学生们始终保持对生态的敬畏之心,每一次划桨,都以实际行动告诉世界:"我们尊重自然,但我们也敢于挑战自然,用我们的智慧和勇气,创造更美好的未来。"

图 4-5　学校龙舟赛剪影

在学校举办的"三走四节"系列活动中,体育活动占据重要地位。以"走进贵州开启净化心灵之旅"为主题的社会实践活动为例,学校与贵州凯里八中自2005年建立合作关系以来已成功举办十多次两地师生交流活动。活动中,上海师大二附中学生与八中学生结对,深入体验当地生活,感受凯里的民俗风情。他们入住当地家庭,步行于凯里的每一片土地,参观民俗风情园、苗侗文化博物馆、体育馆等地。这些活动不仅促进了双方学生之间的交流,更在运动中深化了彼此之间的友谊与理解。此外,学校学生还积极参与当地的民族体育活动,如苗族的踩鼓舞、侗族的抢花炮等,亲身体验了当地独特的民族文化,并在运动中深刻感受到了民族精神的传承与力量。

第三节 生态科技健体的实践探索

融合生态科技在体育实践中的探索主要体现在以下三个方面:第一,深度融合生态科技,致力于构建具有鲜明特色的健体课程;第二,将体育课程与科学理念相结合,以科学指导体育实践;第三,搭建多样化竞体平台,有效提升学生参与体育活动的热情与积极性。

一、深度融合生态科技,打造健体特色课程

在当今信息化时代,生态科技与健康教育的融合成为教育领域的重要趋势。通过将生态科技与健康教育相结合,我们可以为学生提供更加全面和多样化的学习体验。健体特色课程的打造不仅仅是为了培养学生的身体素质,更是为了引导他们关注环境保护和可持续发展。生态科技的融入为健体特色课程注入了新的活力。通过利用先进的科技手段,如虚拟现实技术和智能健身设备,我们可以打造更加生动和个性化的体育课程。学生可以通过虚拟现实体验不同的运动场景,激发他们的兴趣和参与度。智能健身设备可以帮助学生更好地了解自己的运动数据,促进他们的健康管理意识。

在打造健体特色课程的过程中,我们也注重生态环境的保护与可持续发展,通过引入生态教育元素,让学生了解自然环境的重要性,培养他们的环保意识。同时,倡导绿色健身理念,鼓励学生选择环保的运动方式,如骑行和徒步旅行,为环境保护贡献力量。综上所述,深度融合生态科技,打造健体特色课程,不仅有助于提升学生的身体素质和健康水平,更能培养他们的环保意识和可持续发展观念。这一举措将为教育领域带来新的活力和动力,推动学生全面发展和社会进步。

以下将以学校特色体育课程"越野寻踪"为例,进行课程细节展示(表4-3)。该课程是一门以定向越野项目为主题的课程,以小组活动和实践演练为主,由胡云捷老师负责,课程持续一学年,总学时数64。

表 4-3 校本课程"越野寻踪"课程纲要

课程性质	本课程是体育学科与生态科技教育相结合的一门特色选修课程。学校的生态科技教育以绿色和谐发展理念为指导，是以人与自然、人与人、人与社会的关系为核心开展的，注重和谐与共生。特别强调运用生态视角科学认识周围的世界，唤起学生对大自然的热爱和敬畏之情，与自然共生；学会用科学的方法观察、检测、思考、分析自然生态问题，引导学生形成正确的生态文明价值观和伦理观；从生态系统的角度，运用科技手段，解决生态问题，注重可持续发展，注重同生态对话，着重体现创新精神与人文精神融合，形成保护生态的自觉行动，并转化为稳定自觉的生态文明行为习惯，养成较高生态文明素养，成为生态文明的守护者、建设者、引领者，成为全面发展的人，为终身发展奠定基础。
课程理念	此体育课程充分利用空气、阳光、水、江、河、湖、海、沙滩、田野、森林、山地、草原、雪原、荒原等条件，开展野外生存、生活方面的教学与训练，开发自然环境资源，培养学生生态素养。体育课程的改革必须突破习惯思维和传统模式，不能局限于课堂内、校园内，还要拓展到社会和自然中去；不仅是竞技运动，还要拓展到学生喜欢的各种项目；不仅是一周两节课，还要拓展到节假日。野外生存、生活训练无疑是实现体育课程改革、开发体育教育资源、拓展体育教育空间的有效途径。 传统体育课模式越来越受课堂和校园的局限，不少高中生流露出喜欢体育但不喜欢体育课的倾向。究其原因，主要是传统的体育课枯燥单一，严重束缚了学生的兴趣发展。野外生存、生活训练挑战自然、挑战自我、挑战极限，集体育、探险、旅游于一体，新颖刺激，神秘莫测，符合学生的兴趣和爱好，对培养学生的抗挫折能力、拼搏精神、团队意识、创新意识和发展学生个性方面都会有帮助。还体育的本色，还学生的好动天性，在今后的体育课程改革中，要多开设类似野外生存、生活训练这种注重学生能力和兴趣的项目。野外生存、生活训练是对传统体育课模式的有力冲击，为体育课程改革注入新的活力，有利于提高学生的身体和心理素质及社会适应能力。 如何克服高中生群体固有的弱点，强化他们的团队合作精神，提高他们的综合素质，是学校教育面临的新课题。野外生存、生活训练以野外生存、生活教学和实践为主要手段，突出学生在学习中的主动性、积极性和创造性，具有途径多样、形式灵活、内容丰富等特点，使学生从中获取生存的基本知识，养成健康文明的生活方式，培养团结合作、勇于竞争的意识，形成勇敢顽强的意志品质和创新进取的精神，最终实现增进学生身心健康的目标。野外生存、生活训练强调健身性、趣味性和实用性，使学生在增长知识、锻炼身体、陶冶情操之余学会学习、学会生存、学会做人，促进学生德、智、体、美、劳全面发展。
课程内容	1. 破冰游戏(互相结识)定向越野简介 2. 体力恢复训练 3. 手绘校园地图 4. 专项游戏身体素质训练 5. 学生们自己布置检查点练习 6. 指北针使用练习、校园内寻找检查点练习 7. 拓展游戏设计 8. 结合拓展游戏进行校内定向越野比赛 9. 机动校外定向越野活动 10. 机动校外定向越野比赛

二、体育课程渗透科学,利用科学指导体育

在当今科技发达的时代,体育课程的科学化成为提升教育质量和学生体质的重要手段。通过将科学知识融入体育课程,我们可以更有效地指导学生进行体育锻炼,提高他们的运动技能和身体素质。科学指导体育不仅可以增强学生的体魄,还可以培养他们的科学素养和健康意识。

体育课程渗透科学,意味着运用科学原理和方法来指导体育活动。通过运用运动生理学、营养学、运动心理学等学科的知识,我们可以更科学地设计体育课程内容和训练计划。了解身体运动的生理变化和营养需求,可以帮助学生更好地掌握运动技能,提高运动表现。同时,运用运动心理学的原理,可以帮助学生克服挑战和压力,保持良好的心态和情绪。

利用科学指导体育可以使体育课程更加系统化和专业化。教师可以根据学生的个体差异和发展需求,制订个性化的训练方案,帮助他们实现全面发展。通过科学测量和评估学生的运动能力和身体状况,可以及时发现问题并采取有效的干预措施,确保他们的健康和安全。

综上所述,体育课程渗透科学,利用科学指导体育是提升体育教育质量和学生体质的有效途径。这种做法不仅有助于提高学生的运动技能和身体素质,还可以培养他们的科学素养和健康意识,为其终身发展奠定坚实基础。通过科学指导体育,我们可以更好地引导学生走向健康、快乐和成功的人生道路。

以下对郭旺杰老师的"运动技能与物理理论的结合"进行展示(表4-4)。

表4-4 运动技能与物理理论的结合

教学目标	培养学生的运动技能,支持和鼓励学生参与田径运动,促进身心健康成长。
解决问题	传统教学方式忽略了学生的主动参与和自主思考,无法有效提升学生的智育水平。
教学方法	采用问题导引的方法,培养学生的自主探究和自主学习能力;通过展板、游戏等方式增加趣味性,提高学生专注力。
课程内容	1. 属于基本内容Ⅰ的田径类内容——快速跑。 2. 主题为快速跑中的蹲踞式起跑及起跑后的加速跑。 3. 学习蹲踞式起跑与起跑后的疾跑,重点掌握起跑与起跑后加速的衔接。 4. 蹲踞式起跑与起跑后加速是短跑项目特有的一种起跑方式,通过向后蹬地动作摆脱静止状态,获得最大向前加速度,进入途中跑技术。

(续表)

教学策略	1. 以起跑的重心控制为切入点。 2. 通过展板、示范等教学方法，在课堂引入中设计本课导引主问题（解决本课重点），在练习中设计本课次问题（解决本课难点）。 3. 引导学生运用初中已学物理知识——力的方向、力的合力，将物理理论与体育实践相结合。 4. 让学生在快乐学习中了解并提高蹲踞式起跑及起跑后的加速跑的练习技术动作，最终掌握蹲踞式起跑技术。

三、搭建体育竞技平台，提高学生的参与度

在教育领域中，体育竞技平台的构建对于激发学生的体育兴趣及参与度具有显著作用。通过为学生打造多样化的竞技平台，如校内、校际乃至社区级的体育活动，我们能够激发他们的竞争热情，培养团队协作与竞技技能，从而促进身心健康和全面发展。

这些平台不仅为学生提供了展现自我运动能力的舞台，更为他们之间的交流与合作提供了桥梁。在竞技场上，学生不仅能磨炼技艺和意志，还能学习到尊重对手、团队配合、公平竞争等体育精神。此外，多样化的竞技平台还能有效提升学生的参与度和积极性。参与体育比赛不仅能锻炼学生的体魄，还能培养他们的自信与自律。他们在享受运动乐趣的同时，更能体会到成功的成就感，从而更加热爱体育，形成持续锻炼的良好习惯。值得一提的是，体育竞技平台的建设在培养学生领导力和团队精神方面也发挥着重要作用。在比赛中，学生需要相互协作、共同进退，这种经历无疑会对他们未来的学习和工作产生积极影响。综上所述，构建体育竞技平台、提高学生参与度是促进学生全面发展的重要途径。通过参与竞技活动，学生可以在锻炼身心的同时，培养团队协作与领导能力，为未来发展奠定坚实基础。因此，教育工作者应致力于搭建多样化的体育竞技平台，以激发学生的体育热情，推动其全面发展。

第四节　生态科技健体的实际成效

融合生态科技在体育中的初步成效已经显著地改变了学生们的体育学习和锻炼方式，并且塑造了教师们的教学方式和理念。以下分别展示学生对生态科技健体的反馈、教师对生态科技健体的反馈和学校学子取得的体育成绩。

一、学生对生态科技健体的反馈

学校 1997 届毕业生蔡鸣现任上海交通大学医学院附属第九人民医院口腔颌面科主任医师、教研室副主任,他实现了从体育达人到主任医师的蜕变。

他在返校时感慨道:

我从小就有一股不服输的劲头,因此跨入二附中校门后,无论在课堂上还是在运动场上都会主动去拼搏,也许不会取得第一名的成绩,但只要努力过,无论结果怎样都无愧于心,都会坦然接受。中学时经常代表学校参加中学生运动会,这更让我学会了享受失败,因为努力过所以不会沮丧。1997 年 5 月上海市中学生第七届运动会上我以 11 秒 44 的成绩创造了学校 100 米纪录,并保持了 20 年,多年的体育锻炼让我深刻了解到身体健康对一个人的重要性。高考后我选择了医学专业,在进入上海交通大学医学院学习后,更为全面地了解到如何从一个医生的角度帮助不同病人和家庭来适应、康复、回归生活与社会。从医 17 载,回顾前半生,我也算小有成绩,拿到了全国口腔病例竞赛第一、专业论文竞赛和英文演讲比赛第一、国家级教学竞赛一等奖等殊荣,并升到了主任医师,也能为很多患者重塑健康人生,但离当年梦想成为一个有用的人的目标还远远不够。因此,我时常会梦到回到当初的校园、回到课堂,跟老师谈心,跟同学打闹,在跑道上飞驰……彼时的我们是那么的纯真,也正是黄金年代里身边的人们为现在的我树立了坚贞不屈的精神,让我能在激情奔腾的时代里奋勇向前。在九院做口腔科的医生不是一件轻松的工作,繁重的医疗工作之余还需要投入到缜密的科研学术与医科大学的教书育人任务中,但勇立潮头、敢为人先始终是我们这个年代的人的优秀品质。

现在我依然清晰地记得已故语文老师赵滢先生对鲁迅文章进行的课堂演绎画面,这激励着我成为一个能够给学生留下美妙印象的好老师。我依然清晰地记得体育组顾芬华与陈英老师,无论寒冬酷暑他们都在操场上陪伴着我训练比赛,在我出现心理波动、成绩不佳时,他们一句句朴实无华的鼓励与持续的默默支持成为多年后支撑着我闯过大学与研究生时代一个个关卡的精神动力之一。有一个学期,刚从师范大学毕业的黄滢老师来教授我们化学,当时我是课代表,我们互相协作,成为亦师亦友的完美搭档,成就了至今纯洁如初的友谊,也为多年后我成为硕士研究生导师确立了应有的职责和担当。

二、教师对生态科技健体的反馈

融合生态科技在体育中的应用帮助教师树立了全新的体育教育理念,转变了之前狭隘的教育观念。这种应用将体育教学置于五育融合的大背景之中,推动了体育教育质量和水平的提升,为体育教育注入了新的活力和动力,促进了体育教育的创新和发展。

学校郭旺杰老师在五育融合理念下的生态科技教育实践探索中提到:

对于我来说,五育融合理念下生态科技教育实践探索也就是在体育课中,根据新课标、新课程,再融入五育融合的理念。新教材课程与教学改革以"创新"为核心理念,随着课程与教学改革的深入,在五育融合理念下,为了优化体育学科育人的成效,以体育育人为切入点,优化课程建设与课堂教学策略,以此推动体育课程中五育融合,让学生得以全面发展。其实,要将五育融合的理念带入体育课中,首先要在教案编排中加入五育的课程评价。教材的教法研究中除了要考虑知识点、教学内容、教学方法之外,还要加入育人的价值(基于五育融合的理念)。例如,原地脚内侧传球教学研究中需要加入育人价值,了解力的作用是相互的,通过身体重力的传导,达到学习物理、生物知识的智育;同学相互合作、观察、纠正,培养顽强拼搏、团结互助,学会欣赏他人,增强个人对集体的责任感,达成德育的培养。然后在课后评价方面对课程的评价需要加入对"五育"教学的评价:德育评价方面,应加强对培养人才的理想信念、爱国主义、思想品德等方面总体状况和成长变化情况的考察,增强"育人"效果评价。智育评价方面,应加强对学生创新能力、知识能力和诚信担当的成长情况和取得的成果进行考查,考查学生发展质量和成长情况,检验"育才"效果。体育评价方面,关注体质、意识、意志、人格的现状和成长发生的变化情况。美育评价方面,通过教师在课堂中宣传项目的魅力,达到美育的培养目标。

在平时的课程中,教师要善于运用线上线下内容的整合与有机融合,结合现实的空中课堂,把国内外的一些训练和锻炼视频、教学方法等更好地整合,然后融入课堂,并在未来的教育教学过程中逐步加入多媒体的运用。通过动画视频让学生接触更高效、更直观的教学练习方式、教学练习步骤等,也可以通过视频去传播体育精神、体育名人事迹,从而提升学生对于该项目的热情以及感受体育本身蕴含的积极拼搏、吃苦耐劳、永不言败等精神品质,从而实现真正的五育融合教学模式。

三、学校学子取得的体育成绩

近些年来,学校学子在体育方面成绩不俗。以下为学校近几年体育赛事中学生取得的成绩(表4-5)。

表4-5　学生体育赛事奖项(节选)

姓名	荣誉名称	级别	日期	颁奖单位
朱婷、余炫、陆怡蕾、朱黄诗眹	2018年金山区学生阳光体育高中女子4×100米第二名	区级	2018-11	上海市金山区教育局、上海市金山区体育局
马春扬、卜永硕、朱振晨、顾一豪	2018年金山区学生阳光体育高中男子4×100米第三名	区级	2018-11	上海市金山区教育局、上海市金山区体育局
朱黄诗眹	2018年金山区学生阳光体育高中女子400米第一名	区级	2018-11	上海市金山区教育局、上海市金山区体育局
陆怡蕾	2018年金山区学生阳光体育高中女子200米第一名	区级	2018-11	上海市金山区教育局、上海市金山区体育局
陆怡蕾	2018年金山区学生阳光体育高中女子100米第二名	区级	2018-11	上海市金山区教育局、上海市金山区体育局
谈欣怡	2018年金山区学生阳光体育高中女子跳远第三名	区级	2018-11	上海市金山区教育局、上海市金山区体育局
朱　婷	2018年金山区学生阳光体育高中女子跳远第一名	区级	2018-11	上海市金山区教育局、上海市金山区体育局
黎　阳	男子铅球第一名	区级	2018-11	上海市金山区教育局、上海市金山区体育局
黄泽涛	2019年金山区学生阳光体育大联赛羽毛球男子第二名	区级	2019-05	上海市金山区教育局、上海市金山区体育局
张怡青	2019年金山区学生阳光体育大联赛羽毛球女子第三名	区级	2019-05	上海市金山区教育局、上海市金山区体育局
凌诗怡	金山区第六届运动会(青少年组)田径(高中女子组100米)第一名	区级	2021-10	金山区第六届运动会组织委员会
郭梦绮	金山区第六届运动会(青少年组)田径(高中女子组100米)第二名	区级	2021-10	金山区第六届运动会组织委员会

(续表)

姓名	荣誉名称	级别	日期	颁奖单位
凌诗怡	金山区第六届运动会(青少年组)田径(高中女子组200米)第一名	区级	2021-10	金山区第六届运动会组织委员会
郭梦绮	金山区第六届运动会(青少年组)田径(高中女子组200米)第三名	区级	2021-10	金山区第六届运动会组织委员会
吴爱豪	金山区第六届运动会(青少年组)田径(高中男子组100米)第四名	区级	2021-10	金山区第六届运动会组织委员会
吴爱豪	金山区第六届运动会(青少年组)田径(高中男子组200米)第三名	区级	2021-10	金山区第六届运动会组织委员会
胡 凡	金山区第六届运动会(青少年组)田径(高中男子组400米)第一名	区级	2021-10	金山区第六届运动会组织委员会
胡 凡	金山区第六届运动会(青少年组)田径(高中男子组800米)第三名	区级	2021-10	金山区第六届运动会组织委员会
韩 驰	金山区第六届运动会(青少年组)田径(高中男子组铅球)第二名	区级	2021-10	金山区第六届运动会组织委员会
周晗宇	金山区第六届运动会(青少年组)田径(高中男子组铅球)第四名	区级	2021-10	金山区第六届运动会组织委员会
张冻宸	2021年金山区学生阳光体育大联赛中学组体育摄影评比三等奖	区级	2021-11	金山区教育局、金山区体育局
凌佳怡	2021年金山区学生阳光体育大联赛中学组体育摄影评比三等奖	区级	2021-11	金山区教育局、金山区体育局

第五章 生态科技蕴美：
挖掘生态科技之美，让生命精彩绽放

从学生们在校园里一一勘测出的146种植物，到他们制作的挂满墙壁的昆虫标本，再到展示生态科技之美的博物学习空间、生态科技研究院、生态创客空间……美无处不在，也无时不在，丝丝缕缕地游弋在校园的每一个角落。学校积极构建自然校园环境，搭建生态科技场馆，开展特色课程活动，搭建立体展示平台，实现了从环境、场馆、课程、活动等多个维度对生态科技之美的综合渗透。这种综合育人的方式导向了不同维度的生态科技美学之境，让生命之美在绿意盎然和思想激荡中精彩绽放。

第一节 生态科技在美育中的价值

党的十九大报告明确指出，在新时代背景下，生态文明建设具有极其重要的战略地位和崭新的历史使命。生态文明建设需要全社会的共同努力，它需要我们具备整体的精神自觉，并积极投身于实践行动中。习近平总书记指出，我们要建设的现代化是人与自然和谐共生的现代化，既要创造更多物质财富和精神财富以满足人民日益增长的美好生活需要，也要提供更多优质生态产品以满足人民日益增长的优美生态环境需要。[1] 必须坚持节约优先、保护优先、自然恢复为主的方针，形成节约资源和保护环境的空间格局、产业结构、生产方式、生活方式，还自然以宁静、和谐、美丽。[2] 党的二十大报告继续强调坚持走人与自然和谐共生的中国式现代化道路，更加自觉投身建设美丽中国的伟大实践。[3]

---

[1] 刘妍君,彭佩林.生态文明与美丽中国建设研究[M].长春:吉林人民出版社,2021:71.
[2] 新华社.习近平指出,加快生态文明体制改革,建设美丽中国[EB/OL].(2017-10-18)[2023-12-01].https://www.gov.cn/zhuanti/2017-10/18/content_5232657.htm.
[3] 学习时报.黄润秋:深入学习贯彻党的二十大精神努力建设人与自然和谐共生的美丽中国[EB/OL].(2022-12-26)[2023-12-01].https://www.gov.cn/xinwen/2022-12/26/content_5733590.htm.

为了实现这一宏伟目标,学校生态文明教育作为基础性和先导性的力量,必须走在社会的前列①,以生态文明思想和理念为核心,培育人们的意识观念,引导人们积极参与实践,构建完善的生态文明教育体系,可以帮助学生认识生态之美。

一、认识生态科技之美,提高审美素养

21世纪是生态文明的世纪。② 这个时代的标志不仅是科技的进步和经济的发展,更是我们对自然和环境的态度的转变。生态美作为生态美学研究的核心概念③,它所包含的意义已经超越了单纯的自然之美,是人的生命过程的展示和人生境界的呈现。首先,生态美强调的是人与自然的和谐共存。在传统的美学观念中,美往往被定义为一种静态的、形式上的完美。然而,生态美则更强调生命的过程和动态的平衡。它不仅关注自然的美,更关注人类与自然的关系,以及人类在自然中的地位和作用。生态美的范畴超越了简单的自然景观或生物种群的审美,它涉及生态系统的整体性和稳定性,以及人类与自然之间的互动和影响。其次,生态美也是人生境界的呈现。它不仅是一种外在的美,更是一种内在的精神追求。在生态美的视野下,人类不再是被自然所超越和征服的对象,而是自然的一部分,是生态系统中的一个环节。人类的生存环境和生存状态不再是孤立的、与自然无关的,而是与整个生态系统紧密相连的。④ 这种对生命的认识和体验体现了人类对生态环境的深刻思考和人文关怀。⑤

同时,生态美学也不同于传统的生命美学和自然美学。生命美学往往将美限定在生命个体或特定物种的层面⑥,忽视了生命在生态系统中的地位和作用。而自然美学则更多地关注自然的原始美和形式美,忽略了人类与自然的关系和互动。⑦ 生态美学则将人类对生命的审视作为逻辑起点,将生物的生存环境和生存状态作为考察的轴线,从而将美学的研究范畴扩展到了更为广阔的领域。⑧

在探讨生态之美的过程中,不能忽视科技在其中所扮演的重要角色。科技

---

① 李志强.中学生态文明教育研究[D].苏州:苏州大学,2012:38-44.
② 徐东海.能源与人类文明发展[M].西安:西安交通大学出版社,2022:51.
③ 邹冬生,高志强.生态学概论[M].长沙:湖南科学技术出版社,2007:223.
④ 朱慧珍.朱慧珍集[M].北京:线装书局,2011:77-78.
⑤ 徐恒醇.生态美放谈——生态美学论纲[J].理论与现代化,2000(10):21-25.
⑥ 马里奥·佩尔尼奥拉.当代美学[M].裴亚莉,译.上海:复旦大学出版社,2017:5-6.
⑦ 艾伦·卡尔松.自然与景观[M].陈李波,译.长沙:湖南科学技术出版社,2006:23-26.
⑧ 邹冬生,高志强.生态学概论[M].长沙:湖南科学技术出版社,2007:223.

在生态之美中占据了三个不同的地位,分别是本我地位、自我地位和超我地位。这三个层面彼此交织,共同构建了科技在生态科技之美中的全方位影响。

首先,科技在本我地位上主要扮演着辅助者的角色。通过科技的力量,我们可以更好地发现、实现和留存生态之美。例如,利用先进的遥感技术,我们可以从宏观的角度观察和记录生态系统的变化,从而更深入地理解生态之美。同时,借助生物技术,可以保护和繁衍濒危物种,维护生态平衡,进一步彰显生态之美。[1] 其次,科技在自我地位上成为生态美的有机组成部分。在这里,科技不仅是工具,更是生态美的创造者和呈现者。例如,通过纳米技术,可以制造出与自然环境相容的环保材料,这些材料不仅具有高度的实用性,还能在细节处展现出生态之美。[2] 同时,信息技术的发展使得我们可以以前所未有的方式传播和呈现生态之美,进一步拓展我们对生态美的认知和理解。最后,科技在超我地位上具有超越生态之美的实现意义。在这里,科技不仅局限于对生态之美的呈现和保护,更通过创新和超越,创造出超越生态之美的崭新形态。例如,通过基因编辑技术,改造和优化生物的性状,创造出更适应环境、更具生命力的新物种,从而在更深层次上实现生态之美的超越。[3] 同时,通过人工智能和大数据技术,我们可以更深入地挖掘和分析生态系统的内在规律,为未来的生态发展提供更有针对性的指导。[4] 科技在生态科技之美中扮演了多重的角色。它既是辅助者、创造者,也是超越者。通过深入理解和把握科技在生态科技之美中的地位和作用,我们可以更好地发挥科技的潜力,创造出更具有永恒和谐之美的未来。

纵览人类科技文明的发展长河,生态科技之美逐渐显现,成为一道引人注目的风景线。通过更全面地领略生态科技之美的独特魅力,可以提升自身的审美素养。审美素养并非仅止于对美的感受,而是一种综合素质的体现。在欣赏生态科技之美时,通过理解科技的工作原理,探索其与自然生态的内在联系,可以培养学生对自然生态的热爱和保护意识。这不仅是对美的追求,更是对人类生存环境的深入思考与真挚关怀。通过对生态科技的学习和体验,可以深入了解其在环境保护、资源利用等方面的价值。例如,绿色能源技术如太阳能、风能等,在为人类提供清洁能源的同时,也实现了对自然资源的可持续利用;此外,

---

[1] 肖沪卫.走近前沿技术[M].上海:上海科学技术文献出版社,2002:254.
[2] 吴波.未来的环境保护之路[M].长春:北方妇女儿童出版社,2012:118-119.
[3] 刘习明.人类生殖的"危"与"机"[M].长沙:湖南教育出版社,2020:282-283.
[4] 石建平.良性循环的理论及其调控机制循环经济研究新视角[M].北京:中国环境科学出版社,2006:272-273.

生态农业技术通过科学的种植方法,提高了农作物的产量和质量,同时保护了土壤、水源等自然资源。①

二、巧用科技手段,发现、宣传生态之美

党的十九届五中全会指出,要弘扬科学精神和工匠精神,加强科普工作。党中央研究制定新时代加强科普工作的政策性文件《国家中长期科学和技术发展规划(2021—2035年)》,对科普工作进行专章部署。2021年6月,国务院印发了《全民科学素质行动规划纲要(2021—2035年)》,对未来15年的科普工作作出了系统全面的部署。② 习近平总书记指出,科技创新、科学普及是实现创新发展的两翼,要把科学普及放在与科技创新同等重要的位置。通过将生态之美捕捉具象化,顺应了党对科普工作的号召。生态环境部办公厅于2023年发布的《关于在2023年全国科技活动周开展生态环境科普系列活动的通知》中特别提到:"科研机构和环保设施向社会开放。各级生态环境实验室、监测站、观测站、科技装置、环保处理设施等积极向社会开放参观,举办专家讲座、科学实验演示、科研成果展览与推广转化等各类群众性科技活动,引导社会公众体验生态文明建设和生态环境科技成就,激发创新创造热情。"③ 为全面贯彻党中央关于新时代加强科普工作的决策部署,生态环境部制定了《"十四五"生态环境科普工作实施方案》,特别提到:"各类学校、媒体和企业等机构积极履行生态环境科普社会责任。鼓励中小学强化青少年生态环境科学教育,积极开展课内外教学实践活动;鼓励高校加强生态环境科普学科建设,培养科普专业化和复合型人才;生态环境领域的电视、报刊、出版物及各类网络媒体加大生态环境科技传播力度,增强内容的科普属性,发挥示范引领作用;鼓励企业积极开展生态环境科普活动,创建科普基地,提高员工生态环境科学素质,企业公益性科普投入视同研发投入,享受相关税收优惠。"④

---

① 陈阜,隋鹏. 农业生态学[M]. 北京:中国农业大学出版社,2019:302-304.

② 生态环境部. 生态环境部科技与财务司有关负责人就《"十四五"生态环境科普工作实施方案》答记者问[EB/OL]. (2021-12-15)[2023-12-10]. https://www.mee.gov.cn/ywdt/zbft/202112/t20211215_964276.shtml.

③ 生态环境部办公厅. 关于在2023年全国科技活动周开展生态环境科普系列活动的通知[EB/OL]. (2023-05-15)[2023-10-10]. https://www.mee.gov.cn/xxgk2018/xxgk/xxgk06/202305/t20230515_1029917.html.

④ 生态环境部办公厅. 关于印发《"十四五"生态环境科普工作实施方案》的通知[EB/OL]. (2021-12-08)[2023-11-15]. https://www.mee.gov.cn/xxgk2018/xxgk/xxgk05/202112/t20211215_964236.html.

生态之美是科普领域中的一项重大主题,旨在通过提高公众对生态环境的认识和了解,促进人类与自然和谐共处。科普是提高全民科学素养的重要途径,而生态之美则是科普中的一个关键领域。它不仅涉及自然环境的保护和可持续发展,还与人类的文化、历史和生活方式息息相关。生态之美的普及离不开科普的推广转化。科普作品可以通过各种形式,如书籍、杂志、电视节目、网络文章等,向公众传播生态知识,引导他们了解和欣赏生态之美。这些科普作品不仅提供了丰富的生态知识,还通过生动的案例和故事,让公众更加深入地理解生态系统的复杂性和多样性。同时,科普作品还可以通过倡导环保理念和行为,促进公众参与环境保护和可持续发展。[①]

对科普的宣传离不开科技的广泛应用。随着科技的不断发展,科普作品的形式和内容也在不断更新和完善。在科技持续发展的今天,我们拥有更多的手段去发现和捕捉生态之美,突破的技术限制带来了无限的可能。摄影、无人机、虚拟现实等技术为我们提供了全新的视角和感知方式。摄影技术能够将美丽的瞬间定格为永恒。通过摄影设备,可以记录下大自然的美景、生物的奇特形态以及人类对生态环境的思考与探索。这些照片不仅是对美的捕捉,更是对自然生态的一种保护和传承。无人机则提供了从空中俯瞰自然景观的机会。借助无人机航拍,可以看到山脉的连绵起伏、森林的茂密繁盛以及河流的蜿蜒曲折。这种视角的变换让我们更加敬畏大自然的壮丽与伟大。虚拟现实技术则让我们能够身临其境地感受大自然。通过虚拟现实头盔,可以进入一个逼真的自然环境,亲身体验其中的美妙与神奇。这种沉浸式的体验让人们对生态之美有了更加直观的认识和感知……

三、科技与艺术有机结合,创造多元美

科技与艺术的结合为生态之美提供了更加多元的表现形式,如智慧场馆的建设为博物馆带来了革命性的变革。通过运用先进的技术手段,博物馆打破了传统的空间限制,将展览和教育活动延伸到了更加广泛的领域。这种创新方式不仅增强了博物馆的互动性和参与感,也使得科学传播更加普及。在传统的博物馆中,观众往往只能局限于展厅内的参观,无法亲身感受到大自然的奥秘和科学原理的魅力。然而,通过智慧场馆的建设,博物馆得以将展览内容延伸到更为广阔的领域。例如,上海科技馆通过远程视频技术,将云南野象谷和南汇

---

① 祝燕南.纪录片发展报告[M].北京:中国广播影视出版社,2021:377-379.

东滩湿地的实时画面传输到场馆中,让观众仿佛置身于野外的自然环境中,感受到大自然的壮美和神奇。① 除了远程视频技术,增强现实技术也为智慧场馆的建设提供了强大的支持。通过增强现实技术,博物馆可以将虚拟的展品和信息与现实场景相结合,为观众带来更加沉浸式的参观体验。在上海自然博物馆新馆中,展厅里的马门溪龙骨架模型通过增强现实技术回到了上海自然博物馆老馆②,让观众能够更加深入地了解这种古老生物的生活习性和演化历程。而通过"时光隧道",观众还能够穿越时空,回到6600万年之前的远古时代,亲身感受地球历史的变迁和生物演化的奇妙。智慧场馆的建设不仅增强了博物馆的互动性和参与感,也使得科学传播更加普及。这种创新方式让观众能够更加深入地了解科学知识,激发他们对自然和科学的探索欲望。同时,智慧场馆的建设也推动了博物馆的数字化转型和升级,为未来的博物馆发展提供了新的方向和动力。③

此外,很多领域都体现了科技与艺术有机结合的多元之美。在建筑设计中,可以运用科技手段来模拟自然光线、气流等元素,创造出既环保又具有艺术美感的建筑作品。④ 在艺术装置领域,科技与艺术的结合可以让人们从不同角度欣赏艺术的魅力。数字艺术则通过虚拟现实、增强现实等技术手段为观众呈现出生动的视觉效果。此外,科技创新也为生态保护与艺术表现相结合提供了可能。例如,通过环境监测技术预防环境污染等。这些创新不仅为生态保护提供了技术支持,同时也呈现出了对自然生态的关怀和呼吁。深化对生态科技之美的理解、善于利用科技手段发现并捕捉生态之美以及实现科技与艺术的有机结合是提升人们对生态美认识的重要途径。借助科技的力量,让更多人领略到生态科技之美的独特魅力,进一步激发人们对自然的热爱和保护意识。

---

① 上海科技馆.生物万象[EB/OL].[2023-11-15].https://www.sstm.org.cn/detailexhibition/1.
② 上海自然博物馆.上海自然博物馆常设展览[EB/OL].[2023-11-11].https://www.snhm.org.cn/cszl/zggk.htm.
③ 胡玺丹,王俊卿,徐佳艺.博物馆拓展类教育活动研究[M].上海:上海科学技术出版社,2019:113-114.
④ 马建辉,王晓宁.中国高校博物馆建设研究[M].北京:新华出版社,2015:82-85.

第二节 生态科技蕴美的基本概况

一、整体思路和实施情况

雅克·拉康将主体划分为三个层次:符号界、实在界和想象界。这三个层次相互交织,构成了人类存在的复杂性和矛盾性。符号界是指人类通过语言和符号系统来理解和表达世界的方式。在拉康看来,语言并非人类对世界的客观反映,而是人类对世界的主观理解和象征性表达。人类通过语言构建了自我和他人的形象,同时也构建了社会和文化秩序。① 符号界是拉康理论中的一个重要概念,它揭示了人类社会的符号化和象征性本质。实在界是指无法被符号化和表达的原始实在,它是超越人类理解和表达能力的领域,包含着无法被语言表达的原始欲望和无意识力量。实在界是人类的内心深处的神秘领域,与个体的潜意识和无意识状态密切相关。② 想象界是指人类通过想象和幻想来构建自我和他人的形象的方式,它通过想象和幻想来创造个体的身份和认同。③ 想象界、符号界和实在界相互交织,构成了人类存在的复杂性和矛盾性。学校的美育建设也在无意识中暗暗耦合了拉康理论世界的构建。其中,处于学校美育构建底层的为"认识美",这构成了学校美育建设的底层逻辑,通过对生态科技之美中符号的内涵把握,学生可以建构自己对美的主观理解,认识美不是简单地认识名词,而是深刻把握其内涵韵致下的能动所指。处于学校美育构建中层的为"发现美",这是学校美育建设的中台,通过指导学生掌握科技的力量,在或短暂或长久的时间序列中,以抽丝剥茧的态势更好把握无法被语言表达的原始实在。"创造美"是学校美育建设的高地,也是学校美育建设的金字塔顶端,学校坚持发挥美育的多元化力量,到达"各美其美,美美与共"的创汇融通之地。图5-1 为学校融合生态科技与美育的建设思路和实现路径模型。

---

① 谢群.西方语言哲学思想流变[M].哈尔滨:黑龙江大学出版社,2021:112.
② 肖恩·霍默.导读拉康[M].李新雨,译.重庆:重庆大学出版社,2014:109-111.
③ 王国芳.后现代精神分析:拉康研究[M].福州:福建教育出版社,2019:175-176.

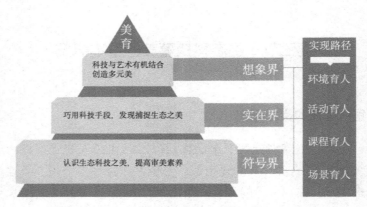

图 5-1　融合生态科技与美育的建设思路和实现路径

需要注意的是,"认识美""发现美""创造美"并不单单是阶梯式的进步,它们之间如同波罗米结互相交叉、互相生长,缺失任何一部分,美育的世界便会发生坍缩。"认识美""发现美""创造美"是彼此勾连的共同体,是彼此支撑的共生体。学校美育建设始终坚持"想象界""实在界""符号界"中美的共生性、创造性培育,通过一系列实在路径,以美的环境为背景,以美的活动为抓手,以美的课程为中心,以美的场景为特色,将高屋建瓴的理论引入学校生态科技文明建设之中,让美如源头活水,奔涌而来。

在当前的校园环境中,学校致力于全方位实施环境育美的理念。在校园的各个角落,我们可以看到一系列的生态科技设施,它们共同为学生营造了一个充满科技与生态之美的学习环境。首先,学校精心选择了各类植物,不仅考虑了美观性,更注重了生态价值。从高大的乔木到低矮的灌木,再到繁茂的草地,每一处都经过了精心规划,确保了校园的四季常绿、景色宜人。同时,我们深知植物不仅是美化的工具,它们还具有丰富的科普价值。因此,学校在校园内设置了植物科普标牌。同时,学生自主绘制了校内植被分布图,详细介绍了各种植物的特性、生长习性以及其对环境的贡献。这不仅增加了学生对植物的了解,也激发了他们对自然的热爱。在垃圾处理方面,学校采用了绿色化的垃圾处理方式。所有的垃圾桶都进行了分类处理,并采用环保材料制作。同时,学校还建立了餐厨垃圾生态处理系统,将餐厨垃圾转化为有机肥料,既减少了垃圾对环境的负担,又实现了资源的循环利用。此外,学校还划定了一系列生态科技实验范围。例如,沿河而划的生态长廊为学生提供了一个学习生物多样性的场所;生态鱼池则成为观察水生生物、了解水生态平衡的活教材;气象检测仪和鸟类检测仪则帮助学生实时了解校园内的气候和鸟类动态,培养他们观察自然、敬畏自然的意识。

为丰富学校美育建设,上海师大二附中开展了一系列活动,涵括校内和校外、线上和线下、课内和课外相结合的"三结合"方式,同时穿插学校"三走四节"的多样化节日及活动形式。为更好促进美育的校内、校外相结合,学校定期聘请专家进行专题讲座,带领学生野外实践调研,如前往鹦鹉洲、崇明东滩湿地公园、天目山自然保护区、安吉中南百草园等地实践考察,与辰山植物园、上海中心气象台等合作打造活动与项目。在这些实践活动中,学生亲自策划方案、组织实施,切身感受到自然之美、科技之力。在线上、线下相结合的形式中,学校多位教师参与上海市空中课堂、高中名校慕课的录制,逐渐积累了一批在线的优质教育资源。在课内、课外相结合的形式中,学校积极通过社团、项目化学习等形式横向铺开美的教育,社团活动的具体形式将于本章第三节进行详细介绍。

学校投入充分的财力、物力、人力,建设了四大场馆,分别是生态研究多功能室、生态创客中心、生态科技研究院和博物学习空间。建筑本身便是以美凝练的诗,同时这些场馆不仅是展览的空间,还是培植创造美的摇篮。以生态研究多功能室为例,顾名思义,生态研究多功能室是一个集多种功能于一体的学习场所。这里不仅为学生和教师提供了一个交流互动的平台,同时还可以进行茶艺学习和麦秆画制作等多元化的学习活动。此外,该多功能室还可以用于探讨生态问题,进一步加深大家对生态环境的认识和了解。总而言之,生态研究多功能室是一个集学习、交流和实践于一体的综合性场所,旨在促进师生之间的互动与合作,培养大家的综合素质和能力。

二、常规活动和特色活动

学校生态科技与美育相融的活动长廊就像一幅丰富多彩的画卷,点缀着形色各异、大大小小的活动。它们不是孤立的个体,也不是简单的拼凑,而是彼此之间相互关联、相互呼应,形成了一个有机的整体,具有去中心化、形散神不散的特点,使得这些活动在强调音乐、美术等基础课程的同时,更加注重场景建设、项目化学习、校本课程、校外实践等多个领域的特色化美育活动。

在生态科技与美育相融的活动中,我们不仅关注学生的知识积累,更注重培养学生的审美情感和审美意识。我们引导学生感受大自然的美丽和神奇,体验科技的奥妙和力量,让他们在亲身体验中领悟到生态与科技的美。同时,我们还通过各种特色活动,让学生们有机会展示自己的才华和创意,激发他们的创造力和想象力。

在建设美育的过程中,我们始终坚持"一切以学生全面可持续发展为本"的办学理念。我们相信,每一个学生都有自己独特的天赋和潜力,只要给予他们足够的关注和引导,他们就能够绽放出属于自己独特的光芒。因此,我们不断深化美的内涵建设,在常规活动中注入上海师大二附中的"绿色魂",在特色活动中走出上海师大二附中的"特色路"。我们的目标是让每一个学生都能在生态科技与美育相融的活动中找到自己的位置,发挥自己的优势,实现自己的价值。我们相信,在这样的环境中成长起来的学生不仅能够拥有扎实的学科基础,还能够具备开阔的视野、创新的精神和可持续发展的能力。

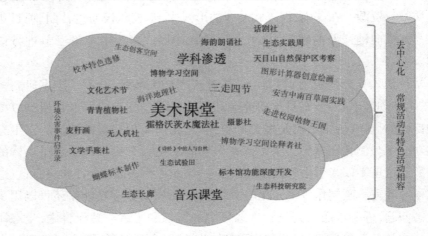

图 5-2 常规活动和特色活动部分关键词云图

第三节 生态科技蕴美的实践探索

一、环境育人:构建自然校园环境

上海师大二附中是金山区重点高级中学,虽位于上海西南部远郊,但在融合育人方面有其独特的地域优势。金山位于上海西南,南濒杭州湾,北连松江、青浦两区,东邻奉贤区,西与浙江省平湖、嘉善接壤,是长三角经济区域中心,境内有多处马家浜文化和良渚文化遗址。2017 年,金山区被重新确认为国家卫生城市(区),2019 年入选"中国民间文化艺术之乡"名单,2020 年成功创建"全国文明城区"。这为学校美育提供了良好的外部条件。

学校地处金山新城区,占地面积约 5.47 万平方米,建筑面积 2.6 万平方米。自 1993 年以来,学校绿地覆盖率达到 61.6%,植物品种达到百余种。自 20 世纪 90 年代以来,学校便保持着"上海市花园单位"的美誉,这足以证明学校在生态建设方面的卓越成就。学校构建了物种丰富的立体化生态网络,从高大的乔木到低矮的灌木,再到五彩斑斓的花卉,这里汇聚了大自然的鬼斧神工,并巧妙结合了现代科技,光伏板、鸟类检测仪、气象检测仪等,于默默无声中书写着科技的法则。不仅如此,校园内还有绿色校园建筑和特色风景长廊,相互映衬,构成了一幅幅令人心旷神怡的画卷。当然,这所学校的生态之美并非仅仅停留在表面,学校更是用心营造了一个绿色、协调、共生的校园立体学习环境。在这个环境中,学生可以更直观地了解自然、感受自然的奥妙。学校将"人与自然和谐共生"的美好理念融入了日常教学的每个空间情景之中,为学生们打造了一个具有生态野趣、物种多样、自然体验与教育相结合的趣味学习空间。校园一隅,建设特色生态廊道,将河西岸湿地微生态实景场域融入校园,校园荒野、精品果园、生态创客空间、生态鱼池等成为孩子探索本土生物和生态系统之间的关系的"第一现场"。以下选择学校有特色的设置及场景进行一一介绍。

(一)餐厨垃圾资源化处理中心

餐厨垃圾资源化处理中心利用微生物好氧发酵技术,使用互联网远程控制,将学校食堂在日常食品加工等活动中产生的高有机物含量的垃圾,通过粉碎、脱水、生物发酵等程序,制成有机菌肥。该有机肥能调节植物生长,减少病虫害,改善土质。此举有效实现学校垃圾减量、枯枝落叶循环利用,有力支持学校植物生态系统的良性发展。

(二)踏月桥

学校踏月桥采用现代钢梁结构,是连接传统与现代的科创之桥。桥上引入新能源的环保概念,铺设了 5 组太阳能电板,采用独立光伏发电系统。当夜晚桥面 LED 彩灯亮起,"踏月"之名在传统文化意境中又融入了师生对未来美好生态的追求。

(三)乡土物种保育体验区

作为生态科普和体验探究的配套基地,乡土物种保育体验区借助生态修复技术对场地进行规划设计。抽引战斗港河水,增建池塘与小溪构成的微湿地生态系统,引入上海本土植物、昆虫、水生生物 150 余种,其中有重点保护物种——野大豆。营造具有本土区域特色的"荒野"生态环境,实现河水水质的生物净化,并提升小范围内的生物多样性,为学生开展生态系统的相互关系与生态价值的研究提供丰富资源。

（四）生态鱼池

运用海绵城市理念,以"生态""净水"为主题,设计具有江南园林风情的科普景观。通过接入乡土生态体验区溢出的河水、收集的雨水,运用科技手段提升水质,为养鱼池供水。生态鱼池兼有净化和景观功能的"鱼—植—水"生态系统,为科普学习和探究活动提供了条件,也成为师生日常休憩的场所。

图5-3 生态鱼池

二、场馆育人：搭建生态科技场馆

（一）博物学习空间

1995年,在上海师范大学的鼎力支持下,上海师大二附中建立了标本室。2013年,金山区教育局斥资打造了馆藏1700余件展品的标本馆,馆内囊括很多种类的珍稀动物,如大熊猫、金丝猴、虎、云豹、赤斑羚、梅花鹿、白枕鹤、白颈长尾雉、蓝孔雀、达氏鲟、紫貂、巨蜥、蟒、黑叶猴、大灵猫、小灵猫、苏门羚、豹猫、猕猴、穿山甲、玳瑁、红腹角雉、白鹇、白腹锦鸡、红腹锦鸡、雕鸮、蜂鹰、普通鵟、苍鹰、红隼、燕隼、凤头鹃隼、大白鹭、草鹭、苍鹭、白琵鹭、白鹳、大麻鳽、鸳鸯、水獭、毛冠鹿等。这里不光有学校重要的生态教育资源,同时成为金山区科普教育的重要基地。自开馆以来,标本馆已累计接待超过10000人次的访客,每年平均服务场次高达500余场,并迎接1500余名访客。随着影响力的不断扩大,社区居民、各级各类教育单位以及国际学生和教师团队均纷纷前来参观学习。

标本馆始终致力于科普宣传和品质提升工作。为了提供更优质的参观体验,2021年,在上海师范大学和上海自然博物馆专家的协助下,标本馆进行了全面升级,不仅实现了从单一标本展示到综合学习功能的转变,还形成了"生态之问""生态之美""生态之殇""生态之道""进化之路""海岛之特""蝶变之彩"等鲜明的主题分区。此外,为了拓宽科普的普及范围,全校师生还积极开发线上"数字标本馆",利用3D-AR技术打造互动体验室,以蝴蝶标本和老虎标本为原型,为访客提供沉浸式的参观体验。

博物学习空间不仅作为科普基地对外开放,同时还是志愿者服务基地。学生志愿者们担任标本的"代言人",他们整理科学信息、撰写科普文稿、录制音频并制作二维码,以便访客通过"云"参观或线下扫码获取更多学习资源,从而提升科学素养。每年都有不同年龄段的访客前来参观,他们对丰富多样的展品赞叹不已,尤其是对志愿者讲解员的专业讲解给予高度评价。此外,许多本校的生物爱好者、创新素养培育基地学员以及来自上海各中学和小学的师生们也积极参与到志愿服务工作中,使博物学习空间成为一道亮丽的风景线。

目前,博物学习空间的志愿者队伍已壮大至180余人,他们见证了标本馆的发展历程,而标本馆也见证了他们的成长与进步。"赠人玫瑰,手有余香",这是所有服务过的志愿者的共同心声,《博物学习空间典型志愿者感悟集锦》更是记录了他们的成长与收获。

图5-4 博物学习空间

(二)生态科技研究院

生态科技研究院以其独特的绿色外墙,彰显着生态与科技的紧密结合,美的旨趣油然而生。这层构成墙体的生命力顽强的草本植物不仅少有虫害困扰,更能在室外环境下茁壮生长。为了确保这些植物的长久健康,研究院特别安装了自动灌溉系统,为植物提供稳定的水源和养分。

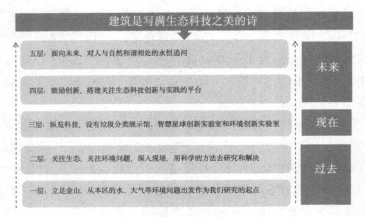

图 5-5　生态科技研究院建设理念

研究院的中庭设有一处雨水收集装置,这不仅是对雨水资源的有效利用,更是对生态建设的有力实践。这套装置能有效地收集、过滤清洁雨水,不仅可供师生浇灌植物、清洗车辆等日常使用,更为学生提供了一手的水质和降雨量研究资料。

图 5-6　生态科技研究院

研究院一楼的主题为"立足金山",地面铺设着精确的金山地图,各城镇一览无余。两侧墙壁则生动展示了生态与科技的完美融合。沿着楼梯拾级而上,二楼墙壁上的时间轴引导我们了解生态的演变历程,预示了"生态"的主题。主题墙上列出了当代人们面临的主要环境问题,如水污染、大气污染、土壤污染及垃圾围城等,这不仅启示我们关注环境问题,更是激发我们深入现场,用科学的方法去研究和解决。三楼的主题为"科技",强调科技在解决环境问题中的重要作用。这里设有垃圾分类展示馆、智慧星球创新实验室、环境创新实验室等,都是我们用科技解决环境问题的有力证明。四楼的主题为"创新",人类的发展史就是一部创新史,未来的世界将由创新的步伐铺就。学校在此搭建了创新与实践的平台,让学生在各类科技活动中锻炼和成长。五楼的主题是"未来",现代科技的发展既给人类生活带来了巨大变革,也引发了我们对未来的思考。气候恶化、环境污染、资源枯竭等问题让我们思考人与自然如何和谐共生,激发我们对美好未来的向往和追求。

这座生态科技研究院不仅是一座建筑,更是一个引导学生思考人类与自然关系的思想殿堂。教师、学生能在这里收获知识、启迪思维,共同探讨人与自然的和谐共生之道。

(三)生态创客空间

在学校建设的生态创客空间中,学生深刻感受到了物联网技术对植物养护和跨区域物种培育的巨大影响。在这个充满科技力量的空间里,植物仿佛被赋予了新的生命。通过精准控制的水肥一体化系统,植物得以在最佳的生长条件下茁壮成长。同时,物联网技术还使得跨区域物种培育成为可能,让我们能够在任何地方都能享受到来自世界各地的优质植物品种。除了物联网技术的应用,生态创客空间还注重环境要素的数字化呈现。通过先进的传感器和数据分析技术,我们可以实时监测和掌握植物的生长状况,以及环境因素如温度、湿度、光照等的变化。这种数字化的呈现方式不仅提高了植物养护的精准度,还有助于我们更好地理解植物生长的规律和需求。

此外,生态创客空间和精品果园还注重低碳节约的体验式感知。在这里,学生不仅学习到了如何利用可再生能源和节能技术降低碳排放,还亲身感受到了如何在日常生活中实践低碳生活。这种体验式的学习方式不仅增强了学生对生态文明的理解和认同,还有助于学生养成良好的环保习惯。

在生态创客空间中,"植物加油站"作为一项重要的活动平台,承担着为教室绿植提供专业养护的使命。鉴于教室环境条件和管理缺失等因素,部分绿植逐渐失去生机,因此"植物加油站"的设立旨在让这些失去生机的植物重焕活力。"植物加油站"不仅为植物提供紧急救助,更是构建了一个充满生命力的生态空间。我们为这些需要特殊关照的植物打造了一座玻璃暖房,精准控制温度和湿度,以适应植物生长的最佳条件。这使得原本濒临死亡的植物得以复苏,重新焕发生机。"植物加油站"有专业人员指导班级的养绿护绿员对植物进行急救,他们精心负责为植物提供全方位的救助服务,包括培土、移盆、施肥等环节。此外,"植物加油站"还组织各类活动,如植物养护讲座和绿植领养等,以增强学生对绿植的关注和爱护。这些活动旨在让更多人意识到绿植的重要性,学会正确养护绿植的方法,从而美化教室和生活环境。

图 5-7　生态创客空间

三、课程育人:开展特色课程活动

2020 年 10 月,中共中央办公厅、国务院办公厅印发的《关于全面加强和改进新时代学校美育工作的意见》指出,要"树立学科融合理念,加强美育与德育、智育、体育、劳动教育相融合,充分挖掘和运用各学科蕴含的体现中华美育精神与民族审美特质的心灵美、礼乐美、语言美、行为美、科学美、秩序美、健康美、勤劳美、艺术美等丰富美育资源,有机整合相关学科的美育内容"。[①]

上海师大二附中课程设置早已在不知不觉中践行了心灵美、礼乐美、语言美、行为美、科学美、秩序美、健康美、勤劳美、艺术美"九美"理念,以"融合生态科技"为核心,通过"国家课程"和"校本课程"两大途径,以课程育美于无形。在国家课程的实施中,我们坚持学科渗透的原则,将美的元素融入各个基础学科的日常教学中。教师们通过精心设计的教学环节,让学生在潜移默化中感受到美的存在,理解美的内涵。例如,在数学课上,教师可以通过展示数学公式的

---

① 中共中央办公厅、国务院办公厅.关于全面加强和改进新时代学校体育工作的意见;关于全面加强和改进新时代学校美育工作的意见[EB/OL].[2020-10-15]. https://www.gov.cn/zhengce/2020-10/15/content_5551609.htm.

对称美和逻辑美,引导学生发现数学中的秩序美;在语文课上,教师可以通过引导学生品味文学作品的意境美和语言美,培养学生的审美情趣。同时,学校也非常重视校本课程的开发与实施。我们根据学校自身的特点和资源优势,开设了一系列具有特色的美育课程。以融合生态科技为核心,这些课程不仅涉及艺术、文化、体育等多个领域,还注重跨学科的融合与创新,将生态学、科技与美学相结合,将传统艺术与现代科技相结合,让学生在创作中体验艺术与科技的魅力。通过这些课程的实施,学校不仅在学科教学中渗透了美的元素,还为学生提供了更多元、更丰富的美育体验。学生在参与这些课程的过程中不仅能够培养审美情趣和创造力,还能够提升自身的综合素质和竞争力。

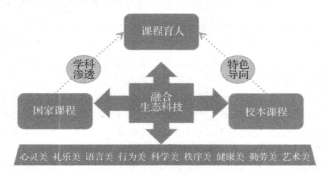

图 5-8　基于"九美"的美育课程育人模式

学校目前共有近 30 门校本特色课程,包括"玩转地理信息技术""海洋地理""小小预报员""我是环境守卫者""太阳能发电技术的科普和创新""走进校园植物王国""太阳能发电技术的科普和创新"等多门深入融合生态科技理念的校本课程,以下将分别选取国家课程的部分章节和校本课程的教学案例进行展示。

(一) 生物课之健康美

美育与学科教学之间存在着紧密的联系。将美育融入各科教学中,是学校美育工作的重要一环。蔡元培先生在谈论中学美育时曾指出:"进而及中学校,智育之课程日益扩加;而美育之范围,亦随以俱广……无不于智育作用中,含有美育之原素;一经教师之提醒,则学者自感有无穷之兴趣。"虽然各学科教学有其特定的教学目的、内容和相应的教学方法,但它们都包含着不可或缺的审美因素。例如,历史、地理、生物课程中的人物品格美、风土人情美和自然景色美。[①] 学校任方方老师充分挖掘生物课程中含有的健康美、科学美等美的要素,

---

① 陈育德. 陈育德美学文集[M]. 芜湖:安徽师范大学出版社,2022:610.

在学生作为审美主体和审美客体之间搭建内视、外观的生物美学桥梁（表5-1）。

表5-1　生物学课例节选

课程	章节	任课老师
生物学	必修一第五章　生命的历程——"细胞衰老与死亡是自然的生理过程"	任方方
一、创设动态情境，感悟多彩之美	"细胞衰老与死亡是自然的生理过程"一课以"青春与岁月"短视频为开端，展示从0岁到100岁女性的一生。学生边观看视频，边观察女性不同年龄的外貌，随着年龄的增大，出现个体衰老的特征，同时借助于《西游记》里的关于吃唐僧肉长生不老的桥段和当今医美行业的盛行，让学生认识到衰老是生命的一种正常现象，同时对社会现象背后的科学性进行反思，引发学生的认知冲突，让学生重构对美的认知，感悟到美的多元性。	
二、贯穿问题导向，演绎生命之美	通过与学生的交流发现，教师在课堂中提出问题而学生不愿意回答的原因有以下三种情况：1.问题设置难度太大，学生不知如何回答；2.问题过于简单，学生不屑于回答；3.问题指向不明确，学生找不到答题方向。对以上三种情况进行分析，其实是教师没有对学生的认知水平进行了解。学生并非脑袋空空地进入学习情境，他们在学习新问题之前就已经对日常生活中的事物和现象有了自己的理解和认识。因此，在进行新的知识学习之前，要提出有效的问题，让学生表达自己的想法和理解，以学生的认知结构为教学的起点，就能准确掌握教学的重点与难点，在课堂教学中有机调节课堂气氛，把握教学的节奏。以"细胞衰老与死亡是自然的生理过程"为例，在"生物体为什么会衰老"这一核心问题的基础上，以"个体衰老与细胞衰老的关系""细胞衰老有哪些表现""细胞衰老的原因""细胞死亡的方式有哪些"这一连串的子问题构成本节内容的主线。 在每个知识点讲解之前，通过设置细胞衰老与个体衰老的关系、细胞衰老的特征、细胞衰老的原因、细胞不同的死亡方式四个问题，让学生自己先来说。通过学生的回答，了解学生认知水平，在获知学生的真实想法后有针对性地设计教学活动。通过这样的形式，学生参与度较以往有很大提升，同时在教师讲解的过程中，学生还会主动提出一些问题。说到底，生命的表象和生命体征的活动都是基因控制细胞运动的过程。学生认识到生命的本质，从而激发他们敬畏生命、热爱生命的情怀。本课程让学生在获得生物知识中发现美、感受美和表达美，师生都可以享受到愉悦、和谐的美的体验。	

(续表)

三、基于社会责任,渗透素养之美	在课程结束后,教师为大家布置了一个拓展探究小项目:请大家结合细胞衰老和死亡的特征,每个小组选择几种抗衰老的药物和保健品,尝试分析这些药物和保健品有效成分和作用原理的"真伪"。这一任务发布后的一周内,各个小组自发在腾讯会议约定研讨时间,同时向教师发出邀请,在会议中他们阐述自己的调查结果,同时对这一过程中发现的问题进行进一步的讨论。另外,教师还收到来自家长的反馈,原来这些学生还给父母和爷爷奶奶讲解他们平时吃的营养品的作用机理,同时还告诉他们哪些营养品其实是广告夸大其词。教师还发现平时从来没有发言的学生也慢慢有了表达的意愿。在这一过程中,学生将所学的知识和概念应用到实际生活和社会议题中,辨别"伪科学",无形中也促进了学生科学思维与社会责任感的提升。在高中生物教学中渗透美育,能够让学生领略到生物学的美感,以此激发学生学习生物学的热情,提高生物教学的实效。生物教师在教学中需要清楚地认识到渗透美育对发展学生智力、陶冶学生情操具有重要作用,引导学生感受生命观念、生物模型、探究实验和社会责任中的美感,从而实现发展学生生物学科核心素养,促进学生全面发展的目标。

(二)美术课之艺术美

随着中学美术教育课程的深入改革,传统的以单一学科知识为主的构建方式被彻底打破,这无疑给教师们的知识建构和教学方法提出了全新的挑战。美术课不再仅仅是其他学科的附属品,而是成为人才培养体系中不可或缺的一部分。[1] 学校沈心远老师作为美术教育的中坚力量,在学生时间资源紧张的情况下,紧跟美术教育发展的步伐,充分挖掘学校的生态科技资源,创新性构建科学合理的教学方式,加强美术课程的实用性,提高教学质量,充分体现美术课的艺术美(表 5-2)。

表 5-2 艺术课生态科技教育融合课题展示(节选)

课题	教学实践	融合目标
	课堂	生态科技教育
美术鉴赏的概念与意义	图像解读:苏州博物馆的建筑既吸取了苏州古典园林之精华,又融入了现代建筑的风骨,从而造就了意境悠远、淡雅别致、山水交融而具有东方含蓄美的建筑精品。	感受苏州博物馆的建筑美、人文美与意境美。
美术鉴赏的方法	内容解读:两幅山水画《江山如此多娇》和《夏山图》主题比较。	感受中国山水画的自然美,体会作者寄予的情感主题。

---

① 王聪. 如何上好一堂美术课——以高一《中国民间美术》为例[D]. 石家庄:河北师范大学,2017:4-7.

(续表)

课题	教学实践	融合目标
	课堂	生态科技教育
诗情画意的园林艺术	分析鉴赏：中国古典园林的造景方式与造园理念。	体会中国古典园林艺术传递的崇尚自然的理念以及诗情画意的追求。
雕塑——精神情感的升华	艺术学习单：鉴赏校园里的雕塑。	领会校园雕塑里传递的精神内涵与艺术价值。
丹青笔墨	分析鉴赏：山水画《溪山行旅图》《千里江山图》的技法与意境。	读懂山水画"可居、可行、可游"的观点，陶冶情操，悟对自然。
革命理想高于天	分析鉴赏：石鲁《转战陕北》将人物放在巅峰之上，借山为势，使画面有"一览众山小"的豪迈气势。	人物的领袖形象与豪迈山势相映衬，表现出了人物审时度势、运筹帷幄的领袖风范。
展现时代新风貌	分析鉴赏：李可染《万山红遍层林尽染》。	从《沁园春·长沙》激越豪迈的词句里领略山水画的意境，在黑红对比中书写南国深秋景色，表现祖国河山的无比壮丽。
非遗传承	分析鉴赏：竹刻《戈壁骆驼臂搁》。	感受雕刻家刀下的笔墨韵味；感悟"千里之行，始于足下"，彰显沙漠之舟顽强的生命力。
丝绸之路上的敦煌	分析鉴赏：莫高窟第285窟西壁佛像与龛楣图形。	分析韵律张力示意图体现的优美韵律，以及给人强烈的视觉冲击力。
古典的兴盛	分析鉴赏：和谐与理性的文艺复兴时期建筑；端庄与对称的法国古典主义建筑。	感受古典建筑的对称美、理性美。
探索世界营造空间	比较鉴赏：《姑苏繁华图》《理想城市》与《果园》。	感受科学的透视法使得在平面上能表现出真实可信的三维空间。
视觉变革	鉴赏：莫奈《睡莲》《日出·印象》等作品；凡·高《星月夜》《向日葵》等作品。	理解感受印象主义、后印象主义画家在呈现绘画作品时从客观到主观、从外在到内在的情感表达。
媒体艺术	鉴赏：《电子超高速公路》《天气计划》等新媒体艺术。	感悟新媒体艺术运用现代技术唤醒人们对世界、对自然的思考。
公共艺术	鉴赏：《卡塞尔的橡树与玄武岩石条》《升级》《大鱼》《幸福的颜色》等公共艺术。	理解公共艺术传递给人们保护地球生态的理念与精神。

（三）"环境公害事件启示录"之行为美

"环境公害事件启示录"这门课程旨在引导学生深入剖析世界八大环境公

害事件。通过典型案例的呈现与讨论,组织学生通过对案例的调查、阅读、思考、分析、讨论和交流等活动,提高学生分析问题和解决问题的能力。[①] 谢孜老师运用多样化的教学手段,帮助学生全面了解这些环境公害事件的发生原因、影响范围及应对措施。此外,课程强调反思能力的培养,促使学生从这些事件中提炼出对生态文明建设的深刻见解,树立正确的生态价值观。经过"环境公害启示录"的学习,学生不仅在知识层面上对环境公害事件有了更深入的了解,更在思维能力与实践行动上得到了全面的提升。磨炼独立思考、批判性思维的能力,积极关注生态环境问题,努力实践人与自然和谐共生的理念,以实际行动展现新时代青年的责任感与生态意识(表5-3)。

表5-3 "环境公害事件启示录"教学大纲

校本课程名称	环境公害事件启示录
课程性质	学校学生经过高一一年的学习,已具有一定的分析问题、研究问题的能力,本课程旨在引导学生自主对世界八大环境公害事件进行分析、对比,提高学生的研究性学习能力,通过对事件的反思总结,提高学生生态文明素养,使其树立正确积极的生态价值观。本课程既可以作为高中学生的校本课程,也可以作为学生选修课程。
课程理念	在环境污染、资源短缺、生态恶化等一系列生态问题逐渐暴露出来的背景下,建设生态文明成为历史必然。高中阶段是世界观、人生观、价值观确立的关键时期,在此阶段养成的行为习惯和道德品行将对学生的一生产生深远影响,因此学生通过文字材料、视频资源、分组讨论、撰写课题报告等学习方式全方位地对世界八大环境公害事件进行分析,可以有效增强学生的生态文明意识,使得学生成为更好的生态实践者。
课程目标	1.通过小组对事件资料的收集,提高沟通合作能力。 2.通过对事件的对比分析,养成勤于思考的习惯。 3.通过对事件的对比分析,获得研究问题的一般方法。 4.通过对事件的反思总结,提高学生生态文明素养,使其树立正确积极的生态价值观。
课程内容	开篇 如何进行文献研究 事件一 比利时马斯河谷事件 事件二 美国多诺拉事件 事件三 美国洛杉矶光化学烟雾事件 事件四 英国伦敦烟雾事件 事件五 日本四日市哮喘病事件 事件六 日本熊本县水俣病事件 事件七 日本爱知县米糠油事件 事件八 日本富山痛痛病事件 尾声 论述:世界八大环境公害事件对高中生的启示

---

① 张家军,靳玉乐.论案例教学的本质与特点[J].中国教育学刊,2004(1):51-53+65.

(四)"《诗经》中的人与自然"之礼乐美

《诗经》时代与周礼社会、周代礼乐文化有着千丝万缕的联系。作为我国最早的诗歌总集,《诗经》不仅对周代的礼制进行了详尽而真实的记载,而且由于《诗》、乐的密不可分,不少《诗经》中的诗篇甚至本身就是作为乐章在当时的各类典礼上吟咏和奏唱的。[①] 这些诗篇不仅反映了那一时期社会的风俗习惯、道德观念,更体现了那一时期人们对自然、对生命的理解和尊重。重读《诗经》,是对中华优秀传统文化的再挖掘,更是对古人智慧的再认识。这不仅彰显了我们对自身文化的认同感和自豪感,更体现了我们高度的文化自觉和文化自信。冯亚孟老师以"人与自然"为切入点,对《诗经》中有关人与自然关系的篇目进行了深入的赏析(表5-4)。通过研究历史上的人与自然的关系,反思当今社会中人与自然的关系,以古为鉴,让穿越千古的礼乐之美在当代焕发新的光彩。

表5-4 "《诗经》中的人与自然"教学大纲

课程名称	适用年级	教学时间	设计者
《诗经》中的人与自然	高二年级	一学期	冯亚孟
课程性质	学校以生态科技教育为特色,坚持以"绿色、和谐"为发展理念,沿袭历史发展的实践传统,聚焦区域发展的生态资源,将对生态环境中自然生命的尊重、对人与自然及社会的关系所形成的社会生命的尊重、对人类个体价值体系所构建的精神生命的尊重置于同等重要的地位。 基于学校生态科技特色,结合语文学科人文性和工具性的特点,特拟定开展该选修课程。本选修课程旨在通过赏析《诗经》中有关人与自然关系的篇目,了解当时人们对自然的认识、理解和探索,体会当时人们对自然生命的尊重、崇拜,以探究人与自然关系的和谐。这与学校生态科技教育的特色和"绿色、和谐"的发展理念相吻合。通过研究历史上的人与自然的关系,反思当今社会中人与自然的关系,以古为鉴,反思现在。		
课程理念	本选修课程的开设可以培养学生从不同角度鉴赏诗歌的能力,在具体的实施过程中,引导学生关注当今社会的生态环境问题,结合本校对生态环境的关注和治理,回顾古代人与自然的和谐,从而指引当代人善待自然、尊重自然,达到人与自然的和谐相处。以读促写,最终形成的鉴赏小论文是将学生的前期言论和看法诉诸笔端,形成合集,从而达到培育和提升学生的生态文明素养的目的。		
课程目标	1. 了解《诗经》的基础知识及时代背景。 2. 理解《诗经》中"兴"对意象的作用。 3. 学会从人与自然的角度鉴赏《诗经》。		

[①] 江林.《诗经》与宗周礼乐文明[D]. 杭州:浙江大学,2004:96-98.

(续表)

课程内容	第一课:《诗经》初认知 第二课:人与自然关系的发展历程初探 第三课:《诗经》中生态思想产生的背景 第四课:《诗经》中的自然审美意象 第五课:《诗经》中"兴"对自然意象的作用 第六课:从农事诗中看人与自然的和谐美(一) 第七课:从农事诗中看人与自然的和谐美(二) 第八课:从爱情诗中看人与自然的和谐美(一) 第九课:从爱情诗中看人与自然的和谐美(二) 第十课:人与自然关系的现状及学校尊重自然的举措

(五)"麦秆画"之勤劳美

麦秆画工艺源于我国古代中原地区,历史已有千年,后经历代传播,成为一种完善的艺术形式。麦秆画是民间纯手工艺技术,它充分利用天然麦秆的自然光泽和材质,表现天地风雨、花鸟虫鱼、人物风景、花卉动物等,栩栩如生,巧夺天工。一幅作品的完成要经历割、漂、刮、碾、烫、熏等多道工序,制作精细而烦琐,过程漫长而艰辛,对制作者的耐心、毅力、审美能力等都是一种考验。学校姚以捷老师带领学生们历经晾晒、破篾、敷平、粘贴、刀刻、剪切等30多道工序,在麦秆香中感受勤劳之美。下面就"麦秆画"课程的教学大纲进行介绍(表5-5)。

表5-5 "麦秆画"教学大纲

课程名称	适用年级	教学时间	设计者
麦秆画	高一、高二年级	40学时	姚以捷
课程性质	\multicolumn{3}{l	}{学生在制作麦秆画的过程中需要考虑植物的茎叶走向、阴影排布,这需要日常的仔细观察和经验积累,而整幅麦秆画的工序复杂,牵一发而动全身,需要学生全身心投入。对于现在快节奏生活下的高中生来说,能给他们一个有意识地观察自然的机会、一个慢下来的机会是非常可贵的。 我们中国古代劳动人民有着勤劳和坚毅的品质,这才造就了麦秆画不可多得的艺术精粹。麦秆工艺画既具有深厚的传统文化内涵,又极富现代装饰性和欣赏性,能够激发学生的制作热情,出成品后,学生也能获得极大的成就感。对于学生来说,制作麦秆画的过程既是中华优秀传统文化的传承,也是生态素养的培育过程。}

课程理念	麦秆是小麦作物收获后植株剩余部分的统称，一般包含叶、茎、节、根等。麦秆的主要成分是抽提物、纤维素、半纤维素、木质素、灰分等。作为农业废弃物，麦秆主要的处理方式是直接返田，也可以作为工业原料、饲料、菌菇培育基料等使用。 　　现在麦秆作为一种可再生生物资源被广泛使用。作为生态科技教育特色学校，我们提倡充分利用可再生资源。麦秆画社团学生可以接触麦秆，了解到可再生资源的可利用性，让学生在制作的过程中也能感受到人与自然的和谐共处，培养学生的能源利用的意识。此外，麦秆画的制作与自然密切相关，需要学生日常仔细观察，一花一叶的阴影、形状、纹路都需要学生在观察中有所掌握，这也是在培养学生自然观察的能力。 　　作为一项传统民间艺术，麦秆画能使学生在完成作品的同时感到自然带来的馈赠，更进一步体会到生态科技教育理念下青少年应当具有的素养与品质。
课程目标	1. 通过对麦秆画历史的了解，提升学生学习麦秆画的兴趣。 2. 通过观察了解麦秆特性，理解麦秆画制作过程，掌握麦秆画制作原理。 3. 通过制作实践活动，掌握麦秆画制作技巧，特别是各种景物的制作方法，较为独立地完成麦秆画作品。 4. 通过对麦秆画系统的认识及完成麦秆画作品的实践活动，更注重日常生活中对自然（景物、生物）的观察，也能理解麦秆画背后所传递的生态科技理念。
课程内容	1. 麦秆画简介、麦秆画作品欣赏 2. 麦秆画制作常用工具、材料 3. 麦秆的选用 4. 麦秆的处理 5. 麦秆的特点 6. 麦秆画的基本技法 7. 麦秆画的整体制作

（六）"标本馆功能深度开发"之语言美

"标本馆功能深度开发"是学校一门独特的校本选修课程（表5-6），由任方方老师精心研发。该课程旨在引导学生深入了解标本馆的丰富内涵和多元功能，充分挖掘其教育潜力，为学生的个性化发展和创新能力培养提供有力支撑。在课程设计上，我们以标本馆的资源为依托，通过一系列具有启发性和探索性的活动，引导学生主动探索、积极思考。课程内容涵盖标本馆的历史与文化、生物多样性的认识、标本采集与制作技巧、科学研究方法的探索等多个方面。这些内容不仅有助于学生全面了解标本馆的功能和价值，还能激发他们的求知欲和探索精神。同时，通过"小小讲解员"的实践形式，有效提升学生的语言表达能力、人际沟通能力，并展现语言的优美。

表 5-6 "标本馆功能深度开发"教学大纲

课程名称	适用年级	教学时间	设计者
标本馆功能深度开发	高一年级	8学时	任方方
课程性质			近年来,作为金山区科普基地,标本楼接待了越来越多的海内外观众。二附中标本楼的标本展品不仅为学校生命科学学科创造了有利的教学环境,同时为研究生物系统进化、动物分类、动物地理分布、环境和气候变化对动物分布的影响提供了条件,成为学校创建生态科技教育特色高中的重要物质基础,也为生物知识普及、环境保护、生态文明意识培养做出了积极贡献。因此,培养具有较高素质标本馆"小小讲解员"是标本馆一个很重要的责任。
课程理念			"小小讲解员"是一门选修课程,旨在培养学生的科学阐述能力,让学生通过标本向参观者传达标本本身的知识与标本背后的故事,可以提升学生获取信息的能力,同时在这一过程中提升学生的语言表达能力、与人沟通的能力,同时发挥学生的个性特长,培养学生的科学思维方式,让学生在科学阐述的过程中加深乡土情怀,形成保护生态环境的意识。
课程目标			1. 以学校标本馆为主体,通过标本馆历史、标本制作过程和知识的讲解,帮助讲解员系统深入地讲述展览及标本背后的故事。 2. 聘请相关专家开展专家讲座、科普讲解礼仪培训等让讲解员对科学阐述有更加直观的认识。 3. 在学习讲解的过程中,加强与参观人员的互动,调动讲解员主动查阅资料,养成主动学习的习惯,锻炼与人沟通的能力,提升综合素养。
课程内容			1. 走进标本馆 2. 标本的发展历史 3. 科学阐述的方法与技巧 4. 科学阐述礼仪培训 5. 专家讲座 6. 讲解实践 7. 撰写一份讲解稿 8. 分享科学阐述心得

(七)"图形计算器创意绘画"之秩序美

"图形计算器创意绘画"是学校陈海龙老师研发的特色校本课程(表 5-7),创新和个性化教育在该课程中得到充分体现。图形计算器是一种激发创造力和想象力的媒介,结合科技与艺术,引领学生进入创意世界。课程注重学生创新思维和解决问题能力的培养,通过丰富多样的教学内容,引导学生在充分把握图形计算器的基础上探索绘画技巧,同时鼓励学生在创意绘画活动中互相交流和合作。作为特色校本课程,"图形计算器创意绘画"为学生注入新的活力,提高绘画技能和创新思维能力,在混乱中创造独属自己的秩序美学。

表5-7 "图形计算器创意绘画"教学大纲

课程名称	适用年级	教学时间	设计者
图形计算器创意绘画	高一年级	20学时	陈海龙
课程性质			
课程理念			
课程目标			
课程内容			

课程性质

TI-Nspire CAS 图形计算器为学生的数学学习提供了"应用套件",形成数据、图形、方程、模型(函数)等的联动,使代数、几何、数据处理等不同数学分支实现真正的融合,为学生的探究活动提供了强大的技术支持,因此图形计算器受到了广大师生的青睐。本课程通过学习图形计算器的使用,鼓励学生可以采用更为自主的学习方式,通过独立思考、自主实践、合作交流,激发学习数学的兴趣,提升学习的信心,获得更具个性的知识与能力。

课程理念

生态科技教育包括养成生态情感、习得生态知识和生态思维方式、运用科学方法解决科技问题等。生态科技教育的实施离不开基础学科和信息技术的支撑。图形计算器作为一种便捷的手持信息技术,深受师生欢迎。凭借其强大的作图功能,学生可以画出很多函数、曲线,并进行创意重组、构造,创作出以"动植物(尤其是濒危物种)""垃圾分类""节能减排"等为主题的绘画作品,必将在学校的生态宣传中体现其独特的价值。在这门课的学习中,学生的函数、曲线等知识将会不断巩固,函数与方程、数形结合的数学思想不断内化,并且生态情感得以培养,生态宣传技能得到提高,最终逐步提升生态素养、数学核心素养和信息素养。

课程目标

1. 能识记图形计算器的按键,知道每个按键的功能,并能够根据需要选择按键使用。
2. 会使用图形计算器输入函数、曲线,会使用参数方程和极坐标输入图形。
3. 能使用几何功能绘制点、线段,会使用平移、旋转功能。
4. 会使用代数功能进行常规的四则运算,会解方程与方程组,会解含参数的方程(组)。
5. 会使用列表和统计功能,并能初步分析有关问题。
6. 会设置游标功能和条件功能实现简单的动画。
7. 通过搜集生态类主题的素材,渗透生态知识。
8. 通过参与创意绘画,培养团结协作的精神,习得生态宣传技能。
9. 通过给作品命名和撰写小论文,提升归纳能力与写作水平。
10. 能用数学的眼光观察世界、分析问题和解决问题。

课程内容

"图形计算器创意绘画"共有3个专题、9个单元。
专题1:图形计算器的基本功能
第一单元:图形计算器的按键介绍
第二单元:图形输入介绍
第三单元:几何功能介绍
第四单元:代数功能介绍
专题2:图形计算器的综合功能
第一单元:列表和统计功能的运用
第二单元:动画功能的运用
专题3:图形计算器创意绘画
第一单元:指导学生搜集生态素材
第二单元:指导学生运用图形计算器创意绘图
第三单元:指导学生给作品命名和撰写小论文

四、活动育人:搭建立体展示平台

(一)一年一度文艺节,全校师生绘风采

上海师大二附中坚持五育融合、践行生态科技教育育人目标,为所有学生的健康成长努力营造积极向上、格调高雅的校园文化氛围,提供新时代学子展示精神风貌的舞台;丰富学生的课余生活,推动学生积极参与学校艺术教育和校园精神文明建设工作的开展。上海师大二附中每年定期举行文化艺术节,培养所有学生健康的审美情趣和良好的艺术修养,提升文化艺术品位,促进学生德、智、体、美、劳全面发展。组织形式与内容共三种:学生个人参赛的项目,包括书画、摄影、器乐、相声、小品、舞蹈等;全校性的项目,包括"艺术为生态着色"主题黑板报评比、宿舍文化艺术展演(宿舍迎新演出)、校园歌手决赛暨迎新文艺汇演和面向教职工群体的教工歌曲、舞蹈等。

图 5-9 文化艺术节活动

(二)社团活动多样化,团队合作寻共赢

在上海师大二附中,社团活动是培养学生兴趣、提升综合素质的重要平台。目前,学校已经建立了 30 余个社团,涵盖了生态文明实践、文化艺术、科技创新等多个领域。这些社团不仅为学生提供了丰富多彩的活动,还通过与同伴、老师的交流和合作,帮助学生突破自我、寻求共赢。

生态文明实践小组社是学校最具特色的社团。该社团通过组织学生参与、调研和宣传环保活动,引导学生关注环境问题、增强环保意识。在一次次与大自然的亲密接触中,学生们逐渐领悟到人类与自然和谐共生的真谛。

图 5-10 社团活动图

话剧社和音乐社是学校文化艺术领域的社团。话剧社通过组织学生排练经典剧目、原创剧目,培养学生的表演和沟通能力;音乐社则通过组织音乐会、音乐比赛等活动,引导学生感受音乐的魅力,提高音乐素养。在这些社团中,学生们不仅能够展示自己的才华,还能在与同伴的合作中互相学习、共同进步。

摄影社和无人机社是学校科技创新领域的社团。摄影社通过组织摄影比赛、摄影展览等活动,引导学生发现生活中的美好瞬间;无人机社则通过教授学生无人机的知识和技能,培养学生创新和动手能力。在这些社团中,学生能够接触到最前沿的科技,激发自身的创新思维和实践能力。除了以上几个社团外,学校还有海韵朗诵社、麦秆画社、青青植物社、文学手账社、绘画社、博物学习空间诠释者社、达尔文学社、绿色小记者社、霍格沃兹水魔法社、海洋地理社等多个社团。这些社团各具特色,为学生提供了多样化的选择和发展空间。通过参与社团活动,学生不仅能够丰富自己的课余生活,还能在与同伴、老师的交流和合作中提升自己的综合素质。这些社团为学校生态科技文明活动的开展添上了浓墨重彩的一笔,成为学校校园文化的重要组成部分。

表 5-8 部分社团招新公告

社团名称	社团简介
无人机社	上海师大二附中"领空执掌者"拥有 4 台穿梭机、2 台航拍器、1 台六翼无人机、2 台概念机。穿梭机的飞行队列呈菱形,主要承担特技飞行表演,需要 4 名操作员及 1 名观察员的默契配合。航拍器需由 1 名操作员及 2 名观察员即可放飞。更多机型的放飞规则公布于社团内部,欢迎新晋"飞行员"的加入,一起享受二附领空的风景!

(续表)

社团名称	社团简介
摄影社	上海师大二附中摄影社团集中了对摄影感兴趣的学生,捕捉校内、校外那些美好的瞬间。还有专业的指导老师带领我们深入研究相机的奥秘,探索如何将风景拍得更加美丽。所有学生拍的照片都有机会在学校的大屏幕上展出。摄影社欢迎每一个对摄影感兴趣的同学。
霍格沃兹水魔法社	霍格沃兹水魔法社是由一群关爱环境、喜爱科学、热爱探究的学生们组成。秉承"科技改变生活"的理念,研究如何通过科技手段解决水污染问题,通过了解一系列科学探究的方法,借助化学创新实验室,探索如何使用固体废弃物转化为资源,处理水中的某些污染物质,如"稻壳灰制硅基分子筛处理亚甲基蓝溶液""废弃丑八怪橘子皮活性炭处理餐厨垃圾渗滤液中氨氮""分子筛与芬顿法联用处理染料"等。社团也会不定期组织学生们对水厂等社会机构进行考察,为学生们提供一个提升自己、展现自己科研能力的平台。
绿色小记者社	上海师大二附中绿色小记者社团集中了对采访写作感兴趣的学生。我们记录看到的感动,我们感受未感受过的生活,我们定格自己所理解的人生意义,我们探索不同角度的身边故事,我们传达真情实感的时事热点。同时社团利用各种资源为学生的社会实践能力创造良好的环境,努力开拓每一个学生的交际能力,帮助学生提高语言表达、文字写作、社会实践及综合能力,使每位小记者体验到其中的乐趣。
达尔文学社	上海师大二附中达尔文学社集中了对生命科学感兴趣的学生,让社员对生活中的生命科学现象有更高的感知力,发现问题展开探究。我们会进入超市、药店对益生菌产品展开调研并撰写调研报告,观察发酵粉中的酵母菌在显微镜下的形态并发酵面团,观察酵母菌有氧呼吸和无氧呼吸的结果,对必修课程中的研究问题进行回应;配制培养基,给微生物"做饭"并对微生物进行培养,探究空气和水体中的微生物等;制作真核细胞的物理模型、有丝分裂和减数分裂的过程模型、DNA双螺旋结构模型等,对必修课程中的知识点进行体验式研究和复习巩固;观察校园植物,进行校园植物多样性调查,特别对外来入侵植物进行调查研究。贯彻学校生态科技教育的理念,提高社团成员的生命科学学科核心素养和生态文明素养,是社团活动开展的信念。期待热爱生命科学的您加入我们。达尔文学社在生物创新实验室等您!

第四节　生态科技蕴美的实际成效

　　在融合生态科技与美育的理念指引下,上海师大二附中学生在三个方面取得了长足进步。第一个进步是学生获奖质量与数量呈阶梯式上升,借助生态科技中蕴含的美学思想,帮助学生以美的视角进行生态科技知识的主动构建、生态科技活动的积极参与、生态实践的深度体验。第二个进步是学生研究成果显著,学校学生积极参与生态课题的合作探究,以美的万花筒之视角更生态、更科学地认识世界、感知世界,孵化了一系列成果。第三个进步是育人理念更加人性化。学校教师坚持"雅美"育人,以无为之法,以无相之境,引领学生走向更适合自己的人生美境。

近些年来,学校融合生态科技与美育取得了一系列成果,学生硕果频传。2017年,学校学生共获得世界级、国家级、上海市级、金山区级奖项126项,同融合生态科技与美育相关的包括:张欣仪获得上海市常见植物摄影活动铜奖;沈欣妍、王宇歆分别获得第八届"赛复创智杯"上海市青少年科技创意设计评选三等奖;三支队伍在上海市金山区2017RoboCup机器人世界杯华东公开赛中获最佳海报奖;两人获"环球自然日——青少年科普绘画大赛"2017年度上海赛区专业组一等奖。借助国家课程、社团、校本课程等孵化出一系列项目共81项,如"关于意大利建筑风格的研究""环保袋的广告设计标语"等。

2018年,学校学生共获得世界级、国家级、上海市级、金山区级奖项107项,同融合生态科技与美育相关的包括:仇盛作品《翅果菊》荣获"笔记自然——青少年自然笔记展示评选活动"上海市级中学组优秀奖;田野作品《石榴》荣获"笔记自然——青少年自然笔记展示评选活动"上海市级中学组优秀奖;借助国家课程、社团、校本课程等孵化出一系列项目共80项,如"探究旦角四大流派的差异""关于枫泾农民画的人文历史的调查研究"等。

2019年,学校学生共获得世界级、国家级、上海市级、金山区级奖项75项,3人荣获金山区青少年"标本馆主题日"常见鸟类识别活动中学组一等奖,6人荣获金山区青少年"标本馆主题日"常见鸟类识别活动中学组二等奖。借助国家课程、社团、校本课程等孵化出一系列项目共78项,如"生态书签制作""近四十年来金山区海岸线变化"等。

2020年,学校学生共获得世界级、国家级、上海市级、金山区级奖项126项,同融合生态科技与美育相关的包括:冉孟源、徐佳艺、吴生伟获2020年"美丽上海 我是行动者——上海市青少年生态环境主题系列活动"一等奖等。借助国家课程、社团、校本课程等孵化出一系列项目共81项,如"国漫发展对高中生文化的影响""金山城市沙滩水质状况课题研究"等。

2021年,学校学生共获得世界级、国家级、上海市级、金山区级奖项202项,同融合生态科技与美育相关的包括:刘乐、王博宇、卫杰、夏皖佳、张俊凯、黄慧婷、褚漪澜、蔡乾晨、王骋捷等多人在上海市"TI图形计算器教学应用研究——绘图"学生作品评选活动中荣获优秀展示奖。借助国家课程、社团、校本课程等孵化出一系列项目共81项,如"'蛋壳作画'兴趣化学实验的探究""绘画对人积极情绪的影响"等。

2022年,学校学生共获得世界级、国家级、上海市级、金山区级奖项222项,同融合生态科技与美育相关的包括:在2021年金山区学生研究成果评选中,朱蕾蕾的"'蛋壳作画'兴趣化学实验的探索"荣获高中组三等奖。借助国家课程、社团、校本课程等孵化出一系列项目共114项,如"美术类艺考的普及对社会就业的影响"等。

此外,在2020年上海市中小学生戏剧节上,学校学生的原创微话剧《月亮河里鱼儿多》荣获二等奖。2021年,自编剧本《美丽的传承》获得上海市话剧展演一等奖。

图5-11 《月亮河里鱼儿多》剧照及荣誉证书

近些年来,融合生态科技与美育在校内开展得如火如荼,产生了一系列学生成果。这些成果形式多样,既有传统的文学作品,如《上海师大二附中最美诗歌集》和《标本馆赋》,也有创意十足的科技作品,如《图形计算器创意绘画》。同时,还有反映学生成长故事的汇编集《学生成长故事》《赠人玫瑰手有余香——博物学习空间志愿者感悟选集》等。

这些作品不仅展现了学生们的才华和创意,也反映了学校在生态科技与美育结合方面的实践成果。在这些作品中,《上海师大二附中最美诗歌集》汇集了学生创作的优美诗歌,展现了他们对生态、科技、自然、生命和人文的深刻思考。这些诗歌以独特的视角和细腻的笔触,传达出对世界的感悟和对生活的热爱。《标本馆赋》则以独特的视角,通过生动有趣的文字,介绍了学校的标本馆。作品中对标本的描述栩栩如生,让人仿佛置身于那个神奇的世界。同时,作品也展现了学生对自然和生命的敬畏之情。《大自然在说话》则是学生以自然为主题的创作集结。在这些文章中,学生以生动的笔触和富有感染力的语言,描绘了他们眼中的大自然。他们用文字表达了对大自然的敬畏、热爱和感悟,让人感受到大自然的美丽和力量。《图形计算器创意绘画》则是学生们利用图形计算器进行创作的成果。这些绘画作品形式多样,既有传统的绘画技巧,也有创新的数字艺术。这些作品不仅展现了学生们的艺术天赋,也体现了他们对科技的热爱和探索精神。《学生成长故事》则通过记录学生的成长历程,展现了他们在学校的学习和生活状态。这些故事真实感人,既有欢笑也有泪水,让人感受到学生的成长和进步。同时,这些故事也反映了学校在教育方面的努力和成果。这些学生成果的涌现不仅体现了学生在生态科技与美育结合方面的实践成果,也展现了学校在教育创新方面的努力和成果。未来,我们期待看到更多这样的实践成果,为学生的成长和教育事业的发展注入新的活力。

以下节选部分学生成果进行展示。

(1)《图形计算器创意绘画》

作品名称:关"住"点滴

作者:朱佳怡

灵感来源:全球的淡水资源仅占全球总水量的2.5%,且淡水资源的大部分储存在极地冰帽和冰川中,真正能够被人类直接利用的淡水资源仅占全球总水量的0.796%。并且地球上水资源的分布很不均匀,各地的降水量和径流量差异很大。因此,让我们从我做起,一起节约用水吧!

图5-12 "图形计算器创意绘画"课程学生绘画作品

(2)《上海师大二附中最美诗歌集》

标本楼里的声音

高一(7)班　朱雯利

那泥泞的草丛深土里发出的声音

是骷髅中响起的悲鸣

讲述长河漫漫,悠悠岁月的遭遇

或许崎岖,或许疮痍

某天

它们被再度拾起

曾经鲜血淋漓也被一一拭尽

沉重的尘泥在静谧的楼里渐渐散去

漫步而入

仿佛听见盛宴的欢吟

踱步而去

死寂的楼里回荡着生的气息

我侧耳倾听

那只属于自然的声音

在楼里轻轻地响起

时光荏苒,上海师大二附中培育出一批又一批的优秀学子,他们怀揣着梦想,踏上了通往世界的每一个角落的征程,展现了学校的教育实力和影响力。下面对3位毕业生的感想进行展示。

(1) 夏阳(2022届)

我作为学校话剧社的一员,2020年11月份参加了上海市中小学生话剧节的比赛,我们的剧目《月亮河里鱼儿多》荣获团体二等奖的好名次,我个人也获得了最佳男主角的提名。这一切都是我们整个话剧社共同努力拼搏所换来的,在别的学生放学回家去吃晚饭的时候,我们话剧社的同学们自愿留在学校进行一次又一次的排练,一次又一次地打磨节目。不知道多少个日日夜夜,老师和同学们都极为认真地对待这次比赛,最终取得了丰硕的成果。

艺术来源于生活,只有在生活中融入了艺术,那么你才能拥有一双发现艺术的慧眼。从小我就喜爱语言类节目,生活中总是用幽默的语言和夸张的肢体动作逗笑大家,这也为我能在话剧表演中放开手脚进行本色出演做了良好的铺垫。话剧丰富了我的课余活动,不仅没有影响我的学习,反而还能让我有一个更好的精神状态去沉浸到学习之中。话剧提高了我对于艺术的欣赏力,更让我有机会登上更大的舞台去展示自己的表演能力。话剧带给我的不仅仅是成功的喜悦,也为我的人生发展打开了一扇窗口。这次演出的成功让我对未来有了新的畅想:有机会的话我将成为一名真正的话剧演员。这为我的高中三年留下了浓墨重彩的一笔,这是我前半生里极为精彩的回忆,是我对于学校的一份微薄的贡献。

（2）刘嘉彦（2021届）

本人在高中三年期间曾担任校学生会主席、班长等职务，率领班级同学在学校"三走四节"活动中荣获诸多奖项，也在校级、区级、市级等平台活动中崭露头角。

在高一的朗诵节中，我参加了"最美诗歌创造"比赛，在当时班主任陆元丰老师的指导下创作了《大自然的声音》并在比赛中荣获三等奖，在随后的班集体朗诵比赛中，我带领班级朗诵此篇目，荣获"团体一等奖"。我的主持和组织才能从此"一发不可收拾"，随后参加科技节，在金山区青少年活动中心各位老师的指导培训下，主持了金山区第十二届青少年科技节开幕式。在三年的校园文化艺术节中我一直担任主持人一职，并且带领班级荣获"优秀组织奖"；曾多次参加生态科技教育实践活动，在线上植树节活动中带领班级荣获"优秀组织奖"和"最佳创意奖"；参加"金外杯"第二届商业模拟挑战赛；参加"IT教育科技创新大赛"荣获三等奖；主持校拓展类课程展示活动；主持校园特色开放日演艺舞台活动；在2018—2019年度金山区"美德少年"评选中荣获"自尊自强"称号；获2020年金山区未成年人暑期工作"优秀实践奖"。

大一军训期间，我非常荣幸能够参与新班级的班干部竞选，鉴于我在高中三年的经历，再经辅导员对本人能力、性格等方面的考核观察，我在班级中脱颖而出，担任班长一职。沧海横流，方显英雄本色！在今后的时光里，我定会乘风破浪，披荆斩棘，以梦为马，不负这世间韶华！

（3）宵竹天（2017届）

2015年9月，我进入二附中，开始了我高中的第一年。开学没多久，我参加了创新素养培育基地的活动，通过一年的学习和实践，我收获了许多。在此过程中，我还制作了微视频《我的第三课堂》，来记录我一年的学习，并获得"优秀学员"称号，担任下一届的小辅导员。高一暑假，我制作了微视频《爱的奉献》，获得了优胜奖。我和同学一起创办了校微电影社，并担任副社长，带领社员制作了许多优秀视频，如《四季校园》《小眼睛看校园》等微视频，并参加了各项比赛，获得荣誉，为校争光。

此外，我和同学组队参加了上海市首届模拟政协活动，取得"最佳优秀团队奖"。高二时，经过老师的指导和推荐，我再一次筹备新的微电影制作《山海缘——走向大山活动纪实》，并参加上海市第二届微电影比赛，荣获入围奖。在课余时间，我还学习了电工技术方面的知识，并自己动手实操，参加了上海市中学生劳动技术竞赛电子科技组，荣获二等奖。时间就如白驹过隙，一转眼已经到了高三,这一学期中由我主制作的微电影《山中的微光》荣获"未来杯微电影大赛"入围奖。高中三年给我带来最大改变的还是在生态班的经历,它不仅改变了我的个性,同时使我找到了兴趣,让我的生活从平平淡淡变得丰富多彩起来,更深入影响着我未来的人生轨迹。最后,我想说兴趣绝对是大家未来成长路上最好的老师,它能为你人生的轨迹指引方向。

第六章 生态科技促劳：
搭建特色劳动平台，探索劳创融合教育模式

"教育必须与生产劳动相结合"是马克思主义关于人的全面发展教育思想的一个重要命题。① 劳动作为人类存在的根本方式，不仅是培养人、塑造人的重要手段，更是实现学生全面解放和自由发展的核心途径。劳动所蕴含的价值观包括树立良好品德、提升智力水平、强化体魄、培育审美情感等多方面综合育人的内涵。同时，劳动也扮演着获取、积累、创新知识并将知识系统化的关键角色，为学生全面发展提供了不可或缺的手段。在新时代的背景下，劳动教育的落实成为当前普通高中教育的一大焦点。2020年3月，中共中央、国务院发布了《关于全面加强新时代大中小学劳动教育的意见》，提出劳动教育应当"坚持立德树人，坚持培育和践行社会主义核心价值观，把劳动教育纳入人才培养全过程，贯通大中小学各学段，贯穿家庭、学校、社会各方面，与德育、智育、体育、美育相融合，紧密结合经济社会发展变化和学生生活实际，积极探索具有中国特色的劳动教育模式，创新体制机制，注重教育实效，实现知行合一，促进学生形成正确的世界观、人生观、价值观"，并对加强学校劳育进行了整体设计和全面部署。②

但是，在当前的教育生态下，劳动的独特育人价值在一定程度上被忽视了，存在唯成绩论教育思想浓厚、劳动课程缺失、第二课堂作用得不到发挥、家校合作流于形式、劳育评价方式单一等问题。劳动是全面育人体系的重要内容，是学生全面成长的"必修课"。上海师大二附中在五育融合的理念下坚持以劳动实践教育为主线，以劳动精神培养为内核，以劳动技能教育为向导，将生态科技融入劳动教育，开创了一系列形式新颖、内涵深厚、颇具成效的与生态科技相关的劳动课程与实践活动，以充分发掘劳动在树德、增智、强体、育美等方面的综合育人价值。

---

① 檀传宝.劳动教育论要[M].北京：北京师范大学出版社，2020：1.
② 中共中央、国务院.关于全面加强新时代大中小学劳动教育的意见[EB/OL].[2020-01-30]. http://www.m.gov.cn/jyb_xxgk/moe_1777/moe_1778/202003/t20200326_435127.html.

第一节　生态科技在劳育中的价值

在新时代背景下,劳动教育呈现出多样化的形式,其中生态科技教育的融入是上海师大二附中一贯的理论思考和实践探索。在秉承"同生态对话,与自然共生"办学理念的基础上,学校倡导采用"生态科技教育+劳育"路径,以丰富劳动教育内涵为基础,同时拓展劳动实践的范围。通过这一路径,学校致力于培养学生对生态科技的理解,并将这种理解融入劳动教育的全过程。生态科技教育不仅是知识的传递,更是一种与自然互动的综合体验。在劳育的框架下,学生将通过各种实践活动,与生态科技进行深度互动,领悟到人与自然的共生关系。

此外,学校注重为学生提供多样化的体验活动,使劳育不只停留在理论层面,更能在实践中得到体现。通过参与劳动实践,学生不仅锻炼了实际操作技能,同时也体会到了生态科技的魅力所在。这种全面的教育路径不仅有助于学生的全面发展,同时也为他们建立起对生态科技的浓厚兴趣和理解奠定了坚实基础。学校的教育模式符合新时代对于学生综合素养的要求,将培养出更加全面、具备实际动手能力的时代新人。

一、融合技术应用,树立劳动意识

2020年7月,教育部印发《大中小学劳动教育指导纲要(试行)》。该纲要指出,劳动教育要继承优良传统,彰显时代特征,在充分发挥传统劳动、传统工艺项目育人功能的同时紧跟科技发展和产业变革,准确把握新时代劳动工具、劳动技术、劳动形态的新变化,创新劳动教育内容、途径、方式,增强劳动教育的时代性。[1] 融合生态科技在劳育中的应用有助于树立学生的劳动意识。参与生态科技项目使学生深入领会环境与科技之间的相互作用,进而唤起他们对环境保护和可持续发展的关注。同时,学生能够更加深刻地理解自己的劳动与社会、自然的关系,形成积极的劳动态度,从而更好地融入社会和未来职业生涯。

此外,融合技术应用,树立劳动意识,是在新时代劳动教育理念中崭新的探

---

[1] 中华人民共和国教育部.教育部关于印发《大中小学劳动教育指导纲要(试行)》的通知[EB/OL].[2020-07-09]. http://www.moe.gov.cn/srcsite/A26/jcj_kcjcgh/202007/t20200715 472808.html.

索方向。习近平总书记指出:"劳动是推动人类社会进步的根本力量。"① 随着我国社会主义市场经济体制的不断推进和完善,特别是数字经济时代的到来,劳动形式发生了重大变化,劳动教育的基本目标也逐渐转变为掌握基本的劳动知识和技能,具备完成一定劳动任务所需要的设计、操作及合作能力,通过创新能力的培养提高劳动质量与效率。

融合生态科技不仅赋予劳动教育更为现代化的内涵,同时凸显了技术与劳动之间的密切关系,为学生提供了更加深刻的体验和全面的教育。在劳动教育中融合生态科技,一方面拓宽了学生的技术视野,使得劳动不再仅仅是传统的体力劳动,更涉及高科技领域。通过参与生态科技项目,学生可以接触到先进的技术工具和设备,提高对技术应用的认知水平,从而为培养学生适应未来科技社会的能力打下基础。另一方面,生态科技的融合为劳育注入更为丰富的实践内容。在劳动实践中,通过运用生态科技手段,学生不仅可以更好地理解和感受劳动的过程,还能更深刻地认识到科技对于提高生产效率和优化劳动过程的作用。这样的实践体验有助于学生更全面地认知和体验劳动的意义,培养对劳动的深刻理解和积极参与的态度。

二、创设自然情景,激发劳动兴趣

创设自然情景,激发劳动兴趣,是新时代劳动教育的迫切需求。不再仅限于传统的认知性学习,劳动教育应更注重各学科的间接教育、隐性课程等形式,同时融入综合课程、实践性学习、社会服务、智慧学习等多元教育理念。在此背景下,上海师大二附中积极致力于创新劳动教育方式,特别关注拓展型、研究型学习,以培养学生适应未来社会的综合素养。

面对传统劳动形式和学校、家庭的劳动学习空间已经无法满足的现状,学校通过统筹区内外资源,倡导生态科技教育理念,努力开拓更广泛的学习领域,以激发学生的劳动兴趣。为了达到这一目标,学校在有限的校园空间内进行了合理调整和规划,打造了生态科技研究院的"一馆三中心"BEST 场馆,包括生命科学创新实验中心、环境科技创新实验中心、标本馆和智慧星球创新实验中心。这些场馆不仅提供了配套特色课程和所需资源,还创设了自然生态的劳动情景,为学生提供了一个自主探究学习和创造性思维的空间。

举例而言,学校以"植物生态"和"水环境生态"为主题,构建了开放式的

---

① 习近平在同全国劳动模范代表座谈时的讲话[EB/OL].(2013-04-29)[2021-05-03]. http://politics.people.com.cn/n/2013/0428/c70731-21322732.html.

"校园生态系统",成为各类课程和研学活动的起点。此外,学校通过组织"班级生态实践区""走向大山"研学实践等活动,以探究、服务、制作、体验的方式激发学生对劳动的浓厚兴趣。在这个过程中,学生不仅理解了劳动的价值,还逐渐培养了主动进行劳动的习惯,真正爱上并乐于投入劳动。通过创设自然情景,学校劳动教育在学生心中播下了对劳动的独特情感,为培养学生的全面素养奠定了坚实基础。

三、践行创意物化,提高劳动能力

"创意物化"作为我国教育部在《中小学综合实践活动课程指导纲要》中提出的重要课程目标,旨在通过个体活动、社会实践和与大自然的接触,让学生将生活与学习经历转化为丰富的实践经验。在高中阶段,这一目标要求学生积极参与动手操作实践,熟练掌握多种操作技能,综合运用技能解决生活中的复杂问题,同时增强创意设计、动手操作、技术应用和物化能力,形成在实践操作中学习的意识,提高综合解决问题的能力。① 此外,《关于全面加强新时代大中小学劳动教育的意见》同样明确了新时代劳动教育的价值追求是劳动精神面貌、劳动价值取向、劳动技能水平并举,是辛勤劳动、诚实劳动、创造性劳动并举。② 构建新时代劳动教育体系,应通过劳动思想教育、劳动实践锻炼、劳动知识与技能培育的"三位一体"实现爱劳动、会劳动、懂劳动的"三位一体",全面推进学生改变劳动精神面貌、端正劳动价值取向、提高劳动技能水平。

学校现已搭建校园生活生态圈、滨海社区生态圈、区域基地生态圈,并依托三个自然生态圈丰富的课程资源,不断开展浸润式体验综合学习、生态科技探究学习,并组织开展丰富多彩的学生社团活动、生态体验考察活动以及"三走四节"(走进社区、走向大山、走出国门;科技节、艺术节、朗诵节、体育节)等特色课程和综合实践,通过跨学科项目化学习和实践体验,引导学生乐于探究、勤于动手和勇于实践,注重学生在实践性学习活动过程中的感受和体验,要求学生超越单一的接受性学习,亲身经历实践过程,体验实践活动,让学生在实践中产生成就感,激发动手操作劳动的积极性,从而使学生在"懂劳动""爱劳动"的基础上"会劳动",掌握劳动技术,提高劳动能力。

---

① 中华人民共和国教育部. 中小学综合实践活动课程指导纲要[EB/OL]. [2019 – 09 – 27]. http://www.moe.gov.cn/srcsite/A26/s8001/201710/t20171017_316616.html.
② 中共中央、国务院. 关于全面加强新时代大中小学劳动教育的意见[EB/OL]. [2020 – 01 – 30]. http://www.m.gov.cn/jyb_xxgk/moe_1777/moe_1778/202003/t20200326_435127.html.

第二节　生态科技促劳的基本概况

在当代教育的大潮中,学校的特色建设日益成为培养学生全面素养和个性发展的关键环节。2015年,上海师大二附中有幸成为上海市首批特色普通高中建设项目学校,为学校的发展注入了新的活力和动力。以"生态科技教育"为特色创建主题,学校积极倡导生态科技理念,致力于打造独具特色的校园文化和品牌。在这一背景下,劳动教育作为学校特色建设的重要组成部分,迎来了更好的发展机遇。学校在坚持传统劳动教育的基础上,深入挖掘生态科技教育中特有的劳动教育资源,构建了一系列独具特色的劳动教育项目。这些项目旨在通过有机结合生态科技理念和学科知识,引导学生在实践中深刻体验知识的实际应用,提升他们的实际动手能力和实践能力。

一、整体思路和实施情况

基于对劳动教育实践探索的梳理与总结,结合生态科技教育的特色办学理念,学校探索构建了"劳育课程—实践活动—文化品牌"三模块互动融合的劳动教育体系,即建设具有上海师大二附中特色的劳动教育课程模块、实践活动模块,打造劳动教育文化品牌,形成劳动教育课程、实践、文化互动融合育人的格局,让学生在劳动教育的知行合一、文化浸润中系统提升劳动素养。一是致力于建设独具特色的劳动教育课程模块。学校在教育实践中总结经验,开发了与生态科技理念相契合的劳动教育课程,旨在使学生在课堂中接触到更为广泛、深刻的学科知识。二是积极打造生态科技教育特色的实践活动模块,紧密结合劳动教育课程,让学生参与各类实践活动,将课堂所学知识付诸实际,增强实际动手能力。模块设计不仅注重实践技能的培养,更关注学生对生态科技理念的理解,通过实际操作体验科技与劳动的有效结合。三是着重打造劳动教育文化品牌。通过建设有温度、有文化底蕴的文化品牌,学校为劳动教育注入更为深刻的内涵,同时将学校的特色和文化传递给每一位学生,希望培养学生对劳动的热爱,形成积极向上的劳动文化氛围。具体而言,通过班主任、家长以及学科老师"三个路径"来落实劳动教育。

班主任是落实劳动教育的主导力量。经过近两年的实践,学校注重学生朋辈引领,形成了以班主任为主导、学生为主体的常态化晨会、班会模式。同时,每年开展班主任班会课比赛,以提升班主任的专业能力与基本素养。在此基础上,围绕推进劳动教育过程中遇到的问题,学校每学期开展两次德育工作坊,全校班主任进行集体研讨,协力寻求解决之方法。

家长是落实劳动教育的"首席教师"。每年10月,学校通过班主任组织和家长自荐互荐,组织学校、年级和班级三个层面的家委会。每年4月和12月举行"学校开放日"活动,邀请家长代表进教室听课,进办公室与教师交流,进食堂吃学生餐,听学校汇报工作,并给予意见反馈。此外,加强劳动技能指导,组织开展"基本生活自理""家庭拿手菜"等活动,引导学生参与家庭日常劳动。

学科老师在落实劳动教育中发挥"融合"的作用。在五育融合理念的指导下,结合学科特点,通过整合学科教材资源,采用情景化教学、主体化教学、直观性教学等方式呈现劳动价值观的教学内容,实现学科教学与劳动价值观教育的跨界融合,使学生在学科教学中领悟劳动的价值与意义,将劳动教育的思想观念融入教育教学全过程。近两年来,学校每年举办以"融合育人"为主题的课堂教学评比,老师们积极整合学科教材资源,探究劳动价值观教育与学科教学的融合路径。一方面梳理学科中的劳动价值观的教育要素,依据学科教材的劳动价值观的教育要素,提炼教育主题;另一方面,积极探寻劳动价值观与学科课程深度融合的教学路径,甚至有老师把学科课程与劳动价值观教育安排在一起形成"连堂课"实施劳动育人,形成"主题活动式"课程。为了进一步落实劳动价值观教育,2021年8月,学校成立学生发展指导委员会和学生发展指导中心,推行全员导师制,全体教师与学生开展了结对帮扶,实现了覆盖全体学生的全员导师制。其中的一个重要内容就是家校合作,使学生的学校生活与家庭生活更深入地实现有效对接,助推了劳动价值观教育的落实。

二、常规活动和特色活动

通过多年的教学实践和反思总结,学校构建了三大类型的劳动教育课程,形成了全面的劳育体系。

第一是"价值澄清类"课程。通过晨会、班会、暑期教育教学研讨会和劳动实践等环节,有针对性地引导学生澄清价值观,形成正确的劳动价值观,旨在帮助学生认清社会和个体在劳动中的价值,强调正确的劳动伦理和社会责任感。

第二是"自我体认类"课程,分为日常化劳动和项目化劳动两个层面。日常化劳动涵盖了家务劳动、班级值日、植物角、班级布置、班级大包干区、班级生态实践区、通识课等。项目化劳动包括学农、劳技课、社团活动、志愿者服务、职业访谈与体验、研学实践等。通过这些实际活动,学生在日常劳动和项目化劳动中提升了实际动手能力、创新思维和社会实践能力。

第三是"生态科技教育理念下的创新型劳动"课程。学校致力于开展生态科技创新比赛项目、生态科技教育实践周、"未来生态学家计划"等探究性活动。通过这些创新型劳动,学生不仅了解科技创新的重要性,还在解决生态问题的过程中培养了创造性思维和动手能力。

学校还通过积分制评价体系激发学生的劳动兴趣。该体系分为主题教育、劳动实践和比赛宣传三个模块,通过自我评价、小组评价和教师评价相结合的方式进行。主题教育指在班会、午会等劳动主题教育课上的组织参与表现;劳动实践包含了学农、班级生态实践区等具体表现;比赛宣传指劳动教育竞赛、征文、科普宣传等方面的表现。总积分 = 主题教育积分 × 30% + 劳动实践积分 × 40% + 比赛宣传积分 × 30%。这一积分制评价模式为学生的综合素质评价提供了依据,为学校每学年的"劳动之星"评选提供了依据,更促进了学生正确劳动价值观的形成。

总体而言,学校在劳动教育方面通过多层次、多形式的课程设置和实践活动,形成了一个多元化的劳动教育体系,为学生全面发展提供了有力的支持。

第三节 生态科技促劳的实践探索

诚如檀传宝教授所言,"劳动教育与德、智、体、美不是一个逻辑层次,劳动教育是德、智、体、美基本素养培育之后,走向真正意义的社会劳动的中间环节。"[①] 基于此,学校将劳动教育置于"中介地位",根据这一思路打造了具有自身特色、融合生态科技的劳动教育体系。依托"一馆三中心"BEST 场馆:标本馆、生命科学创新实验中心、环境科技创新实验中心、智慧星球创新实验中心,以"劳动+"跨界融合课程,创新劳动教育实施方式,探索一条具有生态科技特色的五育融合新路径,努力实现以劳树德、以劳增智、以劳强体、以劳育美,从而落实五育并举、全面发展的要求。

一、绿色垃圾分类,倡导低碳生活

随着经济社会发展和物质消费水平大幅提高,我国的生活垃圾产生量迅速

---

① 檀传宝. 劳动教育论要[M]. 北京:北京师范大学出版社,2020:32-33.

增长,带来的环境隐患日益突出。为了切实推动生活垃圾分类,加强生活垃圾管理,维护生态安全,2017年3月18日,国务院办公厅发布《关于转发国家发展改革委、住房城乡建设部生活垃圾分类制度实施方案的通知》,上海市于2019年1月31日在第十五届人民代表大会第二次会议上通过《上海市生活垃圾管理条例》,并在同年7月1日正式施行。自国家推行生活垃圾分类管理以来,"垃圾分类"已进入公民的日常生活中,其理念的推广和知识的学习也逐步走入校园、深入课堂。掌握垃圾分类的知识和技能已是每个学生应当具备的劳动能力之一。

上海师大二附中积极响应国家号召,成为金山区首家也是唯一一家"垃圾分类教育示范学校",并将"垃圾分类 你我先行"主题活动纳入"生态科技教育实践周",通过多途径的学习和体验,帮助学生了解生态知识,深入理解生态文明建设的意义,树立绿色文明意识和可持续发展观,养成并坚持垃圾分类的劳动习惯,积极投身到生态建设和环境保护中去。具体方案如下。

一、活动主题

(一)垃圾分类主题团建活动

(二)环保讲座与成果展示

(三)垃圾分类调查

二、活动规则

1. 本次活动以8人为一小组,每小组发一本《生态实践周学生手册》。各小组按照学生手册内容,在规定时间内完成手册任务。

2. 团建活动共有9个活动站点,每完成一项活动获得盖章一枚及相应得分,共计100分。本次活动分上午场和下午场,任务完成后需到总站(操场)记录时间。

3. 本次团建活动将依据盖章数量、得分、完成时间等综合评估,评出一、二、三等奖。活动中的优秀作品将会进行展示,积极参与展示会为团队赢得更多分数。

三、活动内容

活动1:垃圾分类知多少

规则:团队成员在垃圾分类智能体验装置上轮流回答一题,答对则下一位接着答,答错则全员重新开始挑战。每队可挑战两次,连续答对的题目个数即为所得分数,同时获得盖章认证。

站点位置:西校区三楼

活动2:校园垃圾桶全知道

规则:数一数我们校园内(室外和各走廊内,不包含教室、办公室、寝室楼)分别有几个干垃圾桶、湿垃圾桶、有害垃圾桶和可回收垃圾桶。可到活动2站点核对四种垃圾桶数量是否正确,每答对一个记2分,共8分,同时获得盖章认证。

站点位置:操场

活动3:厨余垃圾"魔法变身"

规则:小伙伴们,我们学校有一个湿垃圾处理站,湿垃圾经过处理之后不但是很好的有机肥,还可以制作环保酵素。那就请大家到湿垃圾处理站完成任务吧!每组在下框中抄写处理站提供的相关材料,抄写完成后,按照老师指示完成施肥任务即可获得相应分数和盖章认证哦!满分10分。

站点位置:厨余垃圾资源化处理中心

活动4:育苗小能手

规则:前往猕猴桃园,团队成员每人栽种一棵花草,全员栽种完成后即可获得盖章认证和相应分数!满分16分。

站点位置:猕猴桃园

活动5:神笔马良

活动规则:团队成员用毛笔和绳子书写指定的两个字,全程不可用手触笔,完成后由老师鉴定,鉴定完成即可获得相应分数和盖章认证。满分10分。

站点位置:操场

活动6:天鹅守护者

规则:1.队员向站点老师讲述小天鹅的故事;2.全员合力摆出站点老师指定的字的造型,(小天鹅必须入镜)进行拍照。照片由老师鉴定,鉴定通过即可获得相应分数和盖章认证。满分10分。

站点位置:青青草坪

活动7:校园寻"宝"

规则:在我们校园里分布着许多卡片,有些藏在土里,有些藏在花丛中,请你仔细找一找。每组队伍找出4张卡片,到站点7将卡片投入相应的垃圾桶中,由站点老师鉴定,投掷正确即可获得相应分数和盖章认证。满分8分。

站点位置:操场

活动8:垃圾分类搬运工

规则:到站点8场地,在规定区域内,用提供的绳子抓取贴着标签的瓶子,并将其运送到对应的垃圾桶中,成功运送一个瓶子得 5 分,共 20 分。过程中瓶子不能倒地,每次抓取不可用同一种方法。任务完成即可获得相应分数和盖章认证。

站点位置:垃圾分类投放站

活动 9:校花地图标识

规则:广玉兰是我们学校的校花,通过实地勘察,在所附地图的对应位置标出校花所在与数量,到站点 9 进行核对,即可获得相应分数和盖章认证。满分 10 分。

站点位置:操场

备注:如遇雨天,则开幕式场地及站点 2、5、6、7、8、9 移至体育馆。

图 6-1 学校"垃圾分类 你我先行"主题活动剪影

此外,学校还为高二年级的学生组织了"垃圾分类"和"垃圾焚烧"的主题讲座,曾邀请歌霖环保公司、上海市金山区环境再生能源有限公司的专业人士为学生讲解垃圾分类。讲座结束后,高二年级的学生前往商场和图书馆实地调查市民们对垃圾分类的了解程度、看法和建议。在专业人士的讲解以及实践考察中,学生深刻了解到垃圾分类的重要性,也知道了垃圾处理不恰当对环境带来的危害,纷纷表示要做好垃圾分类,尽自己所能保护环境、美化环境。

"垃圾分类 你我先行"主题活动是学校根据高中阶段学生的个性特点和心理特点具体设置的,形式新颖有趣,极大地激发了学生的参与热情。通过"垃圾分类知多少""校园垃圾桶全知道""厨余垃圾魔法变身""育苗小能手""校园寻宝"等 9 个站点的活动以及专业讲座,引导学生了解垃圾分类的意义,懂得节约资源和能源的重要性,充分发挥团队协作精神。此外,真实情景的劳动实践更是让学生体验到了劳动的价值与乐趣,用自己的实际行动积极践行生态文明观,促进生态文明校园建设。

图 6-2 "垃圾分类"主题讲座

二、学科特色劳动，铸育科学观念

党的二十大报告指出，"必须坚持科技是第一生产力、人才是第一资源、创新是第一动力，深入实施科教兴国战略、人才强国战略、创新驱动发展战略"。这是党代会报告首次明确将教育、科技、人才三方面作为一个整体进行专门阐述，是理论上的一项重大创新，充分展现了党和国家对教育、科技、人才的高度重视。随着新时代新征程的开启，教育、科技、人才一体化战略布局被明确确定为中国式现代化建设提供基础性、战略性支撑的重要举措。该战略的确立不仅意味着对各个领域的综合考量，更是对中国未来发展的深刻规划。通过整合教育、科技和人才三者的力量，中国将能够更加有力地推动国家的现代化。教育方面，将其纳入一体化战略布局意味着不仅仅强调知识的传授，更注重培养学生的创新能力、实践能力和综合素养，从而推动教育体系更好地适应社会需求，培养出更符合时代要求的人才。

上海师大二附中积极倡导生态科技教育，将其融入劳动教育的实施中，使得劳动教育不再仅仅局限于传统的卫生打扫，而是更加全面、更加有深度地发挥物理实验室、化学实验室、生物实验室、图书馆、体育器材保管室等多样场所的教育功能。这些场地既是学生学科知识学习的地方，同时也是培养学生生活技能和实践能力的理想场所。通过与学科知识和生活技能的有机结合，学校能够在学生的劳动实践中引导他们体验、收获，并让他们在过程中深刻领悟到知识对劳动的重要作用。学校生态科技教育与劳动教育的结合不仅拓展了劳动教育的方式与内容，更充实了学生的实践体验。这种全面、有深度的劳动教育模式不仅有助于学生在学科知识上的巩固,更培养了他们动手解决问题、实际应用知识的能力。通过生态科技融合劳动教育,积极开展学科特色劳动,学校为学生的全面发展和未来的职业生涯奠定了坚实的基础。

在组织特色劳动的前期准备阶段,学校根据现有资源,认真选择实施的场地,并依据场地的特点制订活动方案,明确每个场地的活动内容,确保整体方案的合理性和可行性。此外,与各学科负责人进行交流与合作,确保活动与学科知识紧密结合,设计了一系列有针对性的劳动教育活动,旨在提高学生对学科知识的兴趣,通过实际操作加深他们对科学实验以及学科的理解。每个活动都注重学科知识的渗透,结合实际场景,使学生在实践中理解和掌握学科知识。同时,活动强调技能的培养,通过实际操作,让学生能够熟练掌握相关的实验和操作技能,积累动手经验,提升劳动能力。其中,学生、班主任和负责老师各司其职,他们的职责如下。

学生职责:

1. 星期五12:00到岗,不随意请假,指定好小组长。
2. 听从负责老师安排,在劳动中体会学科知识的渗透,提升劳动能力。
3. 过程中爱护公物,不嬉闹懈怠。
4. 完成后须征得负责老师同意后才能离开。
5. 不得携带食物进入实验室。
6. 听从老师要求,注意实验用品安全管理。

班主任职责:

1. 活动前做好学生分组、劳动纪律、学生职责宣讲。
2. 活动过程中作为观察员到各场地关注班级学生出勤及各类表现情况,同时辅助做好管理。
3. 结束后收齐评价表,根据各项目中的表现及评价表,推选出一位表现突出的学生。

负责老师职责:

1. 设定本场所的劳动教育目标。
2. 星期五12:00前开放场地。
3. 落实劳动教育,指导学生提高劳动技能。
4. 检查劳动成果,及时给予评价。
5. 维护学校财物完好,保证学生人身安全。
6. 若临时需要,也可直接和对应的班级联系,调换时间。

（一）物理实验室特色劳动

学校物理实验室特色劳动教育主要涉及部分实验器材维护、实验准备、实验研究、实验制作等相关工作，并依据物理实验室特色劳动相关内容制订项目评价表（表6-1），对学生进行评价考核。在学校物理教研组与物理实验员的商议下，最终决定以下方案：由于课时的限定，第一课时物理实验室劳动教育主要涉及学校物理实验室组成及功能，了解高中物理常做的力、电、热、磁和原子物理实验，并选取典型的实验与学生互动，通过实验演示和学生体验，激发学习物理的兴趣，让同学们"悟物穷理"。第二课时玩转电动机主要包括电动机组装、电动机原理和影响电磁力大小相关因素的探究，突出"做中学"的理念。

表6-1 物理实验室特色劳动项目评价表

_____（填写劳动场地）

年级：_____ 学号：_____ 姓名：_____

评价项目（各10分）	自评	小组互评	指导老师评价
无缺勤			
无迟到早退			
劳动纪律			
劳动积极性			
团队合作			
有效的创造性劳动			
劳动作品展示			
小组交流			
实验器材			

物理实验室是一个丰富学科知识的场所，更是一个有助于培养学生实验技能和动手能力的重要平台。学生在物理实验室的特色劳动中不但可以巩固所学的物理知识，还能通过实际动手操作提高实验技能。例如，在实验仪器维护的过程中，学生需要进行规范、精确的操作。这类操作不仅是对书本知识的简单应用，更是对实际操作技能的深度培养。学生需要熟练地掌握实验仪器的使用方法，正确地组装和拆卸设备，在引导学生更好地理解物理原理的同时，还提高了他们的实际动手能力。在整理实验器材的过程中，学生还需要具备仔细观察和解决问题的能力。对实验器材的维护和管理要求学生认真观察设备的状况，及时发现并解决潜在问题。这培养了学生的观察力和解决问题的能力，使

其具备在实际实验中灵活应对各种情况的技能。活动中,学生收获良多,他们分享了自己的感悟。

我个人感觉确实会比课堂中单纯讲理论知识要有趣,并且记忆深刻,也希望能在日常课堂学习中有更多自己动手操作的时间。刚开始知道特色劳动这个活动时,我并没有想到是以这种形式开展的。我感到很新颖,也很久没有亲自做过这种小实验和手工了。

——李张妍

其中让我印象最深刻的一个实验是王老师用高压感应圈来模拟雷电的形成,当两电极间电压升到一定程度,就会把两电极间的空气击穿,从而使两电极间空气电离,形成电流的通路,沿着电流的路径发光发热,产生电荷,同时伴有"噼里啪啦"的声音,这与自然界中雷雨天的闪电是一样的。在观看这个实验的过程中,我感受到了物理学的奇妙,它把自然界的神奇现象运用物理实验的形式给我们呈现出来,震撼人心。

在第二次的特色活动中,我们做了一个小型电动机模型实验,我们两两搭档共同组装模型,这让我们熟悉了电动机的主要结构,并通过转变磁铁方向和连接滑动变阻器来探究电动机的转向与电流方向和磁级方向间的关系。

通过这两次的特色劳动周,我感受到了物理学中蕴含着的奥妙,这能让我们了解到自然,并且能够在各个方面运用到物理知识。

——史锦雯

图 6-3　物理实验室特色劳动剪影

(二)化学实验室特色劳动

在高群老师和实验员倪丹老师的共同努力下,化学组成功开发了一处生态劳动实践场——化学实验室。学生在这个特殊的场地中担任化学实验室协管员,通过了解实验员的日常管理工作,协助完成实验室的管理任务,培养他们对实验仪器的认识和正确清洗保养的技能。同时,学生还将参与常用化学试剂的简单配制与保存,旨在提升他们的动手能力,强化化学实验室安全教育,创造整洁的工作环境,以培养良好的劳动意识和社会责任。通过在化学实验室中的劳动实践,学生将更全面地了解化学反应的原理。通过切身实践操作,他们将逐渐具备化学实验技能,提高对化学知识的掌握。特别是在清洗和维护实验器材的过程中,学生将学会正确使用实验器材的方法,并提高了实际动手操作的能力。这种全方位的实践性劳动教育不仅丰富了学生的知识体系,更培养了他们动手解决问题和实际应用知识的能力。通过这一独特的劳动教育模式,学生将不仅成为化学理论的学习者,而且成为化学知识的传递者,为之后高等教育阶段的学习打下基础。具体活动内容如表6-2所示。学校还根据化学实验室特色劳动内容制订了项目评价表(表6-3),对学生进行评价考核。

表6-2 化学实验室特色劳动内容简介

活动序数	活动主题	劳动目标	具体内容
1	实验室安全观察	提高化学实验劳动安全意识	检查实验室消防设备及危险品仓库安全情况
2	实验室卫生保洁	养成保持良好的实验工作环境习惯	实验室桌面、地面、窗户、黑板擦拭干净,桌椅讲台摆放整齐
3	实验仪器清洗整理	了解不同实验仪器的保存和用途	清洗玻璃容器
4	实验仪器归类整理	养成良好的工作习惯	整理存放实验器材
5	了解实验室废水处理方法	树立环保安全意识	查看废水处理所需药品是否齐备
6	检查化学药品	提高安全意识,培养严谨细致的作风	检查药品是否变质、挥发、过期等情况
7	常用化学试剂的配置	提高实验操作动手能力,体会实验员工作必须具备的专业素养	配置基础化学试剂
8	探讨学习改进建议	提升学生参与学校劳育建设管理意识	每人写2条对劳育建设的建议与意见

表6-3 化学实验室特色劳动项目评价表

_____（填写劳动场地）

年级：_____ 学号：_____ 姓名：_____

评价项目 （每条1分）	评分细则	自评	小组互评	指导老师评价
出勤情况 （2分）	1. 无迟到 2. 无早退（缺勤为0）			
劳动纪律 （4分）	1. 服从安排，听从指挥 2. 不嬉戏吵闹 3. 高效完成 4. 清洁用品及时归还原处			
走进化学实验室（7分）	1. 消防用品、药品观察认真仔细 2. 认真了解实验仪器 3. 实验仪器有序归类，摆放整齐 4. 玻璃器皿清洗干净 5. 桌面擦拭干净无杂物 6. 桌椅摆放整齐 7. 地面、窗户干净整洁			
我是小小实验员（5分）	1. 药品称量准确 2. 配置过程规范 3. 废水、废液按类存放 4. 使用过的器具清洗干净 5. 操作台整洁干净无水渍，药品、物品归还原处			
团队合作 （2分）	1. 互帮互助 2. 不拖后腿，团结一心			
合计				
总评	1. 优秀（18—20分） 2. 良好（11—17分） 3. 差（0—10分）			

参与制订化学实验室特色劳动项目的实施方案以及组织开展活动的高群老师总结如下。

本学期的特色劳动项目共有高一的6个班级参与，每个班轮到两次。在第一次活动中，我先让学生们明确活动整体安排和活动要求，然后带他们熟悉整个化学实验室的场地，参观实验仪器放置仓库、无机药品仓库、准备室、实验教室等，让他们近距离认识不同实验仪器的用途、了解有毒有害药品保管及责任制度、知道实验室安全使用细则等。在第二次活动中，我主要带学生配制试剂溶液、清洗试剂瓶等,增强他们的实践动手能力。尽管班级不同,但每次劳动同学们都早早来到实验室等待分工,积极主动,互相协助,在最快的时间完成自己的任务,个别同学还在完成后主动帮助他人。他们看到药品、试剂、仪器都很兴奋,不仅能积极回答老师提出的问题,还能主动发问,了解到很多化学知识。一些本来化学知识比较薄弱的学生通过清洗仪器这一环节慢慢不再惧怕化学。一些对化学本来就充满好奇的学生通过实验操作环节,更是找到了学习的乐趣。通过本次特色劳动,学生既掌握了一些化学的基本知识和劳动技能,又培养了正确的劳动观,知道安全无小事,知道创设整洁的工作环境也很重要,这无形中也促进了学生身心的健康发展。

参与化学实验室特色劳动项目的同学们在活动后感触颇深,纷纷撰写了实践心得。

当第一节课走进化学实验室的时候,我便被各种各样的化学仪器所吸引,虽然初中时看到过化学老师上课用这些仪器做的反应过程,但真正放到自己面前,却有另外一种新鲜感和好奇心。看到书本上的烧杯、量筒、酒精灯、试管和各种颜色的溶液、试剂,有种别样的感觉,想到可以通过亲自动手操作生成不同的物质,心中不由满怀期待。第二节课上,老师让我们配制 NaCl 溶液,按照事先规定的步骤操作,我最后顺利完成了操作。我觉得这个实验先要将操作步骤一一看清楚,找出几步可能出错的地方,比如固体要充分溶解,操作时动作要缓慢,防止溶液倒在外面,用滴管滴溶液时注意要与凹液面平行……这次的特色劳动让我体验到了自己亲手创造的喜悦。劳动中我锻炼了自己的恒心和耐心,希望我在接下来的化学学习中也能保持热情!

——朱思琪

通过这次的特色劳动,我体会到做清洁的不易。在劳动的空余时间,我还利用废液进行了一些化学实验,其中有硝酸银与铜单质反应。通过这次的活动,我还了解到了一些化学知识:某些物质的溶液久置后会有什么现象,如硝酸银溶液的瓶子内壁上有一层类似镀银、氨盐的水溶液在清洁的过程中会释放出少量氨气等。这次特色劳动让我见到了一些以前未见过的药品,让我了解到做清洁工作需要的保护措施,如戴好手套和口罩,防止废液分解生成的刺激性气体伤及呼吸道。

——沈天乐

图 6-3　化学实验室特色劳动项目剪影

（三）生物实验室特色劳动

生物实验室是学生学习生命科学的重要场所。在整理生物实验室的过程中，学生不仅参与了日常管理工作，更是通过观察和记录的方式，深刻地了解了生命科学的原理和实验方法。生物实验室不仅是知识传授的地方，更是一个可持续发展的劳动教育平台。通过这样的特色劳动，学生将更加全面地认识生命科学，培养实际动手操作的技能，增强对实验过程的理解。

生物实验室特色劳动实践活动的内容主要有：学会使用显微镜高倍镜观察固定装片的基本操作，并尝试解决常见显微镜观察中出现的各类小问题，如污物位置的确定及清理、无法聚焦的镜头松动问题、光线亮度的正确调节问题等。学会正确清洗及保养固定装片的方法，能够使用电子秤称量，能够根据配方按比例完成一定量的生物试剂的配置，实验结束后养成及时整理桌面、清洗玻璃器皿的好习惯等，在显微镜操作练习中加强生生互助互查，培养学生团队协作意识。具体而言，包括以下五个方面。

1. 生物实验室安全规范

学生将学习和遵守生物实验室的安全规范，包括使用实验室设备的正确方式、化学品的妥善处理以及实验室紧急情况下的适当反应和应急处理。

2. 显微镜常见小问题处理

学生将被培训如何识别和处理显微镜使用中可能遇到的常见问题，如调焦困难、光源问题等。这有助于学生独立解决设备故障，提高实验效率。

3. 显微镜日常保养维护

学生将学到显微镜的日常保养方法，包括镜头的清洁、机械部件的润滑和调整等。通过正确的维护，延长设备寿命，确保实验数据的准确性。

4. 有机物鉴定中几种药品的配置

学生将学会准确配置用于有机物鉴定的药品，包括溶液的配制和浓度的调整。这培养了学生在实验操作中的仔细和精准。

5. 固定装片的清洁处理

学生将学到固定装片的清洁处理方法，确保显微镜观察的准确性。这包括清除可能影响观察的污垢、水珠等，保持装片的清晰度。

学校根据生物实验室特色劳动内容制订了项目评价表（表6-4），对学生进行评价考核。

表6-4 生物实验室特色劳动项目评价表

_____（填写劳动场地）

年级：_____ 学号：_____ 姓名：_____

评价项目（各10分）	自评	小组互评	指导老师评价
无缺勤			
无迟到早退			
劳动纪律			
劳动积极性			
团队合作			
有效的创造性劳动			
玻璃容器清洗干净			
操作台整洁无水渍			
清洗完的容器摆放整齐有序			
合计			

劳动过程中，学生有机会亲身接触和熟悉各种实验器材，这对于理解生物实验的目的和操作方法具有积极的促进作用。这样的实践劳动不仅是在整理实验室的过程中进行，同时也为学生提供了一个实际动手的机会。通过亲身参与生物实验室的日常管理，学生能够在实际操作中体验科学实验的全过程，从而激发他们对生命科学的浓厚兴趣。这样的体验不仅巩固了他们的生物学知识，更让学生在实践中逐渐理解科学研究的精神和方法。付卓敏老师总结如下。

在本学期的特色劳动项目中，共有高一6个班级参与，每个班轮到两次。在第一次活动中，我先让学生熟悉实验室的安全守则和基本要求，然后以人血涂片和蚕豆叶下表皮细胞装片为基础,在老师的带领下,了解显微镜的基本构造,学会低倍镜和高倍镜的观察及相关注意事项。在观察中,同学之间可以相互指导,达到在劳动结束时人人都能熟练使用显微镜的目的。在第二次活动中,在熟练使用显微镜前提下,提出若干有关显微镜观察中学生的常见问题,如视野中有脏东西该如何处理,无论如何都无法聚焦看清时可能有哪些常见的问题、如何解决等,同学们在实践中逐渐找到问题的症结并能基本解决。活动最后是同学们学习如何保养固定装片并完成正确的清洁。

对于这项活动,目前参加的 6 个班级的表现都非常积极认真。班主任会提早将学生名单发给付卓敏老师,同学们也都早早来到实验室等待分工,在明确任务后,组长会积极主动协调组员、安排座位、分配任务,实践结束后在征得老师同意后才最后离开。在学习显微镜使用过程中,同学们都非常认真,他们成功地在高倍镜下看到物象时的那种喜悦之情让老师也觉得这个活动很有意义。有不少同学还会主动帮助其他同学,沟通查找问题并给予恰当的指导。同学们还会把自己发现的问题及时向老师反馈,主动寻求解决方案,这和在课堂上被动听老师讲解时的学习状态明显不同。学生学习的积极性、主动性都有了很明显的增强。其中不少同学甚至突发奇想要观察头发、皮肤甚至树叶的结构,这无疑使学生对生物的学习有了浓厚的兴趣。虽然高一没有开设生物课,仍有不少同学趁着劳动的机会了解关于生物学科的学习方法和未来的高考选科等。

通过这种特色劳动,学生既掌握了一些生物实验仪器的基本操作,也锻炼了动手实践能力,学习的积极性得到了提高,进一步促进了学生智育、体育的健康发展。

图 6-4　生物实验室特色劳动剪影

(四)图书馆特色劳动

作为知识的海洋,图书馆同样可以被视为劳动教育的重要场所。在参与图书馆的整理和维护过程中,学生不仅能够了解图书分类和管理的方法,还能培养整理、分析和组织信息的能力。通过与大量的图书打交道,学生更容易形成自己的学习兴趣,主动寻找有关的资料。同时,整理图书馆的经验也培养了他们整理知识的能力,使得获取的信息更易于理解和运用。这种劳动教育不仅让学生更好地利用图书馆资源,还培养了他们对知识的主动追求和整理的能力,学生将更好地适应未来学术和职业的挑战,成为具有丰富信息管理能力的个体。

图书馆特色劳动涵盖了多个方面,包括让学生初步学习图书整理、新书加工上架的基础知识与操作,并掌握图书馆内基本卫生保洁流程等,具体而言,分为以下四个方面。

1. 初步学习图书整理与基本卫生保洁

学生将初步学习图书整理的基础知识和操作要领,包括对图书的分类整理、整齐摆放等基本原则。同时,学生将了解并掌握图书馆内的基本卫生保洁流程,确保图书馆环境的整洁与舒适。

2. 简单培训、示范实践操作

学生将接受简单培训和示范,以掌握图书整理和新书加工上架的实际操作要领。通过亲身实践,学生将更好地理解和应用所学的知识,提高实际操作的熟练度。

3. 口头讲解与示范教学

通过通俗易懂的口头讲解和示范教学,学生将学到一些基本的图书馆工作流程与操作要领,包括如何正确地整理图书、加工上架新书以及图书馆内的基本卫生保洁方法。通过这种方式,学生可以更加深入地理解图书馆工作的重要性,并且为以后更深层次的学习和工作奠定基础。

4. 培养良好的阅读与劳动习惯

通过口头讲解、示范教学,培养学生爱书、爱阅读、爱劳动的良好习惯。学生将了解到图书馆工作不仅是一项任务,更是一种具有服务和文化传承的责任,促使他们养成勤奋学习和劳动的良好品质。

学校根据图书馆特色劳动相关内容制订了项目评价表(表6-5),对学生进行评价考核。

表6-5 图书馆特色劳动项目评价表

_____(填写劳动场地)

年级:_____ 学号:_____ 姓名:_____

评价项目(各10分)	自评	小组互评	指导老师评价
无缺勤、迟到早退			
劳动纪律			
劳动积极性			
团队合作			
有效的创造性劳动			
图书整理规范有序			
书架、书桌、地板无灰			
新书加工上架无差错			
杂志分类有序规范			
学会好书推荐语的写作			
合计			

对于图书馆特色劳动项目,顾泉娥老师总结如下。

此项劳动教育项目的目的在于培养学生的劳动意识、服务意识、责任意识,在相对琐碎的劳动中体会劳动的艰辛与快乐,进一步培育学生德、智、体、美、劳五育融合、全面发展的人才储备之必要素养。能初步学习图书整理、新书加工上架的基础知识与操作要领,掌握图书馆内基本卫生保洁流程;通过简单培训、示范,掌握要领实践操作;以通俗易懂的口头讲解与示范,教会学生一些基本的图书馆工作流程与操作要领,掌握一些基本方法,培养学生爱书、爱阅读、爱劳动的良好习惯。

在实践操作中,每次分三个小组。第一组负责从门卫运送杂志报纸,分类盖章后再分类排序。第二组负责打扫卫生,主要负责书架、书桌的擦灰。第三小组负责书架图书的分类整理。第一组2人,第二组4人,其余人为第三组。

班主任老师及时到现场拍照、拍视频,学生也有负责人负责清点人数、撰写劳动评价。总体上来说,这是一次非常好的劳动教育,虽然有个别同学可能之前缺少劳动锻炼,做起来没有头绪,但态度都很积极,时间上也非常守时,有事情也会提前请假。对我来说,他们能提供非常好的帮助,往往我一天的工作他们一次就帮我做好了，大大地缓解了图书馆人力不足的问题；对学生来说，通过劳动他们体会了图书馆工作的艰辛与不易，所以会更注重平时的行为，比如不再乱翻乱放、自觉遵守图书馆的各种规章制度。我认为这是一种很好的尝试。

如果说有什么建议，我觉得劳动教育是非常重要的一环，在学生一生成长过程中有着极其重要的作用，所以是否可以专门开辟一节课为劳动课？时间上有保证，制度上有保证，管理上有硬性规定。这样，很多工作也不会流于形式，真正地全方位、多层面重视劳动教育，培养五育融合的社会栋梁。

此外，参与图书馆特色劳动项目的同学们在活动后都深感收获颇丰，他们领悟到劳动不仅是获取技能的手段，更是一种服务社会的实际贡献，他们对劳动的尊重和热爱愈发加深。他们纷纷撰写实践心得，分享他们在这个独特劳动体验中的感悟与成长。

卢梭说过，劳动是社会中每个人不可避免的义务。在当今社会科技迅速发展的情况下，劳动也是至关重要的。在本次周五的劳动中，我体会到了劳动的意义。我打扫的地方是图书馆，虽然只有短短的半个小时，但过程也是异常的辛苦。虽然只是分类书籍，将它们放置在准确的位置，但真正在偌大的图书馆寻找书架，并分类放置，是十分辛苦的。只有自己亲身经历过，才能体会到他人劳动的不易。有幸成为他们一员的我切切实实地体验了图书馆工作的繁杂和零碎。为了让学生和老师能有一个安静的学习工作环境，图书馆志愿者们乐此不疲地工作着。我主要负责的是对同学们归还的书籍进行分类并放置，在放置结束之后擦洗柜子，并协助工作人员一起工作。

在打扫完之后，我看着干净如新的图书馆、排列整齐的书架、焕然一新的书柜、分类明确的书籍，我觉得我所做的一切都是值得的，我希望有更多的同学能参与劳动。

——徐佳乐

一粥一饭当思来之不易，半丝半缕恒念物力维艰。在这个科技发展迅速的时代，我们的生活质量得到了不断提高，但所做的劳动却不如从前多。这次周五的劳动体验再一次让我感觉到了劳动的意义。

虽然这次只是打扫图书馆，却让我切身体会到了劳动的艰辛。我们去图书馆借书的时候，流程看似很简单，查找图书也非常方便，殊不知这便捷的背后有一群人在默默地为大家服务：他们每天整理书架，从还书处把书用书车拉回来，对书进行分门别类，再送往各自馆藏室的对应位置进行上架，环环相扣，不敢有丝毫的懈怠。在图书馆做志愿服务的我很荣幸成为其中的一员,亲身经历、感受了这一切!图书馆的工作繁杂而又琐碎,它涉及图书防盗、检索、在馆情况、馆际间互借、归还等。为了让同学们有一个良好的学习环境,为同学们的学习提供更便捷的服务,图书馆的工作人员乐此不疲地忙碌着。

图书馆志愿服务的主要内容有:为阅览室整理图书、打扫卫生等。在每次服务前,我们都会进行分组,努力做好每个阅览室的清扫工作。在服务过程中,我们帮助管理员整理图书,对书进行上架,协助门口的值班人员检查带出图书馆的书籍等。

看着美丽、整洁的图书馆,以及经过我们的劳动变得整齐一致的书架,想着同学们可以拥有一个更好的学习环境时,我们觉得一切的付出和辛苦都是值得的!劳动的过程其实是互惠双赢的,图书馆志愿服务活动锻炼了同学们吃苦耐劳的精神,培养了同学们认真细心的品质,也增强了同学们相互协作的能力;更宝贵的是,我们的努力吸引了更多的同学加入图书馆志愿者服务的行列中来。

——周玉君

图6-5 图书馆特色劳动活动剪影

(五)体育器材室特色劳动

体育器材室同样可以提供劳动教育的机会。在保养和管理体育器材的过程中,学生可以了解体育器材的使用和保养方法,培养他们对体育器材的熟练操作能力。这种劳动不仅是对身体的一种锻炼,同时也是对体育器材知识实际运用的理解。学生通过实践,逐渐领悟运动器材的功能和使用要领,并学会按使用率进行有序的收纳和归类,养成良好的整理习惯。

体育器材室特色劳动涵盖了以下四个方面,旨在让学生通过实际操作,全面认识和掌握运动器材的使用和管理。

1. 认识运动器材

通过参与特色劳动项目,学生将有机会认识各种运动器材的名称、形态以及基本特征。这包括体育器材室中常见的各类器材,如球类、器械等,使学生对运动器材有一个直观的了解。

2. 分清器材功能

学生在特色劳动中将学到如何分清不同运动器材的功能和用途。通过实际操作,他们将逐步了解每种器材的专门用途,明确在体育锻炼或比赛中的应用场景,培养对器材功能的敏感性和理解能力。

3. 器材归类

特色劳动项目还侧重于培养学生对器材的分类和归纳能力。学生将学会根据器材的共同特征、用途等因素,将它们进行合理地分类和归类。这有助于提高学生对器材的整体认识和管理效率。

学校根据体育器材室特色劳动相关内容制订了项目评价表(表6-6),对学生进行评价考核。

表6-6 体育器材室特色劳动项目评价表

_____(填写劳动场地)

年级:_____ 学号:_____ 姓名:_____

评价项目(各10分)	自评	小组互评	指导老师评价
无缺勤			
无迟到早退			
劳动纪律			
劳动积极性			
团队合作			
有效的创造性劳动			
认识器材			
分清器材功能			
学会器材归类			
合计			

对于学校开展的体育器材室特色劳动实践活动,陈叶云老师认为很有现实

价值,应当继续实施,他总结如下。

现在的学生对于劳动的理解是有缺失的,在他们的认知里,劳动是很累的、很脏的,是没有意义的,所以有很多学生非常轻视劳动,这是大环境造成的,学生有这样的想法是不可避免的,也是可以理解的。那么在这样一个环境下,学校要怎么教育学生正视劳动教育呢?

在学生德、智、体、美、劳全面发展中,劳动教育相对其他方面的教育来说是比较薄弱的。现在很多学生在家里是不劳动的,"饭来张口,衣来伸手"是常态,而家长的心态是:有劳动这点时间还是去好好学习吧!所以,学校有必要在劳动教育中进行有的放矢的教育。我个人认为学校开始做这件事是非常好的、是有必要的。

体育与劳育结合,不怕苦、不怕累、不怕脏、奋勇向前的体育精神与劳动教育的精神很贴切。在体育教育过程中,学生要认识相关的运动器械,也要进行运动器械的搬运,因此这个过程中非常好地渗透了劳动教育。现在有很多学生运动只管借运动器材,没有归还的概念,更没有收拾和摆放整齐的概念,这里面其实是缺失劳动教育的。所以,在体育特色劳动这块进行弥补是有必要的。

在这期的体育特色劳动中,同学们的表现都非常好,工作积极认真,在老师的指导下,他们工作有序,懂得了劳动的意义所在,达到了预期的目标。

从本学期的学生劳动情况来看,学生们在我们部门器材的管理、清理和物品摆放方面都做得非常好,也能尊重老师,对于老师布置的任务都能尽职完成。希望下学期可以增加体育器材室和体育馆的卫生打扫,让学生体会到劳动的不易和环境干净整洁的重要性。

综上所述,学校应充分发挥各类场地的劳动教育功能,让学生在劳动实践中深刻体验知识的重要作用。劳动实践不仅巩固学科知识,更是对学生综合素养的全面培养,旨在培养学生动手能力和实际应用能力,为他们未来的发展打下坚实的基础。我们关注的不仅是学科专业知识,更注重学生的综合素质,使其在未来的社会生活和职业发展中能够更好地应对各种挑战。通过学科知识与劳动实践相结合的方式,学生能够在劳动中深刻领悟所学知识的实际运用,将理论与实践相融合,形成更为全面的学习体验。这种全方位的培养模式有望培育出具备更高综合素质的学生群体,使他们在未来的职业生涯中更具竞争力和适应力。因此,通过将生态科技教育融入劳动教育,学校将为学生成长提供更为丰富和有力的支持,让他们在面对未知未来时能够更从容、更有信心地展翅飞翔。

三、校外学农耕作,拓展实践活动

中共中央、国务院印发的《关于全面加强新时代大中小学劳动教育的意见》提出,中小学劳动教育坚持因地制宜,应根据各地区和学校实际,结合当地在自然、经济、文化等方面条件,充分挖掘行业企业、职业院校等可利用资源,宜工则工、宜农则农,采取多种方式开展劳动教育,避免"一刀切"。[①] 农村是社会发展的重要组成部分,了解农村的社会实践对于拓宽学生视野、增进对社会多样性的理解至关重要。开展农村社会实践活动有助于打破城乡差异,促使学生更全面地认知社会。此外,随着科技的不断进步,生态科技在农业领域的应用成为农村发展的关键因素。生态科技融入劳动教育,不仅促进了农业生产方式的创新,也强调了可持续农业的重要性。

因此,为全面贯彻党的教育方针,落实《上海市学校劳动教育"十四五"规划》《上海市学生农村社会实践教育指导大纲(试行)》等文件精神,以全面提高学生综合素质为目标,学校组织高二年级学生在上海市青少年实践活动金山基地开展为期5天的农村社会实践活动,将生态科技融入农村社会实践活动,为学生提供更为丰富、全面的学习机会,以期培养学生的实际动手能力、可持续发展观念以及社会责任感,使他们更好地适应未来社会的发展趋势。

图6-6 农村社会实践活动剪影

---

① 中共中央、国务院.关于全面加强新时代大中小学劳动教育的意见[EB/OL].[2020-01-30]. http://www.m.gov.cn/jyb_xxgk/moe_1777/moe_1778/202003/t20200326_435127.html.

第六章　生态科技促劳:搭建特色劳动平台,探索劳创融合教育模式

青少年实践活动基地策划了丰富多样的课程,涵盖了广泛的主题,为学生提供了深入了解和体验农业劳动的机会,包括"走进农业硅谷　探秘和谐共生""新农村水稻丰收探究实践""木刻版画　廊下民居""传承农耕文化　品味江南鱼米饭""了解无土栽培　智慧温室育番茄"等9大课程,涉及农业科技、手工制作、田间劳动等多方面的内容。

这些课程的设计不仅让学生获得了丰富的知识体验,也使他们深入了解现代农业的方方面面。在"走进农业硅谷　探秘和谐共生"中,学生将有机会了解温室大棚种植的发展历程,感受农业科技对农业的创新与推动。通过"新农村水稻丰收探究实践",他们将亲身参与到水稻的收割等实践活动,了解农田的运作和农产品的生产过程。而在"木刻版画　廊下民居"中,学生可以通过手工制作感受传统文化的魅力,培养创造力和手工技能。此外,通过"传承农耕文化　品味江南鱼米饭""了解无土栽培　智慧温室育番茄"等课程,学生将了解传统农耕文化和现代无土栽培技术,拓展对农业的认知。这些实践活动也有助于学生认识到农业科技的先进性,深刻理解"科学技术是第一生产力"的内涵。

总体而言,学校开展的农村社会实践活动秉持教育与生产劳动、社会实践相结合的原则,旨在引导学生深入理解和践行社会主义核心价值观,全面贯彻立德树人的根本任务,培养德、智、体、美、劳全面发展的社会主义建设者和接班人。这一举措不仅致力于学科知识的传授,更注重通过实际劳动来塑造学生的思想观念和实践能力。

"走进农业硅谷　探秘和谐共生""新农村水稻丰收探究实践"等多样化的课程设置在活动中扮演着重要角色,为学生提供了全方位的学习机会。了解现代农业、农业科技的九大课程,不仅丰富了学生对农业的认知,也让他们在实践中体验了农业生产的方方面面。结合农业科技、传统文化以及实际劳动的学习模式,有利于引导学生对农业的认识,同时激发他们对科技、文化和劳动的浓厚兴趣。

通过亲身实践,学生在富有教育意义的实践活动中获得了全面的知识体验。培养实际操作的技能,不仅使他们更好地理解和关心现代农业的发展,同时也在劳动实践中培养了他们的创造力、动手能力和实际应用能力。这不仅是对社会主义核心价值观的践行,更是对全面素质教育理念的实际落地,为学生成为有道德、有智慧、有体魄、有美德、有劳动精神的社会主义建设者奠定了坚实基础。这种全面发展的培养模式有望培养出更具社会责任感和创新能力的新一代人才,为学校学生的未来发展注入更多动力。

顾玲丽的学农日记

金山学农基地位于廊下，我是一个廊下人，这里让我对家乡有了更多的了解，也算是一次家乡的回归之旅。每天的课程都有不同的体验，在乐趣中我感受到了农民的辛苦，在学习中我体会到了农民的智慧。

在这里我们知道了二十四节气，四季轮换、万物生长中我们体悟到了成长的意义；在学做农家菜饭、淘米择菜、生火掌厨中，我们体会到农家灶头的传统、互相合作的重要性；在倒浆灌浆、制作青瓷中，我们体会到制作工艺的精益求精和一丝不苟，以及发挥创作的奇思妙想；在识别香草、制作香包中，我们体会到学习与实践的结合，每一丛绿意都沁人心脾；在草莓采摘、甜点创作中，我们感受到品尝劳动成果的愉悦。

学农活动在井然有序、喜悦的氛围中进行，每天的生活都非常充实。体验中有当地阿姨、奶奶的热心指导，有回到家乡的浓厚的亲切感，也有同学之间相互合作实现一个个目标的欣喜。课程中我们还体验了打莲湘，我教同伴学习打莲湘，这不仅是对久别的传统文化的回味，也是对传统文化的传承。

学农生活没有我想象中那么枯燥劳累，而是充满了乐趣。其中最大的感受是团队合作的重要性，我们可以大声高喊口号，可以完成生火做饭的全过程，我们也可以完成人生中的第一件青瓷作品。我们在这里度过了几天的学农生活，我们感谢这里可爱的人们，他们让我重温了故土的温暖，也让我的同学们了解农村的生活，了解一个不一样的美丽廊下。农村没有城市的绚丽灯光，却有淳朴的自然生活，还有植物在四季更迭中生长。

这次充实的学农生活让我们改变了对农村的看法，这里有太多有趣的体验值得我们留恋，这里也将留下我们成长的足迹。

图6-7 "了解无土栽培 智慧温室育番茄"课程剪影

四、志愿服务活动，丰富劳动经验

积极参与志愿服务是培养学生社会责任感、树立服务他人和社会观念的重要途径。上海市以"学生实践和创新工程建设"为抓手，集结丰富的社会教育资源，致力于打造公益性、普惠化、开放性的"社会教育大课堂"。将社会实践纳入学生劳动观念和劳动能力培养的战略规划，提升青少年创新精神和实践能力。整合各方资源，推动各项公益劳动和志愿服务事业的蓬勃发展。2016年，上海市教委联合市文明办、团市委制定并下发了《关于加强上海市普通高中学生志愿服务（公益劳动）管理工作的实施意见（试行）》，将学校组织的公益劳动和志愿服务纳入高中阶段的重要课程，旨在培养高中生的社会责任感、创新精神和实践能力。上海师大二附中积极响应，充分利用暑期等闲暇时间，组织学生参与公益劳动与志愿服务，举办了"大手牵小手"学雷锋系列志愿服务活动以及暑期志愿服务活动，引导学生走进社区，参与党群服务中心、图书馆、敬老院以及其他大型活动场所的劳动服务协助。

（一）暑期志愿服务活动

在2023年的暑期，学校校外志愿服务涵盖了5个"爱心暑托班"基地，包括东方村社区综合服务中心、金韵社区、山阳小学、金教院附小、区党群服务中心，学生参与人数达到72人。此外，还有13个暑期志愿服务基地，包括爱尔眼科、金山博物馆、金山区规划馆、金山卫抗战遗址纪念园、上海南社纪念馆、朱学范故居、海阔东岸文创园、金山区图书馆、中国农民画村、枫泾房车营地、金山嘴渔村、亭林阳光之家、花开海上，学生参与人数达到342人。通过这些志愿服务活动，学生不仅能够奉献社会、提高服务意识，更在实践中培养了团队协作、创新思维和实际动手的能力，有助于学生成长为具备社会责任感和实践能力的有益人才。

爱心暑托班是一项为缓解全区小学生暑期"看护难"问题而创办的社会公益项目。其目标在于引导和帮助小学生度过一个安全、快乐、有意义的假期，为他们提供适当的看护和丰富多彩的活动。在这次活动中，学校志愿者们共同负责东方村社区综合服务中心、金韵社区、山阳小学、金教院附小、区党群服务中心五个地点，为当地小学生提供爱心服务。志愿者们充分发挥自己的专业知识，通过各种文娱活动、学科辅导等形式，为小学生创造一个充满温馨和教育意义的假期环境，让他们拥有一个安全、快乐、有意义的暑期生活。

曾参与爱心暑托班的裴水东感叹道："这个暑期,我做了漕泾镇爱心暑托班的志愿者,这段经历让我受益良多。在那里,我和其他志愿者一起辅导孩子们功课,给他们分发午餐和点心,将他们课堂和课间的精彩瞬间记录下来,陪他们玩耍。虽然,这个过程有点累,但是在看到小朋友欢乐的笑容的时候,我就感觉很满足、很快乐。在这次的志愿者活动中,我收获到了一种宝贵的品质——勇于奉献、乐于助人、敢于吃苦。这将是我一生的宝贵财富,帮助我今后更好地融入社会。"就像裴水东同学所说,通过参与志愿服务,学生能够在实践中培养社会责任感、团队协作能力和关爱他人的意识。他们在服务过程中学会关心他人需求,培养与他人合作共同完成任务的良好习惯,同时感受到帮助他人的喜悦,激发了他们的社会参与意识。

图 6-8 爱心暑托班志愿服务活动剪影

此外,学校学生积极参与各个暑期志愿服务基地的活动,为社会提供了丰富的志愿服务。在金山区图书馆,学生们负责图书搬运、书架整理以及归还图书的分类放置工作,同时为借阅者解答疑问,提供热情周到的服务。在金山税务大厅,学生们协助市民取号、复印资料,以便更好地开展税务工作。在亭林体检中心,学生们为病人提供指引服务,同时辅助相关体检项目,以提升医疗服务的效率。在朱泾镇花开海上生态园,学生们协助游客购票、检票、开具收据,并为游客进行讲解,同时维护园区的卫生。在枫泾古镇,学生们参与检票、讲解影壁、修改旅游地图,为游客提供向导服务,同时也积极参与维护绿化带的卫生工作。在参与志愿服务活动的过程中,学生们展现了社会责任感,并在此过程中对团队协作能力及服务技能进行了有效锻炼,也为社区和市民提供了实际的帮助。

第六章 生态科技促劳：搭建特色劳动平台，探索劳创融合教育模式

图6-9 暑期志愿服务活动剪影

作为一个志愿者，我在助人的同时，也是在自助。在使其他生命活出色彩的同时，志愿者也可以从中得到思想上的升华，学会与人沟通，学会关爱他人，也更深刻地领会到生命的意义。而且，支援者的活动为我提供了一个接触社会的机会，提供了一个锻炼自己的机会。我很感谢学校在高一时就给予我们机会，让我们在学习之余学着尽自己的微薄力量帮助别人，体验到帮助别人的乐趣！

——伍怡敏

图书馆的工作说着容易，做着难。整理图书是一个系统工程，也是一门学问。它涉及图书的防盗、检索、在馆情况、归还情况等，工作量非常繁重。在帮忙整理书籍的过程中，我们更加深切地体会到了图书馆工作人员的艰辛。"赠人玫瑰，手留余香。"整理图书虽然很累，但我们也学到了一些图书管理方面的知识，同时自身的素养也得到了提高。我们坚信一切的付出和辛苦都是值得的，劳动的过程的确是互惠双赢的。此次志愿经历锻炼了同学们吃苦耐劳的精神，培养了同学们认真细心的品质，也增强了同学们相互协作的能力。

——彭育雯

（二）博物学习空间志愿服务活动

1995年，学校在上海师范大学的帮助下建立了标本室。2013年由金山区教育局出资，建成了馆藏1700余件展品的标本馆。作为金山区科普基地，近年来接待了来自社区居民、本区各级各类教育单位的师生和家长、国外（法国、日本、韩国、新加坡、美国）的学生团队，累计接待10000余人次来馆参观学习，平

均每年服务500余场,接待1500余人。

博物学习空间不仅是一个科普基地,同时也是一个开放式的志愿者服务基地。目前,馆内拥有180余名积极参与的学生志愿者。在标本馆的志愿服务活动中,志愿者们带领参观的中小学生及其家长认识和领略了标本馆的植物、昆虫、动物等标本,为参观者们解难答疑。参观活动结束后,在基地志愿者的指导下,同学们进行蝴蝶书签的制作,学生和家长积极参与,乐在其中。这些学生志愿者不仅承担了标本馆的讲解任务,更充当起标本的"代言人"角色。他们积极收集、整理标本的科学信息,为标本撰写科普文稿,并录制音频,制作二维码。通过这些举措,参观者可以通过"云参观"或者线下扫码获取更多的学习信息,进一步提高了科学素养。标本馆的志愿者服务体现了学校在教育和社区服务方面的积极参与,也为学生提供了一个实践和服务的平台。这种学校与社区资源的紧密结合推动了科学教育的发展,培养了学生的科普意识和志愿服务精神。学校制作了《博物学习空间典型志愿者感悟集锦》来记录学生志愿者们的成长与收获。

(三)"大手牵小手"学雷锋系列志愿服务活动

学校与石化街道团工委携手合作,共同推进"大手牵小手,生态科技特色进社区"志愿服务结对活动。在校团委的发起下,团员们积极响应,融入社区,投入到垃圾分类、路面清扫、环境保护宣传等日常社区志愿服务中。通过参与此类活动,学生们不仅倡导周边居民关注环境问题,并从个人行动做起,同时也身体力行地实践了"绿水青山就是金山银山"的生态文明理念。这样的志愿服务活动促进了团员们对环境保护的认知,强化了他们的可持续发展的价值观念,在改善社区环境的同时,加深了团员们对生态文明的理解,使他们在实践中逐渐树立起对可持续发展的责任感。

除此之外,学校还与海棠小学合作,在万达广场联合举办了"大手牵小手,学雷锋团员带队员"志愿服务活动。党章学习小组的成员们带领海棠小学的学生,向市民免费发放口罩,进行微团课的讲解,同时与小学生一起分享和学习生态科技的相关知识。这样的活动不仅为市民提供了实际的服务,同时也促使小学生们在实践中更深刻地了解了生态科技的重要性。这种跨校、跨年级的志愿服务活动不仅促进了校园之间的合作,也在社区中播撒着科技知识和志愿服务的种子,为更广泛的社会群体带来了实际的帮助和积极的影响。

图 6-10 "大手牵小手,学雷锋团员带队员"志愿服务活动剪影

　　将劳动教育融入志愿服务中,不仅有助于学生养成良好的劳动习惯,提升实际劳动技能,还让他们在劳动中感受到来自劳动的收获与乐趣,形成对劳动的尊重和热爱。通过这种方式,学生将建立起真挚的劳动情感,在理论上了解劳动的意义,在亲身实践中领悟其中的真谛。此外,将社会实践和志愿服务与劳动教育相结合,有助于培养学生的社会实践和志愿服务能力。学生通过"做中学"和"学中做",在实践中不断实现个人的成长进步、能力养成和素质提升。志愿服务作为一种典型的公益劳动,更能强化学生的劳动意识。在志愿服务中,学生为他人和社会提供服务,借此树立了服务意识,实践并提升了服务技能。这种实际服务的经历使学生深刻体会到劳动的社会价值,为其个人价值观的形成打下坚实基础。

　　最重要的是,志愿服务中的公益性质进一步加强了学生的社会责任感。在服务他人的过程中,学生体会到自己的行为可以对社会产生积极的影响,从而更加关注社会问题,培养出更强烈的社会责任感。通过这种有益的循环,学生在志愿服务中不仅提高了自己的社会实践和志愿服务能力,同时也为社会增添了正能量。这样的社会实践和志愿服务经验将在学生的成长道路上起到积极的引导和推动作用。

第四节　生态科技促劳的实际成效

自2015年2月加入上海市特色普通高中项目组以来,上海师大二附中一直致力于在办学中注入生态科技教育的元素,并通过积极的实践探索,逐步形成了独具特色的生态科技教育模式。在近十年的发展过程中,学校不仅在学科教学方面取得了显著的成果,更在劳动教育领域迈出了坚实的步伐。2020年10月,学校被评为"金山区融合育人种子学校",这是对我们在融合育人方面取得的成果的认可。2021年4月,学校又荣获"上海市劳动教育特色校"称号,这不仅是对学校劳动教育工作的认可,更是对我们在劳动教育特色方面的成功实践的肯定。

立足新起点,学校迎来了发展新阶段。在追求五育并举的育人目标的同时,我们特别注重培育正确的劳动价值观,因为这是学生成长过程中至关重要的一环。通过"三个路径"——班主任、家长、学科老师的共同引领,以及"四项策略"——主题教育、劳动实践、项目化劳动、生态科技教育的全方位策略布局,我们在校本实践探索中取得了显著的成绩。在这个充满活力的学校大家庭里,我们积极开展各类校本实践,使得学生在劳动实践中逐渐形成正确的劳动观念和价值取向。同时,我们注重引入生态科技元素,让劳动教育不再是单一的体力活动,而是融入科技、生态等现代元素,使学生在实践中树立科技与环保意识,提升自身科学素养。

近些年来,学校学生在上海市以及金山区的中学生劳动技术学科竞赛中取得了卓越的成绩,为学校的劳动教育工作赢得了荣誉。在2021年上海市中学生劳动技术学科竞赛(高中组)中,江熠辉同学和徐王剑同学分别在金属加工组和电子控制组中获得一等奖和三等奖,展现出出色的专业技能。此外,由学校学生组成的"在水一方"队(濮高杰、江熠辉)在团队赛高中组中荣获二等奖,充分展示了团队协作的力量。在2023年"走进乡村农事教学做"金山区第一届中小学生劳动教育技能大赛的"厨艺大比拼(高中组)"中,陈峻恺和钱俊杰同学表现卓越,荣获一等奖,为学校再添光彩。此外,在2022年"争劳动先锋,做时代新人"主题视频作品大赛中,严祎晨同学获得一等奖,顾婷悦和黄天一同学获得二等奖,充分展示了学生们在劳动教育方面的积极参与和创造力。学校学生在劳动教育学科竞赛中的成绩有目共睹,为学生的综合素质和劳动技能的提升提供了有力的支持。以下是学校学生在劳动教育学科竞赛中的历年获奖情况（表6-7）。

图 6-11　学校学生在上海市中学生劳动技术学科竞赛中获佳绩

表 6-7　劳动教育学科竞赛学生获奖汇总表

姓名	荣誉名称	级别	年份
朱思文	2019年区级（首届）劳技学科学生竞赛电子控制电路组二等奖	区级	2019年
陈经伟	2019年区级（首届）劳技学科学生竞赛电子控制电路组三等奖	区级	2019年
许　诺	2019年区级（首届）劳技学科学生竞赛金属加工组一等奖	区级	2019年
缪思远	2019年区级（首届）劳技学科学生竞赛金属加工组二等奖	区级	2019年
周佳晨	2019年区级（首届）劳技学科学生竞赛金属加工组二等奖	区级	2019年
戚晨岑	2019年区级（首届）劳技学科学生竞赛金属加工组三等奖	区级	2019年
周铭杰	2019年区级（首届）劳技学科学生竞赛金属加工组三等奖	区级	2019年
江熠辉	2021年上海市中学生劳动技术学科竞赛金属加工组一等奖	市级	2021年
徐王剑	2021年上海市中学生劳动技术学科竞赛电子控制组三等奖	市级	2021年
"在水一方"队（濮高杰、江熠辉）	2021年上海市中学生劳动技术学科竞赛团队赛高中组二等奖	市级	2021年
夏青云	2021年区级劳技学科学生竞赛电子技术控制组一等奖	区级	2021年
陈　诺	2021年区级劳技学科学生竞赛电子技术控制组二等奖	区级	2021年

(续表)

姓名	荣誉名称	级别	年份
徐王剑	2021年区级劳技学科学生竞赛电子技术控制组二等奖	区级	2021年
徐佳艺	2021年区级劳技学科学生竞赛电子技术控制组二等奖	区级	2021年
沈诺	2021年区级劳技学科学生竞赛电子技术控制组三等奖	区级	2021年
俞包捷	2021年区级劳技学科学生竞赛电子技术控制组三等奖	区级	2021年
王智超	2021年区级劳技学科学生竞赛电子技术控制组三等奖	区级	2021年
江熠辉	2021年区级劳技学科学生竞赛金属加工组一等奖	区级	2021年
濮高杰	2021年区级劳技学科学生竞赛金属加工组二等奖	区级	2021年
罗裕豪	2021年区级劳技学科学生竞赛金属加工组三等奖	区级	2021年
张毅步	2021年区级劳技学科学生竞赛金属加工组三等奖	区级	2021年
张泽坤	2021年区级劳技学科学生竞赛金属加工组三等奖	区级	2021年
严祎晨	"争劳动先锋,做时代新人"——2022年暑期金山—平湖学生劳动教育活动主题视频作品大赛一等奖	区级	2022年
顾婷悦	"争劳动先锋,做时代新人"——2022年暑期金山—平湖学生劳动教育活动主题视频作品大赛三等奖	区级	2022年
黄天一	"争劳动先锋,做时代新人"——2022年暑期金山—平湖学生劳动教育活动主题视频作品大赛三等奖	区级	2022年
黄天一	"争劳动先锋,做时代新人"——2022年暑期金山—平湖学生劳动教育活动主题征文一等奖	区级	2022年
顾婷悦	"争劳动先锋,做时代新人"——2022年暑期金山—平湖学生劳动教育活动主题征文二等奖	区级	2022年
严祎晨	"争劳动先锋,做时代新人"——2022年暑期金山—平湖学生劳动教育活动主题征文三等奖	区级	2022年
姜可欣	"劳动守'沪',同心抗疫"——2022金山区学生劳动教育宣传周主题征文或图文故事一等奖	区级	2022年
刘林恺	"劳动守'沪',同心抗疫"——2022金山区学生劳动教育宣传周主题征文或图文故事二等奖	区级	2022年
王辰意	"劳动守'沪',同心抗疫"——2022金山区学生劳动教育宣传周主题征文或图文故事三等奖	区级	2022年
过浩宇	"劳动守'沪',同心抗疫"——2022金山区学生劳动教育宣传周主题征文或图文故事三等奖	区级	2022年
陈佳瑶	"劳动守'沪',同心抗疫"——2022金山区学生劳动教育宣传周日常生活劳动技能大赛视频评选一等奖	区级	2022年

(续表)

姓名	荣誉名称	级别	年份
杨濮慧	"劳动守'沪',同心抗疫"——2022金山区学生劳动教育宣传周日常生活劳动技能大赛视频评选二等奖	区级	2022年
邱梓俊	"劳动守'沪',同心抗疫"——2022金山区学生劳动教育宣传周日常生活劳动技能大赛视频评选二等奖	区级	2022年
陈 欢 干诗语	"劳动守'沪',同心抗疫"——2022金山区学生劳动教育宣传周日常生活劳动技能大赛视频评选二等奖	区级	2022年
潘闻羽	"劳动守'沪',同心抗疫"——2022金山区学生劳动教育宣传周日常生活劳动技能大赛视频评选三等奖	区级	2022年
俞霏扬	"劳动守'沪',同心抗疫"——2022金山区学生劳动教育宣传周日常生活劳动技能大赛视频评选三等奖	区级	2022年
陈晓颖	"劳动守'沪',同心抗疫"——2022金山区学生劳动教育宣传周日常生活劳动技能大赛视频评选三等奖	区级	2022年
纪笑然	"劳动守'沪',同心抗疫"——2022金山区学生劳动教育宣传周日常生活劳动技能大赛视频评选三等奖	区级	2022年
徐婧怡	"劳动守'沪',同心抗疫"——2022金山区学生劳动教育宣传周日常生活劳动技能大赛视频评选三等奖	区级	2022年
黄思恒 吉如意	"劳动守'沪',同心抗疫"——2022金山区学生劳动教育宣传周日常生活劳动技能大赛视频评选三等奖	区级	2022年
陈峻恺	"走进乡村农事教学做"金山区第一届中小学生劳动教育技能大赛"厨艺大比拼(高中组)"一等奖	区级	2023年
钱俊杰	"走进乡村农事教学做"金山区第一届中小学生劳动教育技能大赛"厨艺大比拼(高中组)"一等奖	区级	2023年
叶可涵	2023年金山区"金匠杯"中学劳动教育学生创意作品大赛智能家装项目一等奖	区级	2023年
刘子皓	2023年金山区"金匠杯"中学劳动教育学生创意作品大赛智能家装项目二等奖	区级	2023年
戴正楷	2023年金山区"金匠杯"中学劳动教育学生创意作品大赛智能家装项目二等奖	区级	2023年
张一凡	2023年金山区"金匠杯"中学劳动教育学生创意作品大赛智能家装项目一等奖	区级	2023年
顾 鑫	2023年金山区"金匠杯"中学劳动教育学生创意作品大赛智能家装项目二等奖	区级	2023年

(续表)

姓名	荣誉名称	级别	年份
张昕宸	2023年金山区"金匠杯"中学劳动教育学生创意作品大赛智能家装项目三等奖	区级	2023年
沈天乐	2023年金山区"金匠杯"中学劳动教育学生创意作品大赛智能家装项目三等奖	区级	2023年

　　与此同时，学校教师在积极探索将劳动教育融入学科课程的过程中，取得了令人瞩目的成果。2022年12月，李静老师参与了由华东师范大学基础教育改革与发展研究所、上海市金山区教育局与上海市教育科学研究院联合举办的全国第三届"五育融合"研究论坛活动。她提交的课堂教学案例《小熊猫修桌子中的数学智慧——融合育人背景下高中数学课堂与劳动教育融合案例》荣获优秀案例奖，为学科课程与劳动教育的融合提供了成功的经验。2023年4月，许礼华老师的努力也得到了认可。他在2022年金山区中小学幼儿园创新实验室（基地）项目课程实施案例评选中提交的课程实施案例《深度学习视角下创新实验室融合劳动教育课程实践探索——以〈海洋灾害和应急救生小艇设计〉为例》荣获三等奖。这一荣誉不仅体现了许礼华老师在劳动教育融合实践中的卓越表现，也为学校的课程创新和教育改革做出了积极的贡献。这两位老师的成功案例为更多教师提供了借鉴和启示，推动了学校在学科课程中融入劳动教育的不断发展。

　　此外，学校志愿服务活动也获得了社会的广泛认可。2023年9月20日，上海爱尔睛亮眼科医院院长吴慧芳与医院办主任高玉琴向学校赠送了一面写有"志愿活动组织出色，热情服务温暖爱尔"的锦旗，以表示对学校暑期社会志愿服务活动组织有序，以及对学校学生以高适应性、出勤率高、温暖热情、主动积极、耐心负责的态度完成各项工作的感谢。蔡文校长与袁仁忠书记对学生们在爱尔眼科实践过程中的良好表现进行了表扬，并指出在实践与岗位体验的过程中，学生们逐渐丰富了实践技能，提升了综合素质，树立了职业目标，有助于做好生涯规划、明晰未来发展方向。这面锦旗既是对学校学生志愿服务活动的认可，也是上海师大二附中育人理念开花结果的有力证明。这种社会的认可和感谢不仅是一面锦旗，更是一种肯定。它激励着学校学子持续贯彻"生活自律，学习自主，生命自觉"的要求，以青少年热情、活力、知礼、认真的态度，不断在学习、生活、社会实践等各项活动中全面发展自我，完成各项任务。他们将传承并发扬上海师大二附中的精神，彰显上海师大二附中的品质。这份认可是对学生们辛勤努力的褒奖，也是对学校育人理念的肯定，将成为学生们前行的力量源泉。

  回顾这一路的成果,我们由衷地感到欣慰与自豪。生态科技融入劳动教育已经不再是空中楼阁,而是在学校日常教育教学中扎实而有力地推进。我们坚信,在劳动教育和生态科技交汇融合的领域中,学校将继续展现出更为灿烂的未来。这一路的成功经验和实践成果不仅为学校劳动教育提供了可持续的发展动力,更为学生成长奠定了更为坚实的基础。我们期待,通过此次融合之旅,学生们能够在生态科技的校园文化氛围中培养更深厚的劳动素养,不断拓宽视野、提升能力。在劳动教育的大道上,我们将携手前行,共同书写更加辉煌的篇章。

第七章 辐射影响：
融合生态科技教育的辐射与展望

上海师大二附中地处上海市西南海滨，学校紧紧依托区域独特而多样的生态资源优势，以"融合生态科技育人，适性学生多元发展"为特色，以"品正才实，思锐志远"的愿景为引领，不断撬动学校发展，以育人方式转变点亮学生"未来生态学家"的梦想。学校秉承"品正才实，思锐志远"的校训，关注学生个性发展，着力培养新时代拔尖创新人才，走出一条与时俱进、开拓创新的生态科技教育特色发展之路。

学校融合生态科技教育办学体系坚守五育融合育人理念，既是学校管理机制创新、课程建设的显著标志，也是办学特色的依托，其浓郁的校本特色推动了学校高质量、精细化、特色化的内涵式发展。

历经近40年的发展，学校以"源于生态、基于科技、归于生命"的课程理念构建满足基础需求、兴趣发展、特长培养的三阶课程，为学生特色发展和特长张扬提供了沃土，着力将学生培养成德、智、体、美、劳全面发展，具有鲜明生态文明素养的社会主义建设者和接班人，成为生态文明的守护者、建设者和引领者。在学校优秀的教师团队、开放的办学思想和科学的人文管理下，学校在课程建设、教学改革、科研成果等方面迸发出强大的生命力，取得了显著的实践成果，逐渐形成了具有重要区域辐射力和社会影响力的融合生态科技教育办学特色和口碑，孜孜不倦地书写着基础教育的新篇章。

第一节 融合生态科技教育的辐射影响

国以才立，政以才治，业以才兴。在向第二个百年奋斗目标进军、实现中华民族伟大复兴的新征程上，党和国家事业发展对创新人才的需要比以往时候都更为迫切,加快建立完善的创新人才培养制度需要多方携手共同承担。[1]

多年来,学校以融合生态科技教育助力学生成长,借改革助发展,为学生和教师成长搭建专业发展平台,不断培育体现自身办学理念、办学精神的特色品牌,逐渐形成了"创新、协调、绿色、开放、共享"的良好发展生态。目前,学校在区域内形成了广泛的辐射效果,学校的区域影响力和美誉度不断提升,成为金山区一张亮丽的名片。

一、多方聚力,创新生态育人模式

任何思想、理念、教法的单一化都不利于学校前进与发展。唯有顺应时代潮流与教育环境,最大可能地释放潜能、拓展新路才是不败实践[2],学校显然深谙其道。多年来,学校积极开创生态教育全新科学教育模式,建设适应学生发展的生态特色课程,不仅着力建设生态校园,还在学生灵魂深处种花植木,引导学生在与环境互动、与同伴合作中树立科学的人生观和价值观,提高未来社会建设者的生态意识及探索创新解决环境问题的生态素养。

(一)多元融合:建立立体化知识图谱

学校融合生态科技教育追求多要素融合共生与和谐发展,更凸显"以融促减、以合创增"的教育功能,在坚守"五育融合"的育人理念中,通过融合生态科技教育特色的点、线、面滚动式发展,依托生态资源优势把培养高中生的综合素质与生态文明素养渗透进所有的活动、课程、课题探究,全面推进五育融合育人的特色课程群建设。

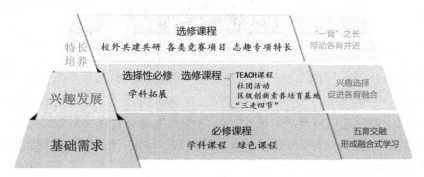

图7-1 学校课程培养模式

---

[1] 郭金丰,杨和平.党校践行"为党育才、为党献策"初心探析[J].探求,2024(1):49-56.
[2] 曹永国,吴丽红.教育概念的演进、纷争及其逻辑辩证[J].高等教育研究,2021(7):18-34.

此外，学校通过学科内统合、学科间整合、学科与实际生活融合等方式，给予学生基础需求、兴趣发展和特长培养，在选修和必修课程中建立知识关联，使学生在知识重组与实践应用过程中学会知识迁移，建立起立体化知识网络，从而促进学生德、智、体、美、劳的综合素养全面发展。

（二）多元供给：提供丰富性学习内容

学校融合生态科技教育为学生的兴趣特长提供了在校发展的广阔空间，促使学校教育尊重每个生命的原生态，为学生不同个性的培育提供多样的课程类别、丰富的学习内容、多元的学习形式，为每个生命的精彩绽放提供高质量、充足的课程营养。学校为学生提供了加入青少年科学研究院、科创实践站等科创机会。此外，上海自然博物馆、上海辰山植物园、上海科技馆、上海花开海上生态园、浙江天目山自然保护区等都是同学们的研学场所。

图7-2　专家进校园开展科普讲座

生态科技教育特色课程的形成，吸引的不仅仅是学生，一批批专家教授也走进校园，成为学生的科研启蒙和引路人，如2021年5月"院士进校园"活动，褚君浩院士两度进校园开展科普讲座。学校在生态科技研究院设立了褚院士的名誉院长办公室和上海师范大学李利珍专家工作室，还和辰山植物园共同推进"未来生态学家计划"等研究项目。

（三）多元共生：优化家、校、社资源配置

随着教育部《家庭教育促进法》的颁布，家庭、学校、社会的教育分工更明晰。[1] 学校融合生态科技教育秉持开放包容、协调共生、亲和共育的精神，统筹校内、家庭、社会机构的资源，构筑校内外多方资源积极联动、优势互补、优化配置的教育生态系统，为学生的学习实践与个性发展提供资源支持，如学校积极搭建"研究型"劳动教育平台，积极完善以生态科技教育实践周为特色的"探究性"课程，目前已经形成常态化、序列化、综合化的特色课程。

二、匠心耕耘，师生齐心屡创佳绩

学校基于融合生态科技教育，充分根据时代需求、发展大势、学生特点等，"因生制宜""因时制宜"，创设浸润式、互动式的生态科技场景，以个性独特、高效科学的方法教育学生，从德、智、体、美、劳多方面促进学生的成长，让学生在不断超越自我、全面发展的内在追求的驱动下，享有个性绽放的幸福人生。

多年来，学校在师生合力下取得了丰硕的科技创新、教育教学成果，在区域内形成辐射效果，使学校的区域影响力和美誉度不断提升，成为金山区一张分量十足的名片。

（一）凝心聚力，为学生打好成长底色

人无德不立，国无德不兴。习近平总书记在党的二十大报告中提出要"全面贯彻党的教育方针，落实立德树人根本任务，培养德、智、体、美、劳全面发展的社会主义建设者和接班人"。[2] 立德树人是教育的根本任务，也是学校核心职责所在。学校紧扣立德树人的根本任务，促进德育工作专业化、规范化、实效化，努力形成全员育人、全程育人、全方位育人的德育格局。

学校通过班主任、导师、家长"三个路径"，将理想信念教育、传统文化教育、安全教育、法治教育、劳动教育等渗透到学生的日常学习生活之中。此外，学校运用"价值澄清、真实体验、丰富载体、多元评价"四项策略，培育学生正确的价值观，激发学生的学习兴趣，为学生的全面发展打好成长底色。

---

[1] 何颖.坚守与变革：家庭教育立法背景下中小学校的职责拓展与应对[J].教育科学研究,2023(9):26-34.

[2] 习近平.高举中国特色社会主义伟大旗帜 为全面建设社会主义现代化国家而团结奋斗——在中国共产党第二十次全国代表大会上的报告[N].人民日报,2022-10-26(1).

图 7-3　学校社区志愿者活动

此外,学校的志愿服务采用"集中+自主"的双模式和"60+N"的多学时志愿服务,不断树立上海师大二附中人的良好形象。在规范的管理下,学校既保证了学生的志愿服务质量,又培养了学生积极主动地投入到志愿服务工作之中。截至 2024 年 3 月,学校学子共完成 7588 人次、56566 学时、90+学时/人的志愿服务活动。

2022 年 9 月,学校被上海市教委命名为"上海市特色普通高中"。"融合育人理念下劳动价值观教育的校本实践研究"被立项为 2021 年度上海学校德育"德尚"系列项目(劳动教育专项)重点课题,以高质量党建推动学校事业高质量发展。在学校务实、进取、坚韧、高洁的精神鼓励下,学校学子有气魄、有胸怀,立足金山、心怀家国、放眼世界,众多学子在课题论文、视频征集、古诗词阅读竞赛、调研案例等领域荣获多项殊荣(表 7-1)。

图 7-4　学校被上海市教委命名为"上海市特色普通高中"

表 7-1 学校学生德育部分获奖名单

获奖年份	课题名称	获奖级别	获奖人员
2023 年	在第七届上海高中学生论坛"让生活更美好"课题研究征集活动中荣获"优秀奖"	市级	高欣烨
2023 年	在第七届上海高中学生论坛"让生活更美好"课题研究征集活动中荣获"优秀奖"	市级	陆汤彗
2023 年	在第七届上海高中学生论坛"传承中国味""诵读"作品征集活动中荣获"华音奖"	市级	张欣冉
2023 年	在第七届上海高中学生论坛"尚美·成人"微视频征集活动中荣获三等奖	市级	陆汤彗 杨周怡 杨伊露 刘歆玥 颜 硕
2023 年	论文《疫情放开后,坚守"医"线背后的中国理论》参加金山区(2021—2022 年度)中学生"道德与法治""思想政治"课小论文评选,荣获高中组三等奖	市级	平杨沁悦
2023 年	论文《浅谈乡村振兴背景下空巢老人的生活现状——以上海市金山区八字村为例》参加金山区(2021—2022 年度)中学生"道德与法治""思想政治"课小论文评选,荣获高中组三等奖	市级	干思萌
2023 年	论文《以理性之"手"为市场保驾护航》参加上海市(2021—2022 年度)中学生"道德与法治""思想政治"课小论文评选,荣获高中组二等奖	市级	范雨婷
2022 年	在上海青少年模拟政协提案征集活动中荣获"优秀模拟提案作品"	市级	罗又琪
2022 年	在上海市中学生古诗文阅读竞赛金山赛区复赛中荣获一等奖	市级	宋宇晨
2022 年	在第 21 届上海市中学生古诗文阅读竞赛金山赛区复赛中荣获一等奖	市级	朱秋晨
2022 年	在第 21 届上海市中学生古诗文阅读竞赛金山赛区复赛中荣获一等奖	市级	吴欣怡
2022 年	在第 21 届上海市中学生古诗文阅读竞赛金山赛区复赛中荣获一等奖	市级	干思萌
2021 年	2021—2022 学年上海市中等学校(高中、中等职业学校)三好学生	市级	薛裕辰

（二）面向未来，科技创新成果创新高

教育兴则国兴，教育强则国强。党的二十大报告将"教育、科技、人才"三位一体进行部署，强调"要坚持教育优先发展、科技自立自强、人才引领驱动，加快建设教育强国、科技强国、人才强国"。① 习近平总书记也曾多次发表关于创新与创新型人才培养的重要讲话。由此可见，培养学生的创新素质是全面贯彻习近平总书记对于创新型人才培养的要求，是落实党和国家人才战略的重大举措与坚实基础。② 生态文明建设需要具有生态素养的时代新人为支撑。③

在融合生态科技教育的推进下，学校培养出了一批又一批具有创新精神和实践能力的优秀学子。学子们充分使用学校资源，明晰自身所长，挖掘潜能，寻找自我发展之路，在学校的组织下参加"世界顶尖科学家·科学T大会""上海市明日科技之星""上海市创新大赛""未来工程师大赛""昆虫少年"等科技竞赛，以及"国际自然保护周""美丽上海 我是行动者"等生态环保类竞赛，多项比赛参赛作品数量位列全区第一，在各项国际级、国家级、市区级比赛中频获佳绩。

图7-5 祁千千同学参加第五届世界顶尖科学家论坛

以课程培多元人才，以科创育玲珑心智。2022年度学校参赛获奖学生达到380余人次，其中获得上海市级奖项160余项。近5年来，学校学生们荣获"国

---

① 刘颖.中国式现代化进程中教育、科技、人才"三位一体"的守正创新[J].中国矿业大学学报（社会科学版），2024（2）：1-15.
② 杨曜宁.义务教育阶段学生实践创新素养的培育研究[D].重庆：西南大学，2022.
③ 赵义良.一体推进教育发展、科技创新、人才培养研究专题[J].北京航空航天大学学报（社会科学版），2023（3）：1.

际青少年教育机器人奥林匹克竞赛"一等奖、"全国中学生水科技发明比赛暨斯德哥尔摩青少年水奖"中国地区二等奖等市级以上奖项 500 余项（表7-2）。

表 7-2　学校学生科技创新获奖情况

获奖年份	获奖名称	获奖级别	获奖人员
2023 年	2022—2023 学年全国中小学信息技术创新与实践大赛决赛 AI 天工造物赛项高中组三等奖	国家级	钱　隆 刘子皓
2023 年	在全国青少年电子制作锦标赛中获模拟机器人 U18 女子组个人第四名二等奖	国家级	杨奕晴
2023 年	在全国青少年电子制作锦标赛中获智能寻轨器 U18 女子组个人第五名、二等奖	国家级	吴嘉仪
2023 年	在全国青少年电子制作锦标赛中获太空探测器 U18 女子组二等奖	国家级	吴嘉仪
2023 年	在全国青少年电子制作锦标赛中获智能运输 U18 组团体第六名	国家级	杨奕晴 吴嘉仪 顾　鑫
2023 年	在全国青少年电子制作锦标赛中获智能寻轨器 U18 男子组三等奖	国家级	顾　鑫
2022 年	上海市青少年电子制作活动"遥控编码探雷器"项目（高中组）一等奖	市级	顾　鑫
2022 年	上海市青少年电子制作活动"天空探测器"项目（高中组）一等奖	市级	杨奕晴
2022 年	上海市青少年电子制作活动"天空探测器"项目（高中组）三等奖	市级	张君玥
2022 年	项目"中国常见栎属植物白栎组与青冈栎组的叶绿体基因组基本特征比较分析"在第 38 届上海市青少年科技创新大赛青少年科技创意中荣获二等奖	市级	柴国翔
2022 年	项目"建元小区植物资源及其利用方式研究"在第 38 届上海市青少年科技创新大赛青少年科技创意中荣获三等奖	市级	干唯佳
2022 年	项目"利用恒电流充放电法探究生物质基多孔碳材料在电化学储能方面的应用"在第 38 届上海市青少年科技创新大赛青少年科技创意中荣获一等奖	市级	金凯莹
2022 年	项目"基于物种分布模型对珍稀栎属植物赤皮青冈的未来分布及气候响应的预测"在第 38 届上海市青少年科技创新大赛青少年科技创意中荣获一等奖	市级	陆汤彗

(续表)

获奖年份	课题名称	获奖级别	获奖人员
2022年	项目"基于多层植物培育的阳光分享系统探索"在第38届上海市青少年科技创新大赛青少年科技创意中荣获三等奖	市级	朱邱彤
2022年	2022—2023学年全国中小学信息技术创新与实践大赛上海市选拔赛AI天工造物赛项高中组一等奖	市级	钱　隆 刘子皓
2022年	联合国国际科学与和平第三十二届上海市青少年金钥匙科技活动选拔赛（区赛）高中组优胜奖	市级	陈晗婧
2022年	《基于RF射频通讯的一款可数据化的颜料配比装置》在第37届上海市青少年科技创新大赛中荣获一等奖	市级	陆　佳
2022年	作品《水杉池杉纯林与混交林对林下自生植被的影响》荣获2021—2022年庄臣杯上海市青少年"绿色生活行动"——TED报告项目一等奖	市级	俞萌萌
2022年	作品《海岸防浪堤自生植被调查分析》荣获2021—2022年庄臣杯上海市青少年"绿色生活行动"——TED报告项目一等奖	市级	俞萌萌
2022年	作品《金山滨海公园地带性树种生长适应性调查分析》荣获2021—2022年庄臣杯上海市青少年"绿色生活行动"——TED演讲项目二等奖	市级	黄晨昕
2022年	作品《金山滨海公园地带性树种生长适应性调查分析》荣获2021—2022年庄臣杯上海市青少年"绿色生活行动"——TED报告项目二等奖	市级	黄晨昕
2022年	作品《青春河河水中溶解无机碳的定量分析》荣获2021—2022年庄臣杯上海市青少年"绿色生活行动"——TED报告项目三等奖	市级	方嘉慧
2022年	作品《固氮植物满江红形态学与生态意义研究》荣获2021—2022年庄臣杯上海市青少年"绿色生活行动"——TED报告项目三等奖	市级	蒋竹婷
2022年	作品《基于叶片形态的玉兰属植物分类研究》荣获2021—2022年庄臣杯上海市青少年"绿色生活行动"——TED报告项目三等奖	市级	陈晓颖
2022年	作品《中国栎属青冈栎组种子大小的地理分布格局》荣获2021—2022年庄臣杯上海市青少年"绿色生活行动"——TED报告项目三等奖	市级	范琳妍
2022年	作品《漂浮植物特殊性状的生态意义研究》荣获2021—2022年庄臣杯上海市青少年"绿色生活行动"——TED报告项目三等奖	市级	范淑瑶

（三）勇攀高峰，升学成绩屡获佳绩

上海师大二附中致力于在高中阶段培养学生思维方式，夯实学习基础，将学生引向人生的下一个阶段，继续更加深入地探索，为学生营造良好的学习与发展条件，成为助力学生迈向新阶段的阶梯，探索集高考升学、特色发展与五育融合育人并行的绿色转型之路。

近些年来，在学校融合生态科技教育引领下，在特长尖优与多样化发展齐头并进之下，学校升学成绩同样喜人，高考录取率逐年攀升，优秀毕业生进入同济大学、华东师范大学、武汉大学、上海大学、华东理工大学、东华大学、上海师范大学等学府深造。在未来的探索中，学校学子也将展现出较高的素养与能力，努力在各自领域发光发热。"上海市优秀毕业生""企业创始人""人民的服务者"等称号正是未来对他们的认可。

（四）德业兼修，师资队伍绽放新活力

教师是园丁，学生是花朵。学校教师用自己知识和智慧去培育学生，用理想信念和科学方法去引导学生，用真诚的爱心去温暖学生，用高尚的师德和奉献精神去感染学生，用健全的人格塑造学生的美好心灵。

学校自办学以来涌现了一大批爱岗敬业、德才兼备的新时代好教师，在学校和区域内部形成了良好的影响。在"上海市园丁奖"评选中，学校多名教师因在教育事业中做出突出贡献，获得"上海市园丁奖"称号，如曾士荣、陈天明、陈伟文、徐越等教师。吕冬梅、俞弘、秦智国、张菊英、史花梅、林慈艳6名教师获得"上海市金爱心奖"。

班主任是学校教育教学工作的核心力量，是联系学校、家庭、社会的纽带和桥梁，是学校德育工作的灵魂，在铸魂育人过程中具有重要的地位和作用。为此，学校深入贯彻立德树人根本任务，不断提升班主任的技能，从而更深入、高质量地开展工作，提升学校德育工作的品质和内涵。2023年，教师冯敏等荣获"上海市中小学和中等职业学校优秀班主任"称号，教师沈妍等荣获金山区"育苗杯"班主任基本功大赛一等奖，2名教师在金山区"匠心教师"评选中荣获"金山区匠心教师"称号。通过比赛锤炼骨干、打造特色、树立典型，学校不断提高班主任的政治思想素质和育人能力（表7-3）。

表 7-3 学校教师师德师风获奖情况

获奖荣誉	获奖级别	获奖人员
上海市园丁奖	市级	曾士荣
上海市园丁奖	市级	陈天明
上海市园丁奖	市级	陈伟文
上海市园丁奖	市级	徐 越
上海市金爱心奖	市级	吕冬梅
上海市金爱心奖	市级	俞 弘
上海市金爱心奖	市级	秦智国
上海市金爱心奖	市级	张菊英
上海市金爱心奖	市级	史花梅
上海市金爱心奖	市级	林慈艳
上海市中小学和中等职业学校优秀班主任	市级	冯 敏
第六期上海市物理学科德育基地成员	市级	马周静
所带班级被评为上海市中等学校（高中、中等职业学校）先进班级	市级	王秀其
所带班级被评为上海市中等学校（高中、中等职业学校）先进班级	市级	高王琪
所带班级被评为上海市中等学校（高中、中等职业学校）先进班级	市级	罗俊楠
2021—2022年度金山区"十佳班主任"	区级	沈 妍
金山区匠心教师	区级	王秀其
金山区匠心教师	区级	李 宏

（五）脚踏实地，推动教育教学双提升

办好学校的关键是有一支师德好、业务精的高素质师资队伍，然而教师发展需要一定的方式途径。因此，加强学校教师队伍建设是学校工作的重中之重。学校致力于培养具有强大学习力的教师队伍，具有一定教育研究素养的研究型教师，现已培养出一支教学能力优秀、专业素养强、关爱学生的教师队伍，并将持续打造在"生态科技教育""融合育人"等特色课程和跨学科项目开发方面的实践型教师队伍。

脚踏实地，扎根教学，躬行实干，不懈进取，秉承着"品正才实，思锐志远"的校训，学校不断加强师资队伍建设。教师积极参与市级、区级的各项比赛以及评选，在上海市教学评选奖项中，多名学科教师获得教学评选活动一等奖、二等

奖等,展现了学校教师积极进取、朝气蓬勃的精神风貌。

课例是课堂教学的实录,是关于某一课程内容的教学设计与实施的案例,也是以教师的教学实践为基础,通过对一节课或其中若干教学事件的描述和分析,在互助与反思中提高教师教学水平的教研活动。① 学校以课例研究促进教师专业成长,其中多名教师课例获奖,如教师姜春梅课例"第二章　垫上运动"、教师张婷媛课例"产业结构调整"、教师尹静课例"第四章　生命的物质变化和能力转换'第2节　光合作用'——影响光合作用的因素"在"一师一优课、一课一名师"活动中被评为优课。

上海市教委与上海广播电视台合作打造的特色教育品牌"上海空中课堂"自2020年开播以来持续为百万学子提供画质稳定、播放流畅、操作便捷的课程服务,逐步成为上海市中小学生课堂教学的重要补充。学校教师踊跃参与,促进学校高中优质课程资源在上海市和区域的共享与辐射。其中,2021年张婷媛老师的"第一单元:行星地球复习"入选"上海空中课堂",2022年任方方老师的"生态系统具有维持动态平衡的能力""探究实验:设计并制作生态瓶"、蒋易老师的"必修下四五单元梳理4"以及"冯敏老师的必修下四五单元梳理3"入选"上海空中课堂"。

此外,为进一步提升高中特色课程建设水平,加强教师课程设计和教学研究,增强利用网络与学生互动的意识,促进教师教学方式变革,学校积极加入慕课建设队伍之中,5门课程在上海市高中慕课平台上线并获好评,同时登上"学习强国"平台。

---

① 刘长海,张璐璐.德育质量提升视野中的课例与课例研究[J].中国德育,2023(23):19–22.

图7-6　学校教师课程入选上海市高中慕课平台

（六）教研赋能，强师聚力高质量发展

教师专业成长的前提条件是把教学与研究融为一体，以研究者的眼光审视和分析教学理论与实践中的各种问题，用丰富的知识启发与引导学生，掌握扎实而全面的基本教学技能，化理念为方法、化规则为秩序、化规定为智慧，将先进的教育理念用技能的方式外化出来，将抽象的教育理论用行为的方式表现出来，将统一的教育规则用操作的方式凸显出来，这也是教师持续进步的基础。①

教研制度是我国特色教学管理制度的重要组成部分，在基础教育中的地位不可替代。对学校而言，要基于办学实际，利用资源和条件，充分了解教师的教育教学个性与特长，掌握学生的学情，如此校本教研才能找准推进课程、科学育人的切入点。② 学校围绕生态科技教育特色，聚焦教育改革实践中的重大问题，坚持问题导向、创新驱动，充分发挥教育科研创新理论、服务决策、指导实践的重要功能，推动学校的可持续发展。

学校通过课题（项目）生成，推动学校教育教学工作提质增效。近年来，学校获得上海市教育科学研究一般项目1项、上海市青年教师课题7项和金山区教育科学研究重点项目5项、一般项目14项、规划项目45项（表7-4）。学校各教研组成员团结协作，不断碰撞出教育智慧，通过科研兴教，引领教师做真研究，深化教研做真探索，不断推进学校教育教学向更高层次、更高品位迈进。

---

① 李森.中国式教师教育教学现代化的内涵、构成与路径[J].教育科学，2023(4):9-12+18.
② 朱永新.教研制度：强国建设的教育基石[J].教育研究，2024(1):80-88.

表 7-4　学校教师课题立项情况

课题名称	级别	主持人
指向高中生生态文明素养的数字智能评价体系建构与实施	市级	蔡　文
生态科技校园"亲自然"学习空间建设研究	市级	蔡　文
融合育人理念下劳动价值观	市级	袁仁忠
高中校园数字化标本馆建设的实践研究	市级	吴凤林
依托"探究"系列栏目的高中生物学"在地化教育"研究	市级	任方方
旨在生态素养培育的主题教育活动设计研究	市级	尹　静
基于"3S"技术的地理学科核心素养培育探索	市级	张婷媛
"同伴教学法"在高中生命科学实验微视频制作中的应用研究	市级	任方方
教学、训练、社团"三合一"模式在高中体育活动课中的实践研究	市级	顾芬华
运用信息技术提升高中数学"直观想象素养"的实践研究	市级	陈海龙
指向"生态文明素养"的学校生态科技教育研究	区重点	蔡　文
党组织在"特色普通高中"创建中作用发挥的实践研究	区重点	袁仁忠
以党建引领提升高中学生生态文明素养的实践研究	区重点	袁仁忠

未来征途中,学校将始终重视教师队伍的建设,不断提高教育质量,促进学校的飞跃发展。在优质教师队伍的引领下,学校学子能够获得真知、提升素养、全面发展,成长为德才兼备的时代新青年。

三、品牌创建,促进校际文化传播

学校始终注重内涵提升,巩固已有的生态科技教育特色,将"融合育人"理念下的办学特色在上海市乃至全国产生较好的社会影响与示范作用。

(一)淬炼德育特色,落实立德树人根本任务

德育教育是指对学生进行思想、政治、道德、法律和心理健康的教育,它是学校教育工作的重要组成部分,与智育、体育、美育等相互联系,彼此渗透,密切协调,对学生健康成长和学校工作具有重要的导向、动力和保证作用。[①]

多年来,学校始终以习近平新时代中国特色社会主义思想为指导,全面贯彻党的教育方针,坚持育人为本、德育为先,在多年的持续实践探索中不断增强

---

① 李亚莉.高质量发展视角下县域中学德育建设现状及突破路径[J].教学与管理,2024(4):12-16.

德育工作的育人实效,促进学生的全面发展,真正落实立德树人的根本任务,筑牢学生成长的基石,取得了丰硕的成果。

图 7-7　学校"走向大山"社会实践活动剪影

2005 年开始,学校与贵州凯里八中学进行结对和签约,正式启动了学校学子"走向大山"的社会实践校本特色课程,每年暑期学校都会有一批师生前往贵州与凯里八中师生共同开展各类实践活动,在入住家庭体验生活中更深入直观地感受凯里的民俗风情。截至 2024 年 3 月,双方已开展了十多次的两地师生交流活动,"走向大山"社会实践活动也发展为走进社区、走向大山、走出国门的"三走四节"系列活动之一,成为最受学生们欢迎的德育活动品牌,也是基于学校生态教育特色的"生活德育"的重要载体。

探索与成绩构筑了学校前行路上的美丽风景。2015 年,学校联合蒙山中学、漕泾小学等举办三校论坛,围绕改造师生在校生活开展了生活德育研究。与此同时,学校还创立区"生态创新教育基地",开展生态教学和实践活动,"石化地区鸟类调查"等生态保护活动成果还被拍成科教片在石化和上海市教育电视台宣传播放,取得了良好的反响。

(二)打造文明校园,持续推进生态文明建设

学校的根本任务是立德树人,这与创建绿色学校的根本目的"厚植绿色发展理念,加强青少年生态文明教育,提升师生生态文明素养,养成绿色生活方式和行为规范"是一脉相承的。① 因此,学校更为关注对生态文明教育的开展及绿色校园文化的培育。

---

① 付晓洁. 在生态文明校园中涵育"和谐"的人[J]. 中小学管理,2020(2):58 - 60.

上海师大二附中创办于1985年,集合区域生态、科技发展的资源优势,采用"政府为主,三方共建"的办学新模式。在近40年的办学历程中,学校致力于生态科技教育的探索与沉淀,把"绿色低碳"发展理念全面融入教育的各个层次和领域,注重学生高中学段的生态文明素养培育和面向未来的全人发展,以"生态科技"为支点,助力学生的全面成长。学校的生态科技教育特色得到了社会各界的广泛认可,先后获得"国际生态学校""全国生态文明教育示范学校""上海市科技教育特色示范学校""自然博物馆学校示范校""全国气象科普教育基地"等荣誉称号,并于2022年被命名为"上海市特色普通高中"。

此外,学校坚持教育和管理相结合、治理和建设相结合的原则,持续优化校园环境,加强校园安全教育和综合治理,致力于打造开放、多样、包容的生态人文环境,精心建设自然生态园地。学校先后获得了"上海市安全文明校园""上海市垃圾分类示范校""上海市节水型学校""上海市节约型公共机构示范单位"等荣誉。

绵绵用力,久久为功。学校将持续深入推进文明校园创建工作,擦亮学生、家庭、社区的幸福底色。

第二节 融合生态科技教育的未来展望

经过近些年的教育改革和融合生态科技教育的实践推进,学校的课程建设、教学管理和科学研究取得了丰硕的成果,但展望未来,学校发展既有机遇,也有一定的挑战。学校紧扣时代发展脉搏,在全面分析学校历史文化、办学优势、发展障碍、资源需求、内部人员结构等状况的基础上,以全局性的眼光来规划学校的发展格局,在传承的基础上不断变革,以创新发展的时代性和前瞻性不断迎来新突破。

一、面临的时代机遇

随着科技的飞速发展和社会的不断进步,教育在新的时代迎来前所未有的变革和发展机遇。学校抢抓机遇、迎接挑战,不断谱写学校转型发展的新华章。

(一)以环境保护为中心的绿色生态意识受全球关注

自工业革命以来,世界各国在谋求经济效益最大化的同时对环境也造成了不同程度的破坏及资源的极大消耗,生态环境也出现了失衡问题。[①] 放眼全球,当前气候变化、生物多样性丧失、荒漠化加剧、极端气候事件频发,给人类生存和发展带来了严峻挑战,也将全球生态环境治理的紧迫性提升到了新的高度。[②] 传统的生产力发展方式已经不再适宜人类的可持续性发展。由此可见,保护生态环境、推动可持续发展是各国的共同责任,以生态文明路径推动构建人类命运共同体成为世界关注的热点。

环境保护是贯穿我国环境与生态文明教育的一条主线。中华人民共和国成立至今,我国环境与生态文明教育已由最初的无意识、碎片化教育形式走向了有意识、系统化、网络化与专门化的教育形态,并从跟随国际趋势逐渐发展出本土自觉,走出了一条环境与生态文明教育的中国之路。1949 年至 1992 年,我国以"为了环境保护的教育"为基本遵循,开展了旨在防治环境污染、增进环保意识、普及环保知识的教育。1992 年起,我国在国际社会的影响下积极更新观念,将"为了环境保护的教育"扩充为"为了可持续发展的教育"。[③] 因此,环境保护的地位不仅没有被削弱,反而得到进一步凸显,已成为一个同人口与发展有着密切联系的综合概念,意味着今后当以整体关联的视角来看待环境与发展、人与自然的关系。

随着生态文明建设国家战略的推进,"为了生态文明的教育"应运而生。生态文明以人与自然和谐共生为核心,彰显"尊重自然、顺应自然、保护自然"的文明理念,在以此为指向的生态文明教育中,环境保护的地位获得进一步巩固。此时的环境保护已超越了"保护环境为我"或"保护环境为后代"的人类中心主义思维定式,转向了"保护环境是对一切生命的生存福祉负责"的生命共同体视角,这一认识转向也为学校融合生态教育的开展提供了全新的时代环境和支持条件。

(二)生态文明教育的主体由学校为主走向全民参与

生态文明建设事关中华民族的永续发展,事关全体国民的幸福生活。因此,服务生态文明建设的生态文明教育从本质上便是一项全民工程,即它不仅要以全体国民为教育对象,更要广泛调动一切积极力量组织实施生态文明教育实践,实现生态文明教育的全民参与愿景。然而,当下学校仍是开展生态文明

---

① 冯曦明,张仁杰.产业结构变迁、绿色生态效率与区域经济增长[J].统计与决策,2021(21):104 – 108.
② 林智钦.新时代背景下绿色生态的内涵意涵和战略构想[J].中国软科学,2022(S1):25 – 33.
③ 任春晓.中国社会主义生态文明建设的发展逻辑研究[M].宁波:宁波出版社,2022:314.

教育的主要力量,生态文明教育的实践主体表现出了极大的不均衡。学校对于生态文明教育的重要意义不言而喻,我国关于生态文明教育的政策规划历来重视多主体乃至全民参与[①],此方面的最新文件《"美丽中国,我是行动者"提升公民生态文明意识行动计划(2021—2025年)》明确指出:"有力推动全民生态文明教育工作,逐步形成全社会参与生态文明建设的良好局面。"由此可见,在有关政策的敦促下,未来生态文明教育的实施将由学校为主走向全民的深度参与。

在现代化时代背景下,学校、家庭、社区、政府机构、企事业单位、场馆、基地、民间组织等都将深度参与到生态文明教育中来。[②] 他们各有其侧重的教育对象,同时相互支持,共同成就重点面向某一群体的生态文明教育。新时期,学校依然是实施生态文明教育的重点场域,但生态文明学校教育的展开将变为以学校为主体,政府、家庭、企业、基地等各类主体协同参与的全机构推进格局,这也为学校融合生态教育的开展提供了政府、学校、社区与场馆协同育人的场域,从而不断拓展学生学习的范围,进而拓展学习的边界。

(三)生态文明教育的重心走向五育融合的素养培育

2018年9月,习近平总书记在全国教育大会上旗帜鲜明地提出"努力构建德、智、体、美、劳全面培养的教育体系"。自此,"立德树人""五育并举"以及"培养德、智、体、美、劳全面发展的社会主义建设者和接班人的任务"成为新时代全体教育工作者的共同目标和追求。此外,工业文明迈向生态文明,不仅需要公民意识的更新,更需要公民行为的改变。[③] 由此,生态文明教育要以全体公民生态文明素养的全面培养为目标。随着公民生态文明意识的形成与不断深化,生态文明教育的重心定将发生迁移[④],即转向公民生态文明认知、情感、能力与行为的德、智、体、美、劳全方位的生态科学素养的统整培育,以此发挥生态文明教育的更大作用。

生态科学素养是指公民具备的与生态环保有关的科学素养。科学素养,也可称"科学素质",是1952年由美国教育家科南特在《科学中的普通教育》一书中提出来的,后来赫德将这一概念运用于基础教育领域。生态文明作为人类文

---

① 许大纯.习近平生态文明建设逻辑和体系的思考——习近平生态文明思想学习体会[J].中国矿业,2023(9):1-21.
② 方世南.从价值论视角把握习近平生态文明思想的永续发展观[J].山西师大学报(社会科学版),2019(4):6-11.
③ 周妍."美丽中国"视域下公民生态文明素养的提升[J].经济研究导刊,2022(9):146-148.
④ 吕莎丽.新时代生态文明教育:意蕴、现状与实施[J].吉林省教育学院学报,2023(6):36-44.

明的新形态,应全方位地体现在公民和组织的生态意识、观念、方法及行为中。因此,生态文明建设需要提升全社会的生态素养,这是一个极具全局性、复杂性的系统工程。

学校践行"五育并举",落实融合生态科技教育,注重学生的生态学、跨文化及跨学科学习,不仅培养学生获取知识的能力,更重要的是发展批判、应用和创造知识的能力,从生态学的视角理解人类,以重新平衡人类与地球之间的关系。这既是学校生态科技教育发展的必然阶段,也是新时代基础教育走向高质量发展的必由之路,对于培养现代教育所要求的素质高、综合能力全面的人才具有重要的现实意义和教育价值。

二、面临的挑战和未来展望

21世纪以来,一种新的师生关系正在形成,未来教师更像一位随时就在身边的学习陪伴者与未来引路人,时代的变迁也对学校的教育变革提出了更高要求,学校发展也面临着学校自身发展和时代变迁的双重挑战。

作为有着深厚文化底蕴的学校,上海师大二附中有着自己的先天优势,但也面临着一些困难与挑战。在向内涵发展的过程中,学校又该如何促进教育改革,构建崭新的育人框架?因此,学校必须有危机意识,清醒地认识到自己的劣势,在彰显学校特色的基础上开拓创新,为学校谋得新的发展而积极努力。

(一)制订并完善融合生态科技教育课程规划

由于高考指挥棒的指引,学生、家长、教师目前依然更加认可高考成绩,从而造成了"五育"在学校中的地位并不平等,即重智、疏德、偏智、弱体、抑美、缺劳,具体表现为家长及学生对智育极度重视,对德育较为轻视,对美育较为忽视,缺乏体育锻炼,缺少劳动教育。在课程设置方面,学校毫无疑问对文化知识类课程较为重视,课时安排较多,教师更加注重的是向学生传授知识与技能,开发学生的智力,而对于体育、艺术类课程,虽然学校也开设了一定数量,但远远无法满足学生们的需求,这导致"五育"在机会、数量以及规模上有所不同,呈现出一个不平等的现象。任何一"育"的不充分发展都会制约其他四"育"的发展,只有平等对待每一"育",方能实现"五育"的相互交融、相互渗透。

课程规划是课程的整体架构的文本形式,它是关乎课程的全面的、长期的计划。[①] 由于生态科技教育课程不只是一门课程,而是一个复杂的体系,因此需

---

① 周海银,张兰婷. 义务教育新课标下教学内容规划及其实现[J]. 教学与管理,2023(13):1-6.

要一个明确的规划。生态科技教育的课程规划除了要在宏观层次上体现学习目标、学习内容、学习方式、学习评价等课程要素之外,还需要注重"五育"的融合,阐明校情分析、指导思想和课程理念,进行专业的课程纲要研制、教材编写指导等。

未来,上海师大二附中的融合生态科技教育的课程规划的制订需要注重以下几点:第一,体现一定的生态科技教育理念,笔者认为应当融入生态科技教育中"整合"与"优化"的理念。所谓"整合",就是将零散的各个部分整合为一个有机整体,使课程的各个要素"浑然天成";所谓"优化",即以"生态的优化"为基本宗旨。第二,必须打破各"育"之间的界限与壁垒,树立起整体意识,进而实现"五育"的真正融合。第三,注重课程规划本身的自我生成,课程的整合是使课程成为一个自成一体的鲜活系统,这就要求其具有一定的开放性,课程方案应当具有自我生成性,才能使其适应变化的课程生态世界。

除此之外,学生在融合生态科技教育中的自我规划能力也同等重要。联合国教科文组织提出四个"学会",学校应该是一个更会学习的地方,学校应该给学生提供大量课程,让他们学会学习、学会选择,选择自己的兴趣和爱好。[①] 中国正在推进的高考改革提供了更多的选择空间,在这里面选择学习方式,直到最后能够选择自己未来的发展方向。学生需要反思、选择、规划,这样才能找到更加合适的学习方式。我们要思考,在未来的上海师大二附中校园里,怎么样让学生成为校园真正意义上的主人,让学习成为每位学生自觉的事情。

(二)信息技术赋能融合生态科技无边界学习

在数字化转型背景下,传统教育范式面临巨大冲击与挑战,育人模式变革也具备了强有力的技术支撑,无论是教学内容、教学范式、评价模式,还是学科评估,以及更深层次的立德树人、五育融合,都必须考虑快速发展的技术介入教育后的转向与变革。[②] 当前,我们正处在互联网时代,未来我们将步入人工智能、生物科技等新时代,我们的学生也是如此。因此,上海师大二附中的教师深知如何将学生培育成拥有符合新时代的学习能力,甚至具备跨时代迁移能力与品格的时代新人,这成为教育工作者培养下一代人才的重大挑战。

由于教学内容与目的发生了深刻变革,上海师大二附中融合生态科技教育

---

① 刘辉,李德显.中小学作业设计变革:目标确认、理念建构及实践路径[J].当代教育论坛,2022(1):97-108.
② 赵长禄,尼古拉·克莱顿,裴新,等.数字时代教育变革与未来发展(笔谈)[J].中国高教研究,2024(1):15-22.

的教学方式也应随之而变。一方面,学校将优化学生数字素养与技能的培育机制,将生态圈视为学习场所,将自然、人造与虚拟学习场所融为一体,注重各学科的整合,打破各学科的边界,除了工程、科学、技术、数学外,还注重与艺术的融合。此外,教学也将围绕合作、协作及团结的核心原则来组织,运用强调同理心和同情心的参与式和协作式教学法,培养学生的智力、社会情感能力和道德品质。

另一方面,上海师大二附中将积极开展学校人工智能社会实验,营造智能时代教育教学环境。一是利用智能技术赋能校园,实现校内数据的智联融通。智能技术把校内各种设备、环境与人普遍联结起来,创设绿色、开放、智能和融通的校园学习环境,包括升级基础设施、优化学校管理和智能决策。二是利用智能技术增强家校互联,搭建智能家校合作平台,实时收集、分析、存储、传输学生数据,构建系统化、常态化的家校联动育人模式。三是利用智能技术提供真正以学生为中心的跨越时空且开放融合的泛在教育环境,实现物理空间、网络空间、社会空间融合,为学习者创建更加真实、更加多样、更加丰富的学习体验。

(三)打造系统化和专业化"未来教师"培养体系

培养未来教师是时代赋予的新使命,也是未来教育变革的主要切入点。[①] 教师的学习不仅是让自己知识丰富,更是让自身处于一种学习、创造、探索的状态,这种状态会感染每一个学生,也会更懂得设计学习。从"虚拟现实教育"到"元宇宙+教育"的热潮为教育提供了技术新动力,为教师提供了"沉浸""反思""近迁移"的学习情境,为未来教师能力培养提供了新视角。[②] 未来教师有多少时间创造,学生就有多少创造空间,教师将成为学习数据的洞察者、学生学习的教练、学习共同体的组织者、学习活动的服务官、学习环境的设计师。基于此,教师这个职业将充满挑战,也充满机遇。

未来,上海师大二附中将积极构建多元的渠道与空间。首先,学校将整合相关专业力量共同构建新时代教师数字画像,提升着眼职前职后一体化的教师学习与评价系统,通过对教师数据的精准分析,制定差异化、个性化的培训方案,提高培训的针对性和有效性。其次,学校将促进学习的人机协同,发挥线上与线下学习的不同优势,将线上、线下教学时间进行整合,培育能够构建与定义多个空间、开展混合学习、关注学生个体差异的未来教师。最后,鼓励教师积极

---

① 李政涛,罗艺. 智能时代的生命进化及其教育[J]. 教育研究,2019(11):39-58.
② 李青. 从技术创新到人文关怀——英国开放大学《创新教学报告》2023版解读[J]. 远程教育杂志,2023(6):10-19.

拥抱智能技术,发展人机协同教学的能力,不断关注教师数据意识的提高,锻炼教师利用数据进行交流和利用人工智能技术创造性解决问题的能力,真正做到在工作中学习、在实践中提高。

随着渠道的多元化,学校将构建一个终身学习、混合学习、体验学习、让孩子学会学习的平台,为建设成上海市乃至全国范围内有较高美誉度和影响力的学校阔步向前!

参考文献

艾伦·卡尔松.自然与景观[M].陈李波,译.长沙:湖南科学技术出版社,2006.

曹永国,吴丽红.教育概念的演进、纷争及其逻辑辩证[J].高等教育研究,2021(7):18-34.

陈阜.农业生态学(第2版)[M].北京:中国农业大学出版社,2011.

陈琳.体育科技:崛起中的创新力量——评《体育科技浪潮》[J].北京体育大学学报,2021(12):197-200.

陈曙光.论"每个人自由全面发展"[J].北京大学学报(哲学社会科学版),2019(2):22-32.

陈育德.陈育德美学文集(中)[M].芜湖:安徽师范大学出版社,2022.

崔允漷.学科核心素养呼唤大单元教学设计[J].上海教育科研,2019(4):1.

崔允漷.落实新时代的纲领性文件,深化国家课程教学改革[J].基础教育课程,2024(1):4-5.

丁力,贾杰."镜像疗法"作为一种康复治疗技术的新进展[J].中国康复医学杂志,2015(5):509-512.

董传升."科技奥运"的困境与消解[D].沈阳:东北大学,2004.

董慧,汪筠茹.中国式现代化道路的生态意蕴及其经验启示[J].湖北大学学报(哲学社会科学版),2022(3):23-30+180.

方世南.从价值论视角把握习近平生态文明思想的永续发展观[J].山西师大学报(社会科学版),2019(4):6-11.

冯曦明,张仁杰.产业结构变迁、绿色生态效率与区域经济增长[J].统计与决策,2021(21):104-108.

付晓洁.在生态文明校园中涵育"和谐"的人[J].中小学管理,2020(2):58-60.

何颖.坚守与变革:家庭教育立法背景下中小学校的职责拓展与应对[J].教育科学研究,2023(9):26-34.

胡玺丹,王俊卿,徐佳艺.博物馆拓展类教育活动研究[M].上海:上海科学技术出版社,2019.

季士强.科技异化出现的必然性及其规避的可能性[J].河北理工大学学报(社会科学版),2010(2):60-62+68.

贾淑品.科技创新赋能中国生态现代化的思考[J].广西社会科学,2022(6):41-47.

江林.《诗经》与宗周礼乐文明[D].杭州:浙江大学,2004.

蒋雄超.项目化学习中驱动性问题的价值、特征与设计[J].中小学教师培训,2021(11):71-73.

焦颖.运动营养学——一门飞速发展的新学科[J].北京体育大学学报,1996(4):43-48.

靳玉乐,王鉴,吕立杰,等.教育强国建设:基础教育的使命及其践行(笔会)[J].苏州大学学报(教育科学版),2023(4):11-32.

康露,黄海燕.体育与科技融合助推体育产业高质量发展:逻辑、机制及路径[J].体育学研究,2021(5):39-47.

雷浩,李雪.素养本位的大单元教学设计与实施[J].全球教育展望,2022(5):49-59.

李国民,汪盛坞.基于云计算的高校体育信息管理及大数据应用研究[J].体育科技,2022(5):149-151.

李海鹏,陈小平,何卫,等.科技助力竞技体育:运动训练中可穿戴设备的应用与发展[J].成都体育学院学报,2020(3):19-25.

李慧,雷强.体育元宇宙:未来体育发展的乌托邦畅想与反思[J].体育与科学,2023(2):9-15.

李静.开展生态科技教育,助力绿色校园建设——上海师范大学第二附属中学资源节约型校园创建纪实[J].环境教育,2021(11):102.

李青.从技术创新到人文关怀——英国开放大学《创新教学报告》2023版解读[J].远程教育杂志,2023(6):10-19.

李森.中国式教师教育教学现代化的内涵、构成与路径[J].教育科学,2023(4):9-12+18.

李树民,刘丽平.构建生态科技教育课程 推动学校高品质特色发展——无锡市市北高级中学生态文明教育纪实[J].环境教育,2023(8):106.

李铁英,张豪永.人与自然和谐共生:中国式现代化道路的生态意蕴研究[J].大连大学学报,2023(2):93-99.

李威.生态文明的理论建设与实践探索[M].哈尔滨:黑龙江教育出版社,2020.

李欣芮,牟郯琳,刘苏潇,等.人工智能赋能体育场馆发展的场景耦合、现实困境及实践路径[J].湖北体育科技,2023(1):76-81.

李兴锋.推进生态文明建设法治化的制度进路[J].中南民族大学学报(人文社会科学版),2021(6):113-122.

李亚莉.高质量发展视角下县域中学德育建设现状及突破路径[J].教学与管理,2024(4):12-16.

李政涛,罗艺.智能时代的生命进化及其教育[J].教育研究,2019(11):39-58.

李志强.中学生态文明教育研究[D].苏州:苏州大学,2012.

林健.多学科交叉融合的新生工科专业建设[J].高等工程教育研究,2018(1):32-45.

林智钦.新时代背景下绿色生态的内涵意涵和战略构想[J].中国软科学,2022(S1):25-33.

刘辉,李德显.中小学作业设计变革:目标确认、理念建构及实践路径[J].当代教育论坛,2022(1):97-108.

刘惊铎.生态德育是一种新德育观[J].新华文摘,1999(1):200.

刘丽来,孙彩玉,盛涛.环境保护概论[M].哈尔滨:哈尔滨工业大学出版社,2022.

刘习明.人类生殖的"危"与"机"[M].长沙:湖南教育出版社,2020.

刘妍君,彭佩林.生态文明与美丽中国建设研究[M].长春:吉林人民出版社,2021.

刘媛婷,王文超.3D打印技术在体育设备中的应用[J].电子技术,2022(10):220-221.

陆启威.学科融合不是简单的跨学科教育[J].教学与管理,2016(32):22-23.

路来冰,王艳,马忆萌,等.基于知识图谱的体育人工智能研究分析[J].首都体育学院学报,2021(1):6-18+66.

吕莎丽.新时代生态文明教育:意蕴、现状与实施[J].吉林省教育学院学报,2023(6):36-44.

吕星宇.项目式学习价值及学校实施路径[J].创新人才教育,2019(3):29-33.

马建辉,王晓宁.中国高校博物馆建设研究[M].北京:新华出版社,2014.

马丽霞,莫卓华,何少峰.食品营养对体育运动的影响及解决方法分析[J].现代食品,2023(17):155-157.

闵鹏飞.学科融合的目的、价值与实践进路[J].现代教育,2022(11):32-35+51.

聂惠芳.探寻教育生态密码[M].广州:暨南大学出版社,2022.

聂秀娟.纳米科技在体育科研中的应用[J].运动,2012(20):18+122.

(意)佩尔尼奥拉.当代美学[M].裴亚莉,译.上海:复旦大学出版社,2017.

钱景.人与自然和谐共处的可持续发展观[J].吉林省教育学院学报,2007(3):72-74.

钱旭鸯,朱同.生态素养教育的地方本位转向[J].上海教育,2021(11):20-22.

冉亚辉,包翠秋.习近平生态文明思想对德育的重要启示论析[J].中小学德育,2023(7):33-36.

任春晓.中国社会主义生态文明建设的发展逻辑研究[M].宁波:宁波出版社,2022.

任翠.德育学科课程改革视阈下中国德育观嬗变研究[M].太原:山西教育出版社,2022.

荣维东.大单元教学的基本要素与实施路径[J].语文建设,2021(23):24-28+41.

上海师范大学第二附属中学.开展生态科技教育培育 生态文明素养[J].上海教育科研,2020(1):98.

上海师范大学第二附属中学.走生态科技特色路,育生态文明未来人——上海师范大学第二附属中学生态文明教育纪实[J].环境教育,2022(9):102.

石建平.良性循环的理论及其调控机制:循环经济研究新视角[M].北京:中国环境科学出版社,2006.

石振国.中国休闲体育研究进展(2015~2020)[M].济南:山东大学出版社,2021.

孙元涛,陈港.共同富裕时代教育价值的内敛与提升——马克思人的全面发展理论的时代性转化[J].教育研究,2023(12):67-75.

檀传宝.劳动教育论要[M].北京:北京师范大学出版社,2020.

唐萍萍,任保平.中国式生态现代化的理论逻辑、实践逻辑与政策逻辑[J].西北工业大学学报(社会科学版),2023(4):18-26.

唐烨伟,郭丽婷,解月光,等.基于教育人工智能支持下的STEM跨学科融合模式研究[J].中国电化教育,2017(8):46-52.

汪长明.科学家精神融入大学生思想政治教育:价值、资源及践履[J].重庆理工大学学报(社会科学),2023(9):13-23.

汪民安.文化研究关键词[M].南京:江苏人民出版社,2019.

王聪.如何上好一堂美术课[D].石家庄:河北师范大学,2017.

王丁,刘宁,陈向军,等.推动人与自然和谐共处和可持续发展:人与生物圈计划在中国[J].中国科学院院刊,2021(4):448-455.

王荐,康立为.彰显环境科技特色,助推学校高质量发展——江苏省无锡市第一女子中学生态文明教育纪实[J].环境教育,2023(10):116.

王杰,刘华,耿宇.我国电子竞技体育运动的发展困境及其对策研究[J].文体用品与科技,2023(17):64-66.

王太明,王丹.中国特色社会主义生态文明制度建设的理论逻辑[J].北京交通大学学报(社会科学版),2021(4):162-169.

王子闻.科技创新与全民健身运动的结合实践[J].文体用品与科技,2023(23):178-180.

文秀丽,何元春.创新拓展区体育旅游生态圈建设的内在机理、问题论域及应然举措[J].北京体育大学学报,2022(11):138-147.

吴波.未来的环境保护之路[M].长春:北方妇女儿童出版社,2012.

吴国盛.科学与人文[J].中国社会科学,2001(4):4-15+203.

吴兴华.从生态知识的传授到生态思维的养成——论公民生态教育及其转向[J].决策与信息,2023(4):4-15+203.

吴永金,陆小聪.扭曲的身体与自然的体育——卢梭体育教育观的整体面向[J].体育学刊,2018(2):1-8.

夏雪梅.素养时代的项目化学习如何设计[J].江苏教育,2019(22):7-11.

夏雪梅.在学科中进行项目化学习:学生视角[J].全球教育展望,2019(2):83-94.

谢群.西方语言哲学思想流变[M].哈尔滨:黑龙江大学出版社,2021.

谢玉壮.马克斯·韦伯"合理性"理论及当代价值研究[D].通辽:内蒙古民族大学,2021.

徐丹.体育运动器材发展的设计因素研究[J].包装工程,2013(22):52-55.

徐东海.能源与人类文明发展(第2版)[M].西安:西安交通大学出版社,2022.

徐海红,岳乃松.党的十八大以来中国生态文明制度建设研究现状与前景展望[J].鄱阳湖学刊,2023(1):107-116+127.

徐恒醇.生态美放谈——生态美学论纲[J].理论与现代化,2000(10):21-25.

徐秋玲.户外徒步运动智能服装的创新设计研究[D].广州:广州大学,2022.

徐星,薛婷彦.深耕37年的特色高中"生态科技教育"之路 上海师大二附中:点亮生态科技梦 让普通孩子变得不普通[J].上海教育,2022(33):36-38.

许大纯.习近平生态文明建设逻辑和体系的思考——习近平生态文明思想学习体会[J].中国矿业,2023(9):1-21.

薛菲帆.增强现实技术在儿童体育教学中的应用研究[J].田径,2023(5):78-81.

闫纪红,吴文平,代新语."双减"背景下中小学体育教师专业发展的生态化路径研究[J].体育学研究,2022(2):9-20.

杨恺然,张凤彪.运动休闲特色小镇建设"三重"耦合动力机制及实现路径[J].体育文化导刊,2022(7):78-84.

杨曜宁.义务教育阶段学生实践创新素养的培育研究[D].重庆:西南大学,2022.

袁丽鑫.运动数据分析与体育决策支持系统的发展[J].文体用品与科技,2023(23):142-144.

曾林.论科技时代人类生存的困境[D].北京:中共中央党校,2005.

张宏宇.现代体育文化的哲学反思与重构[D].苏州:苏州大学,2016.

张家军,靳玉乐.论案例教学的本质与特点[J].中国教育学刊,2004(1):51-53+65.

张瑞林.学校体育以体育人"非学科"化的生成逻辑、现实审视与路径探寻[J].体育学刊,2024(1):1-7.

张玉荣.跨学科素养校本课程——依托《生态·地理综合实践课程基地》项目主题研究[J].教育实践与研究(B),2018(9):19-24.

赵长禄,尼古拉·克莱顿,裘新,等.数字时代教育变革与未来发展(笔谈)[J].中国高教研究,2024(1):15-22.

赵义良.一体推进教育发展、科技创新、人才培养研究专题[J].北京航空航天大学学报(社会科学版),2023(3):1.

郑燕祥,姚霞.多元思维和多元创造:应用和发展[J].全球教育展望,2005(3):6-13.

郑燕祥.教育范式转变:效能保证[M].上海:上海教育出版社,2006.

钟启泉.国外"科学素养"说与理科课程改革[J].比较教育研究,1997(1):16-21.

周海涛,徐珊.近年来学科建设研究的重点领域及其展望[J].现代教育管理,2020(1):15-20.

周海银,张兰婷.义务教育新课标下教学内容规划及其实现[J].教学与管理,2023(13):1-6.

周妍."美丽中国"视域下公民生态文明素养的提升[J].经济研究导刊,2022(9):146-148.

朱坚,金凯,徐昶楠,等.生态文明视域下我国大型体育赛事发展研究[J].体育文化导刊,2023(8):1-6+21.

朱立明.论多元文化教育视野下教师思维的转变[J].教育理论与实践,2016(31):40-43.

朱永新.教研制度:强国建设的教育基石[J].教育研究,2024(1):80-88.

邹冬生,高志强.生态学概论[M].长沙:湖南科学技术出版社,2007.